이 시간을
살아가는
그대에게

일러두기

1. 이 책은 다음과 같이 독창적인 포맷으로 구성되어 있다.
   ① 질문 제시
   ② 평범한 두 사람의 감동적인 실화 사례
   ③ 철학적·심리적 성찰과 내레이션
   ④ 독자용 실천 항목(오늘의 체크 포인트/질문 뒤집기)
   ⑤ 통찰을 담은 '오늘의 문장'/한 줄 메모

2. 이 구성은 이야기, 질문, 참여형 워크북이 결합된 매우 복합적이면서도 직관적인 형식이며, 독자 참여형으로 확장 가능한 '몰입형 독서 구조'이다. 이 책은 '읽는 책'이자 '쓰는 책'이고, '공감하는 책'이자 '실행하는 책'이며, '남의 이야기를 듣는 책'이자 '내 이야기를 돌아보게 만드는 책'이다.

3. 인터뷰 사례에서 이름의 반복을 피하기 위해 노병천은 '노'로 표기하고, 사례 당사자는 '김', '박', '이' 등 성만 사용했다.

삶을 다시 바라보게 하는
70개의 질문

이 시간을
살아가는
그대에게

| 노병천 지음 |

질문은 단순한 물음이 아니다, 그것은 존재를 깨뜨리는 도끼다

"어떻게 사람이 이렇게 악할 수 있을까?"

아우슈비츠 수용소의 가스실 앞에서 그 물음이 저절로 터져 나왔다. 무너진 인간성과 마주한 그 자리에서 나는 울었다. 그때 알았다. 내 안에서 터질 듯 치솟은 이 지독한 질문은, 억눌러둔다고 사라질 문제가 아니라는 사실을. 숨기면 숨길수록 더 깊어지고, 외면하면 외면할수록 더 아프게 자신을 드러내는 것임을.

그날 이후, 나는 배낭 하나를 메고 전 세계 40개국 전장을 찾아다녔다. 러시아의 동토, 베트남의 밀림, 레바논의 고원, 노르망디의 절벽, 나폴레옹의 마지막 전장까지. 멈추지 못한 이유는 하나, 내 안에서 자꾸 생겨나는 질문 때문이었다.

"왜 인간은 전쟁을 반복하는가?"

"왜 욕망을 멈추지 않는가?"

질문이 있었기에 나는 기록했고, 증언했으며, 스스로를 돌아볼 수 있었다. 그 경험은『세계 격전지 현장 답사기』라는 책에 고스란히 담겼다. 결국 질문은 내 인생의 선물이자 상처이면서, 동시에 구원이었다. 심장을 꿰뚫던 화살 같은 질문이 내 삶을 다시 일으켜 세운 것이다.

왜 하필 70개의 질문인가? 그 숫자에는 내 인생이 담겨 있다. 올해로 일흔을 맞으며, 나는 내 삶을 돌아보는 질문들을 하나씩 꺼내 보았다. 동양의 고희, 서양과 성경에서의 회복과 지혜, 그리고 용서의 상징이기도 한 70이라는 수. 실제로도 질문의 깊이와 흐름을 담기엔 가장 적절했다. 그래서 나는 삶의 흐름에 따라 마음을 흔들며 방향을 묻게 하는 70가지 질문을 정리했다. 누군가에게는 멈춤의 신호가, 다른 누군가에게는 시작의 불씨가 되길 바란다.

물론 이 질문들이 모든 인생을 대변할 수는 없다. 하지만 이 질문을 디딤돌 삼아 각자의 질문을 꺼내고, 스스로에게 되물을 수 있다면 그걸로 충분하다. 지난 세월 나는 수많은 이웃, 청중, 제자들과 삶을 나누며 살아왔다. 그들과의 만남 속에서 삶의 본질을 묻는 질문들이 자연스럽게 피어났고, 나는 그 소중한 물음을 길어 올려 이 책에 담았다. 이번에는 특히 140명의 평범한 이웃을 직접 혹은 간접적으로 만나 그들의 이야기를 들었다.

많은 책에서 유명 인물이나 인간 승리의 주인공들을 사례로 다룬다. 물론 그런 이야기도 귀하지만, 독자들은 종종 이렇게 느낀다.

"저 사람들은 나와는 다른 세상을 사는 사람들이야."

그래서 공감보다는 거리감이 생긴다. 그러나 이 책은 다르다. 우리 곁에서 함께 밥을 먹고, 차를 나누고, 하루의 생업을 살아가는 평범한 이웃들의 이야기다. 그래서 더 쉽게 마음이 열리고, 깊은 공감이 생긴다. 화려한 이력도, 대단한 업적도 없지만, 그들의 삶 속에는 빛나는 통찰이 있었다. 그리고 나는 하나의 공통점을 발견했다. 누구나 자기만의 질문을 품고 살아간다는 것. 그 질문은 묻히기도 하고, 때로는 삶의 무게에 짓눌려 있기도 했다. 그러나 그것을 꺼내는 순간, 조용하면서도 분명한 인생의 목소리가 들려왔다. 그들의 이야기는 곧 나의 이야기이자 우리 모두의 이야기였다.

이 책은 내가 처음으로 개척한 장르인 '질문인문학Question Humanities'의 결정체다. 질문을 통해 스스로를 해체하고 다시 조립하도록 돕는 시대의 안내서이자, 인간됨을 복원하고 미래를 다시 설정하는 철학적·심리적·실천적 성찰서이다. AI 시대인 지금 가장 필요한 능력은 '질문하는 힘'이다. AI는 상상을 초월하는 속도로 정보를 조합해 답을 내지만, 스스로 질문을 던지지는 못한다. 설령 던진다고 해도 인간이 설계한 알고리즘의 패턴일 뿐이다. 그러나 삶의 본질을 묻는 질문, 낯선 연결을 시도하는 창의적 질문, 내면 깊숙이 파고드는 통찰의 질문은 오직 인간만이 던질 수 있다.

AI가 모든 '답'을 가진 시대일수록 우리는 더 질문해야 한다. 질문은 인간다움의 마지막 자존심이며, 우리가 인간임을 증명하는 방식이다. AI는 데이터를 계산할 수는 있어도, 인간처럼 질문 하나로 밤을 지새울 수는 없다. 위대한 질문들은 언제나 인간의 고통과 사랑, 외로움, 희망 속에서 태어났다. 그것은 살아 있는 존재만이 할 수 있는 일이다. 우리가 질문을 멈추는 순간, 더 이상 인간일 수 없다. 그래서 우리는 이렇게 말해야 한다.

"질문한다, 고로 존재한다Interrogo, ergo sum."

프란츠 카프카는 "책은 우리 내면의 얼어붙은 바다를 깨뜨리는 도끼여야 한다"고 말했다.

그러나 나는 더 강하게 말하고 싶다. 책보다 강력한 도끼는 바로 질문이다. 질문은 책보다 깊고, 더 날카롭게 찔러온다. 질문은 대화의 수단이 아니다. 존재를 깨우는 무기다. 책 한 권에서 단 하나의 질문만 건졌더라도 그 책은 충분한 가치를 지닌 것이다. 질문은 얼어붙은 생각을 깨뜨리는 것을 넘어 존재 자체를 흔든다.

"나는 누구인가?"

"왜 사는가?"

"어디로 가야 하는가?"

이 질문을 던지는 순간 우리는 다시 태어난다. 묻는 순간, 나는 내가 아니게 되고, 진짜 나를 만나게 된다. 그래서 질문은 도끼다. 존재를 깨는 도끼, 잠든 삶을 흔드는 도끼, 새로운 길을 여는 도끼. 이 책에 담긴 70개의 질문은 바로 그 도끼처럼 정교하게 벼려졌다. 이제, 그 도끼를 드는 것은 당신 몫이다.

이 시간을 살아가는 그대에게

◆ 차례 ◆

제1부 ✦ 묻는다는 것의 시작
존재를 깨우는 질문들

제2부 ✦ 삶 속에서 길을 찾다

관계와 선택, 실패와 외로움의 시간

제3부 ✦ 다시 살아가는 용기
끝이라 여긴 순간, 또 다른 질문이 시작된다

묻는다는 것의 시작

존재를 깨우는 질문들

질문은 마음의 불을 켜는 스위치다. 단 하나의 질문이 생각의 방향을 바꾸고, 인생의 궤적을 새롭게 만든다. 우리는 질문을 던지는 순간, 이미 다른 사람이 되어 있다.

제1장

인생을 바꾸는 질문의 힘

질문이 만들어내는 의식의 전환

질문은 단순한 호기심이 아니다. 때로는 막힌 문제를 풀고, 멈춘 인생을 다시 움직이게 한다. 한 사람의 운명을 바꾼 순간에도 그 중심에는 질문이 있었다. 그러나 모든 질문이 그런 힘을 지니는 것은 아니다. 질문에도 격이 있다. 좋은 질문은 본질에 닿아 생각의 문을 열고 깊은 성찰을 이끌어낸다.

"나는 왜 이 길을 걷고 있는가?"와 같은 물음은 삶 전체를 다시 돌아보게 만든다. 반면 나쁜 질문, 즉 "왜 나만 이런 일을 겪어야 하지?"라는 물음은 오히려 시야를 좁아지게 만들고 자기 연민에 빠지게 한다. 좋은 질문은 내면을 향하게 하고, 나쁜 질문은 책임을 외부로 돌린다. 지금부터 우리는 질문 하나가 어떻게 삶을 바꾸는지 살펴보려 한다. 질문은 생각의 방향을 틀고, 인생의 물줄기를 바꿀 힘을 지니고 있다.

어떤 질문으로
하루를 열고 닫았는가?

하루를 깨우는 질문, 잠들기 전 나를 비추는 질문

| 이웃 1 | 이광호 씨, 44세 - 은행원

오늘 아침, 거울 앞에서 셔츠 깃을 정리하던 그는 스스로에게 물었다.

"그래, 오늘은 누구에게 감동을 줄까?"

하루를 여는 첫 질문이었다. 그는 은행의 고객 상담 직원이다. 고객 응대 매뉴얼도 외우다시피 했고, 친절한 미소도 단계별로 연습해두었다. 그날 오전, 일흔 살가량의 할머니 한 분이 분실한 통장을 재발급받으러 왔다. 그는 정중하게 안내하며 생각했다. '지금이야. 진심 어린 친절, 감동의 순간!' 그는 미소 지으며 천천히 설명했다.

"어머님, 여기에 성함 적어주시고요. 생년월일과 주민번호도 같이……."

그런데 할머니가 뜬금없이 물었다.

"자네, 혹시 트로트 경연 대회 나갔었나?"

"네? 아뇨, 전 그런 적이 없는데요…….."

할머니가 웃으며 한마디 덧붙였다.

"아니, 말하는 게 그렇게 구수하니 그냥 그럴 줄 알았지…… 하하하!"

뜻밖의 질문에 그도 웃음을 터뜨렸다. 그 순간, 그는 아침에 스스로 던진 질문이 이미 답을 만들어가고 있음을 느꼈다.

| 이웃 2 | 백주은 씨, 41세 _ 워킹맘

두 아이를 키우는 워킹맘이자 팀장으로 일하고 있는 주은 씨는 늘 하루가 전쟁처럼 흘러갔다. 출근길엔 아이들의 등교를 챙기느라 숨이 가빴고, 회사에서는 보고서와 회의가 줄줄이 이어졌다. 거의 매일 밤마다 "오늘도 겨우 버텼다"라는 말만 반복했다.

그런데 야근을 마치고 집에 돌아온 어느 날 밤, 침대에 누웠는데도 머릿속은 회사 일과 집안일로 복잡했다.

'이대로 잠들면 내일도 똑같겠지…….'

문득, 며칠 전 책에서 읽은 한 문장이 떠올랐다.

"당신은 어떤 질문으로 하루를 닫았는가?"

그날부터 주은 씨는 하루를 마감할 때 스스로에게 짧은 질문을 던졌다.

"나는 오늘 사랑하는 사람을 더 사랑했는가?"

이 질문 하나가 생각을 멈추게 했다. 분주한 하루 중에도 아이에게 건넨 포옹, 남편에게 전한 짧은 안부, 동료에게 건넨 미소가 떠올랐다. 그리고 놓친 순간들도 보였다.

며칠이 지나자 그녀가 달라졌다. 아이의 눈을 바라보는 시간이 늘어나면서 가족과의 대화가 조금 더 따뜻해졌다. 회사 일로 지친 날에도 "그래, 오늘 작은 사랑을 놓치지 않았나?" 하고 되묻는 순간, 하루가 헛되지 않았음을 느꼈다. 주은 씨는 말했다.

"이 질문 덕분에, 바쁘게만 흘러가던 하루가 조금은 의미 있게 닫히는 것 같아요. 내일도 다시 살아갈 힘이 생깁니다."

에리히 프롬은 "질문은 삶을 향한 욕망이다"라고 말했다.

아침은 하루의 문이다. 어떤 질문으로 하루를 여느냐가 그날의 분위기를 결정한다. "오늘은 누구를 행복하게 할까?"라는 질문으로 시작하면, 하루 동안 만나는 사람들을 어떻게 기쁘게 할지 자연스레 생각하게 되고, 그렇게 하루가 채워진다. 반대로 "오늘은 또 어떻게 버틸까?"라고 묻는다면, 그날은 고단하고 무의미하게 흘러가기 쉽다.

저녁은 하루를 닫는 열쇠다. "오늘 나는 자신을 존중하며 살았는가?"라는 질문으로 마무리하면, 하루의 의미 있는 순간들이 떠오르며 기분 좋게 잠들 수 있다. 그러나 그런 물음 없이 피곤하다고 그냥 눕는다면, 그저 지쳐 흘러간 하루로만 남는다.

좋은 질문 하나는 단순한 생각의 전환에 머물지 않는다. 그것은 태도를 바꾸고, 습관을 바꾸며, 마침내 운명까지 바꾼다. 내일의 나를 새롭게 만들고 싶다면, 아침에 던질 첫 질문과 저녁에 마무리할 마지막 질문부터 달라져야 한다.

오늘의 체크 포인트

☐ 나는 오늘 아침 어떤 질문으로 하루를 시작했는가?

☐ 나는 오늘 어떤 질문으로 하루를 마감했는가?

☐ 그 질문이 내 하루를 어디로 이끌었는가?

질문 뒤집기

오늘도 어제처럼 아무 질문 없이 그냥 잠들지는 않았는가?

오늘의 문장

"어떤 하루가 될지는 어떤 질문으로 열고 닫았느냐에 달려 있다."

한 줄 메모

오늘 잠들기 전에 내게 던질 질문 하나를 써보자.

 _____

이 시간을 살아가는 그대에게

지금 내 삶에 꼭 필요한
질문은 무엇인가?

지금 내 삶을 살리는 단 하나의 질문을 고른다면

|이웃1| 정민우 씨, 36세 _ 직장인

자취 12년 차 직장인 민우 씨는 야근을 마치고 집으로 돌아오자 배가 너무 고팠다. 밤 11시 30분, 냉장고에는 어제 먹다 남긴 치킨 네 조각이 있었다.

"전자레인지 돌리면 되지 뭐!"

그런데 문제는 룸메이트가 거실 소파에서 이미 꿈나라 여행 중이었다는 것. 방에서 먹기엔 냄새가 너무 강했고, 거실은 지나갈 수 없었다. 그래서 그는 아주 기발한 결정을 내렸다. 욕실 안, 변기 앞 작은 세면대 옆에 노트를 깔고, 그 위에 접시를 올렸다. 그리고 그 좁은 공간에 쪼그려 앉아, 뼈를 발라가며 치킨을 먹었다.

그러다 간장소스가 무릎 위로 뚝뚝 떨어지던 순간, '나는 왜 지금 이 시간에, 욕실에서 치킨을 먹고 있는가?'라는 생각이 들었고, 웃음이 터졌다. 그리고 동시에 울고 싶어졌다.

"이게 진짜 내가 원하던 서른여섯의 밤인가?"

"나는 왜 이렇게까지 눈치를 보며 살아야 하는가?"

"지금 내 삶에 꼭 필요한 질문은 무엇일까?"

그날 이후 민우 씨는 룸메이트와 진지한 대화를 나누었고, 결국 독립하기로 결심했다. 지금은 작은 원룸에 살면서, '거실에서 당당하게 치킨을 먹는 자유'를 되찾았다고 한다. 그리고 SNS에 이 짧은 글을 올렸다.

'욕실 치킨이 내 인생을 바꿨습니다.'

| 이웃 2 | **김윤식 씨, 45세** _ 중견기업 부장

윤식 씨는 하루에도 수십 통의 메일과 보고서를 처리한다. 어느 날 퇴근 후, 거실 불빛 아래 홀로 앉아 있는 아버지를 보았다. 나이 들어 기억이 흐릿해진 아버지는 텔레비전을 켠 채 멍하니 자리하고 있었다. 그

제야 깨달았다.

"내가 언제 아버지와 진짜 대화를 나눈 적이 있었던가?"

다음 날도 여전히 바빴다. 그러나 머릿속에서는 아버지의 쓸쓸한 모습이 떠나지 않았다. 결국 그는 자신에게 물었다.

"나는 무엇을 위해 이렇게 달려가고 있는가? 내게 정말 중요한 것은 무엇인가?"

그날 저녁, 윤식 씨는 퇴근길에 아버지와 함께할 저녁거리를 사들고 집으로 갔다. 그러고는 오랜만에 마주 앉아 식사하며 이야기를 나누었다. 아버지는 흐릿한 눈빛 속에서도 미소를 지었다. 그는 다짐했다. 일주일에 한 번은 아버지와 식사하고, 한 달에 하루는 아버지와 야외에 나가기로. 그의 메모장에는 이렇게 적혀 있었다.

'지금 내 삶에 꼭 필요한 질문은, 내가 무엇을 소중히 여기고 지켜야 하는가이다.'

진짜 중요한 것은 그 질문 앞에 멈춰 섰느냐이다. 질문은 때로 변화보다 먼저 우리 삶에 찾아온다. 멈추게 하고, 되묻게 하며, 한숨 쉬게 만들기도 한다. 우리는 늘 정답을 찾으려 하지만, 진짜 전환은 지금 내게 꼭 필요한 질문을 마주할 때 시작된다. 그 질문은 누구도 대신 해줄 수 없고, 검색으로도 찾을 수 없다. 결국 스스로 마주해야만 비로소 드러난다.

지금 이 순간, 당신은 자신에게 어떤 질문을 던지고 있는가? 혹은 외면하고 있지는 않은가? 하루를 바꾸는 것도, 인생의 방향을 바꾸는 것도 언제나 조용한 하나의 질문에서 시작된다.

미국의 세계적 기업 월마트를 만든 창업자 샘 월턴에게 앨리스 월턴이라는 딸이 있었다. 그녀는 아버지로부터 무려 1,160억 달러, 우리 돈으로 약 170조 원에 달하는 거액을 상속받았다. 누구라도 평생을 쓰고도 남을 돈이었다.

그런데 어느 날 그녀는 중요한 깨달음을 얻었다. "이 돈은 내가 흘린 땀으로 이룬 것이 아니다. 나를 위해 편히 쓸 것인가, 아니면 세상을 위해 쓸 것인가." 앨리스는 망설이지 않았다. 먼저 고향인 아칸소주 벤턴빌에 미술관을 세워 세계적인 작가들의 작품을 무료로 개방했다. 문화적으로 소외된 이웃들에게 예술의 감동을 나누고 싶었기 때문이다. 이어 의료 인프라가 부족한 농촌 지역을 위해 월턴 의과대학을 설립했다. 그리고 헌신적인 의사를 키우기 위해 등록금을 받지 않았다. 경제적 이유로 의료 인력이 부족해지는 현실을 바꾸고 싶었기 때문이다.

이 모든 변화는 단 하나의 질문에서 시작되었다. "나는 무엇을 위해 이 돈을 사용할 것인가?" 그 단순한 질문 하나가 그녀의 삶을 완전히 새롭게 이끌었다. 그 질문은 누가 건넨 것도 아니었다. 고요한 순간, 그녀가 스스로에게 던진 내면의 물음이었다.

오늘의 체크 포인트

☐ 나는 지금 어떤 질문을 품고 살고 있는가?

☐ 그 질문을 하루에 몇 번이나 생각하는가?

☐ 질문의 중요성을 얼마나 알고 있는가?

질문 뒤집기

내가 가장 피하고 싶은 불편한 질문은 무엇인가?

오늘의 문장

"질문은 머리에만 남는 것이 아니라, 가슴을 멈추게 하고 삶의 방향을 바꾼다."

한 줄 메모

지금 내 삶에 꼭 필요한 질문 한 줄을 적어보자.

인생의 방향을 바꾼 질문을 받아본 적이 있는가?

내 인생의 방향을 틀어준, 우연처럼 찾아온 질문 하나

|이웃 1| **정유진 씨, 24세** _ 의대생

스무 살 무렵, 유진 씨는 항상 웃는 얼굴로 사람들을 대했지만, 속은 늘 허전했다. 부모님의 기대에 따라 의대에 진학했지만, 정작 자신은 매 순간 숨이 막히는 것 같았다. 하루는 과외를 받던 고등학생이 물었다.

"선생님은 왜 의사가 되려고 해요?"

그 순간, 머리가 하얘졌다. 그것은 생각해본 적이 없었기 때문이다. 부모님이 원하니까, 성적이 되니까…….

그날 밤, 유진 씨는 혼자 공원 벤치에 앉아 한참을 울었다.

"나는 왜 이 길을 걷고 있는 걸까?"

처음으로 자신에게 질문을 던졌고, 처음으로 '의사'라는 길을 재검토하기 시작했다. 오랜 고민 끝에 그녀는 1년 휴학을 결정하고, 인문학 수업을 들으며 자신을 알아가는 시간을 가졌다.

"그때 그 아이의 질문이 없었다면, 저는 여전히 부모의 삶을 대신 살아가고 있을 거예요."

그녀는 지금 예술치료를 공부하며, "왜 나는 이걸 하고 있지?"라는 질문을 다른 사람들에게도 건네고 있다.

| 이웃 2 | 남기훈 씨, 39세 _ 야채가게 총각

20대 시절, 비보이라는 단어만 들어도 가슴이 뛰었다. 길거리에서, 공연장에서, 그는 멋진 동작으로 무대를 휘어잡는 선배들을 보며 꿈을 키웠다. 그래서 기훈 씨도 따라다니며 동작을 하나하나 익혔다. 머리로 버티는 헤드스핀, 몸을 공중으로 띄우는 파워무브…… 비록 몸은 늘 멍투성이었지만, 춤을 출 때만큼은 세상의 어떤 것도 부럽지 않았다.

그러던 어느 날, 비보이 선배가 툭 던진 말에 그의 마음이 무너졌다.

"야, 이거 돈 안 돼. 너 이걸로 먹고살 거야?"

그 순간 기훈 씨는 숨이 턱 막혔다. 현실이 떠올랐다. 자신이 부양해야 할 홀어머니, 하루하루 쌓여가는 생활비…… 아무리 좋아도, 꿈만으로는 가족을 지킬 수 없다는 걸 그는 잘 알고 있었다. 며칠 밤을 뜬눈으로 지새우며 고민한 끝에, 기훈 씨는 두 친구와 함께 작은 야채 가게를 열었다. 새벽마다 시장을 돌며 물건을 떼어오고, 손님들과 웃으며 하루를 보냈다.

하지만 춤에 대한 열정까지 접을 수는 없었다. 시간이 날 때면 그는 여전히 공원 무대에서, 혹은 조용한 라이브 카페의 작은 무대에서 음악에 몸을 맡겼다. 비보이로서의 꿈을 완전히 버린 것은 아니었다. 단지, 삶의 방식이 달라졌을 뿐이다.

어느 날, 그는 무대에서 머리를 바닥에 대고 빙빙 돌다가 혼잣말을 내뱉었다.

"인생도 돌고 도는 거야…… 그렇지?"

그 말에 자신도 모르게 웃음이 났다. 현실과 꿈 사이에서 그는 여전히 춤을 추었다. 무대는 달라졌지만, 진심은 그대로였다.

칸트는 철학의 문제를 다음 세 가지 질문으로 정리했다.

"나는 무엇을 알 수 있는가?"

"나는 무엇을 해야 하는가?"

"나는 무엇을 희망해도 되는가?"

실제로 어떤 사람에게는 단 한마디의 질문이 삶의 방향을 완전히 바꾸는 전환점이 된다. 특히 진로나 직업, 삶의 방식에 대한 질문이 그렇다.

"정말 이 길을 계속 가야 하는 걸까?", "이 선택이 나중에도 후회 없는 결정일까?"와 같은 물음은 한 사람의 마음속에 깊은 파문을 남기고, 걸음을 멈추게 하며, 앞으로의 삶을 새롭게 설계하도록 만든다. 이런 질문은 단순한 호기심이 아니라 삶의 나침반이 되어, 바쁜 일상 속에서도 멈춤과 성찰의 시간을 주고, 우선순위와 가치를 다시 세우게 한다.

결국, 질문 하나가 인생의 전환점이 될 수 있다는 사실은 수많은 삶의 이야기 속에서 반복 확인된 진실이다. 진로와 직업을 바꾼다는 것은 더 이상 다른 사람의 기대에 맞춰 살지 않겠다는 선언이다. 내가 진정 원하는 삶의 방향으로 나아가겠다는 결심이다. 그러다 보면 내가 선택한 길이 누군가의 바람과 어긋나, 때로는 미움을 살 수도 있다. 부모에게서조차 그런 감정을 마주할 때가 있으니 더욱 마음이 무겁다. 하지만 그럴수록 어쩔 수 없이 '미움을 감수할 용기'가 필요하다. 이는 다른 사람의 기대와 시선을 내려놓고, 내가 옳다고 믿는 삶을 선택하는 힘이다. 결국 남의 기준이 아니라, 스스로 정한 방향을 향해 흔들림 없이 걸어가는 용기다.

오늘의 체크 포인트

☐ 실제로 인생을 바꾼 질문이 있었는가?

☐ 언제, 누구에게 그 질문을 받았는가?

☐ 내 삶에 어떤 변화가 있었는가?

질문 뒤집기

미움받을 용기가 있는가?

오늘의 문장

"때로는 단 하나의 질문이 삶의 방향을 바꾸고, 운명을 다시 쓰게
한다."

한 줄 메모

지금 내 삶의 방향을 바꾸게 한 질문은 무엇인가?

_____

이 시간을 살아가는 그대에게

도끼 같은 질문을
받아본 적이 있는가?

가슴을 내리친 질문, 내 안의 잠든 나를 깨우다

|이웃1| 김기현 씨, 38세 _ IT 스타트업 대표

기현 씨는 회의실에서는 날카롭고, 집에서는 무뚝뚝한 아빠로 통한다. 평소 초등학교 1학년 딸과의 대화는 주로 "숙제 했냐?", "컴퓨터는 몇 시간 했냐?" 정도였다.

어느 주말 오후, 노트북으로 업무를 보던 그에게 딸이 불쑥 질문을 던졌다.

"아빠, 질문 하나 해도 돼?"

"응, 뭐든 물어봐."

딸은 진지한 표정으로 물었다.

"아빠는 나랑 노는 게 좋아? 아니면 노트북이랑 노는 게 좋아?"

기현 씨는 순간 당황했다.

"어…… 당연히 너지!"

딸은 한참 고개를 갸웃하더니 조용히 말했다.

"근데 왜 맨날 노트북이랑만 놀아?"

그 말에 정곡을 찔린 기현 씨는 머쓱하게 웃으며 노트북을 덮었다.

"그래, 오늘은 아빠가 노트북이랑 이별할게."

그러고는 오랜만에 레고를 꺼내어 딸과 함께 놀았다. 그날 밤, 딸이 일기장에 쓴 한 줄의 문장이 아빠의 마음을 녹여버렸다.

'오늘 아빠가 나랑 놀아줘서 좋았다. 노트북보다 내가 좋다고 해서 진짜 기뻤다.'

기현 씨는 그날 이후 일정에 새로운 약속을 추가했다. 매주 금요일 저녁 7시, '딸과의 약속 미팅.'

그는 말한다.

"그 질문 하나가 내 인생의 일정표를 바꿨어요. 회의보다 중요한 시간이 생겼거든요."

태훈 씨의 이력서는 스펙으로 도배되어 있었다. 자격증 열 개, 토익 만점, 대외활동 줄줄이, 자기소개서에는 '도전과 열정의 아이콘'이라고 적혀 있었다.

드디어 대기업 면접 기회를 잡은 태훈 씨는 정장을 빼입고 당당하게 면접장에 입성했다.

면접관	이력서가 인상적이네요. 자격증도 정말 많군요.
태훈	네, 부족한 걸 채우기 위해 끊임없이 도전했습니다.
면접관	좋습니다. 질문 하나 드릴게요.
태훈	네, 편하게 질문해주세요.
면접관	이렇게 자격증이 많은데…… 왜 아직 취업을 못 했을까요?

태훈 씨는 순간 머리가 하얘졌다.

"아…… 그게…… 시장 상황이 어렵고…… 음……."

면접관의 도끼 같은 질문은 거기서 끝나지 않았다.

"혹시 공부는 열심히 하셨는데, 실전은 해보지 않으신 거 아닌가요? 이 회사에 필요한 건 자격증이 아니라 실전 플레이어입니다."

그날 이후 태훈 씨는 깨달았다.

"스펙은 무기일 뿐, 실전 경험이 없으면 무용지물이다."

그리고 자격증 공부를 멈추고 인턴에 지원해, 현장에서 진짜 실력을 키우기 시작했다.

인생의 방향을 바꾸는 질문과 도끼 같은 질문은 겉보기엔 비슷하지만, 마음과 뇌에 주는 작용은 전혀 다르다. 인생의 방향을 바꾸는 질문은 진로나 직업처럼 삶의 큰 길을 정하는 물음이다.

이런 질문은 머릿속에서 '미래 설계실'을 열어, 장기 목표를 세우고 앞으로의 계획을 그리게 한다. 당장 행동을 바꾸기보다 시간을 두고 깊이 생각하게 하며, 마치 나침반처럼 삶의 경로를 서서히 조정하게 만든다. 반면 도끼 같은 질문은 즉시 울리는 경보와 같다. 마음속 경종을 울려 지금 이 순간을 깨닫게 만든다. 무뎌진 감각을 깨우고, 피하거나 외면했던 진실과 마주하게 하며, 안주하던 생각 습관에 균열을 낸다. 순간적으로 불편하고 아플 수 있지만, 그 불편함이야말로 '변화 준비'를 시작하라는 신호다.

정리하면, 인생의 방향을 바꾸는 질문은 마음속 나침반을 돌려 장기적인 변화를 준비하게 하고, 도끼 같은 질문은 즉각적인 경각심을 주어 당장 깨어나게 한다. 두 질문 모두 삶을 움직이지만, 작동하는 방식은 서로 다르다. 질문은 단순한 도구가 아니라, 존재를 해체하고 다시 세우는 해부학적 장치이자 새로운 가능성을 여는 창조적 원리다.

오늘의 체크 포인트

☐ 내 삶을 내려치듯 멈추게 만든 질문이 있었는가?

☐ 그 질문은 나에게 어떤 불편함과 각성을 안겨주었는가?

☐ 그 질문의 영향으로 지금 나는 무엇을 하고 있는가?

질문 뒤집기

도끼 같은 질문을 피하고 싶은가?

오늘의 문장

"도끼 같은 질문은 무뎌진 일상에 실금을 내고 진짜 나를 깨운다. 그 질문이 때로는 변화의 전부다."

한 줄 메모

내 삶에 벼락처럼 내리꽂힌 질문이 있었다면 적어보자.

❝ _____ ❞

'다르게 볼 수는 없을까'라고
물어본 적이 있는가?

다르게 볼 때 비로소 보이는 새로운 세계

| 이웃 1 | **오정훈 씨, 36세 _ 직장인**

마트 주차장에 들어선 정훈 씨는 한숨부터 나왔다. 토요일 오후, 주차장은 이미 가득 차 만원이었다. 차를 몰고 빙빙 돌며 자리를 찾았지만, 빈 곳은 좀처럼 보이지 않았다. 15분쯤 헤맨 끝에 그는 건물 입구에서 300미터나 떨어진 구석 자리에 겨우 차를 댈 수 있었다.

짜증이 치밀어 오르려는 순간, 문득 머릿속에 이런 생각이 스쳤다.

'이건 불편이 아니라 무료 피트니스 아닌가?'

이왕 이렇게 된 김에 운동이나 해보자고 마음먹고 만보기를 켜며 힘차게 입구로 걸었다. 장을 다 본 뒤에도 곧바로 차로 향하지 않고 일부러 마트 건물을 크게 돌아 걸었다. 집으로 돌아와 앱에 찍힌 걸음 수를 확인하니 평소보다 훨씬 많았다. 기분이 좋아진 그는 그 화면을 캡처해 SNS에 올리며 해시태그를 달았다. #주차다이어트 #걸어서만보 #다르게보기 #마음먹기.

불편은 여전히 불편일 수 있다. 하지만 한번 다르게 바라보면, 그것
이 무료 서비스로 둔갑할 때도 있다. 오정훈 씨에게 그날의 불편은 뜻밖
의 건강 보너스였다.

|이웃 2| 박석호 씨, 45세 _ 중학생 학부모

중학생 아들과 점점 말이 줄어든 아버지 석호 씨는 식탁에 마주 앉으
면 눈도 잘 마주치지 않고, "밥 먹자", "네", "다 먹었어?", "네." 이 네 마
디가 거의 전부였다.

그러던 어느 주말, 석호 씨는 혼잣말처럼 주절거렸다.

"만약 식탁 자리를 바꾸면 어떨까? 마주 보지 말고 나란히 앉아보면?"

다음 날 아침, 아들이 식탁으로 다가왔을 때 석호 씨는 이미 아들 자
리 옆에 앉아 있었다. 당황한 아들은 "왜 여기 앉았어요?"라고 물었다.
그는 웃으며 말했다.

"오늘은 같은 편으로 밥을 먹고 싶어서."

이상하게도 그날, 아들이 먼저 학교 얘기를 꺼냈다.

"아, 맞다. 우리 반에 전학 온 애가 있는데……."

나란히 앉으니 눈을 마주칠 부담도 줄고, 말이 자연스럽게 흘러나왔다. 그날 이후 둘은 주 2회 '나란히 밥 먹는 날'을 정했다. 식탁 위에는 여전히 김치찌개가 놓였지만, 대화는 날마다 새로웠다.

석호 씨는 말한다.

"식탁을 바꾼 게 아니라, 우리 관계의 각도를 바꾼 거죠."

물리적 거리의 작은 변화가 정서적 거리까지 줄여준 것이다. 그저 앉는 자리를 바꿨을 뿐인데!

알베르트 아인슈타인은 "문제를 만든 사고로는 그 문제를 해결할 수 없다"라고 했다. 이 말은, 다르게 보려는 질문 없이는 새로운 해결도 없다는 의미다. "다르게 볼 수 없을까?"라는 짧은 질문 하나가 생각의 회로를 바꾼다. 영어로는 "What if~?"라는 표현으로 자주 쓰인다. 우리는 대부분 해오던 대로, 보던 대로, 익숙한 틀 안에서 살아간다. 익숙함은 편하지만, 동시에 새로운 가능성을 가리는 가림막이 되기도 한다. 하지만 세상은 언제나 다르게 본 사람들에 의해 바뀌어왔다.

"지금의 소비는 물건이 아니라 마음을 사고파는 일이다"라는 말이 있다. 과거와는 전혀 다른 마케팅의 시대다. 이제 소비자는 단순히 제품을 고르는 것이 아니다. 잘 만든 제품이 넘쳐나는 세상에서, 그들은 자신의 심리를 만족시켜줄 '경험'과 '의미'를 산다. 마케터는 소비자가 무엇을 느끼고, 무엇을 원하는지를 이전과는 '다르게' 이해해야 한다.

나는 지금까지 많은 책을 써왔다. 그중에서도 『도해 세계전사』와 『도해 손자병법』은 특별한 의미가 있다. 전쟁사와 병법은 대개 무겁고 딱딱하며, 읽기 어렵다는 편견이 따라붙는다. 아무리 훌륭한 내용이라 해도 독자가 다가서지 못하면 소용이 없다. 나는 질문했다.

"이 책들을 좀 더 쉽게, 다르게 볼 수는 없을까?"

그 해답은 바로 '그림'이었다. 활자만으로 설명하던 세계를 도해와 삽화로 풀어낸 시도는 당시로서는 파격적인 발상이었다. 그 덕분에 독자들은 부담 없이 책을 펼칠 수 있었고, 36년이 지난 오늘날에도 꾸준하게 애독하는 책이 되었다. 결국 중요한 것은 정답이 아니라, 질문을 어떻게 '다르게' 던지느냐이다.

오늘의 체크 포인트

- ☐ 나는 익숙한 것을 다르게 바라본 적이 있는가?
- ☐ 고정관념에 매여 있지는 않은가?
- ☐ 말도 안 되는 생각을 해본 적이 있는가?

질문 뒤집기

답을 먼저 제시하고, 학생이 그 답에 이르는 질문의 내용을 채점하는 '거꾸로 시험'을 도입한다면 어떨까?

오늘의 문장

"다르게 살려면 다르게 질문해야 한다."

한 줄 메모

지금까지와는 다르게 바라볼 수 있는 엉뚱한 질문 하나를 써보자.

 _____

성공한 사람들은
어떤 질문을 습관처럼 하는가?

성공하는 데는 이유가 있다

| 이웃1 | 정광수 씨, 58세 _ 교육 스타트업 대표

광수씨는 두 평 남짓한 창고에 사무실을 얻어 창업한 이후, 지금은 전국 300개 교실에 콘텐츠를 공급하는 회사를 이끌고 있다. 그의 성공 비결은 화려한 마케팅이 아니었다. 그는 매일 같은 질문을 품었다.

"우리 고객은 지금 어떤 불편을 느끼고 있을까?"

처음에는 몇 명 안 되는 학부모에게 전화로 피드백을 받았고, 그들의 말 하나하나를 메모하며, 제품에 반영했다. 누군가는 '피곤한 일'이라고 했지만, 그는 말했다.

"불편을 묻는 질문은 고객을 내 편으로 만드는 첫 번째 열쇠입니다."

그 질문이 회사를 변화시켰고, 결국 그를 '교육 현장형 기업가'로 만들었다.

| 이웃 2 | 박혁진 씨, 42세 _ 커피 트럭 사장

혁진 씨는 동네에서 제일 잘나가던 카페 사장이었다. 커피 맛도 좋고, 손님도 많았는데…… 어느 날 갑자기 건물주가 나타나 말했다.

"월세, 두 배 올립니다."

한 달 안에 결정하라는 통보였다. 하루 종일 카페 한쪽 구석에 앉아 멍하니 있던 중, 문득 이런 생각이 들었다.

'성공하는 사람들은 이런 경우, 어떻게 대응할까?'

그리고 스스로에게 물었다.

"이 상황이 나한테 기회가 될 수 있을까?"

그 질문을 붙잡고 며칠을 고민하던 혁진 씨는 과감히 가게를 접고, 1인용 '이동식 커피 트럭'을 시작했다. 비 오는 날 대학가 앞, 해 질 녘 강변, 아침 출근길 전철역 앞…… 장소마다 다른 풍경과 사람들을 만나면서, 월세 걱정 없는 하루하루가 모험처럼 변했다. 성공하는 사람이 하는 질문 하나가 그를 다시 일으켜 세워준 것이다.

이 시간을 살아가는 그대에게

성공한 사람은 위기 앞에서 "왜 나에게 이런 일이 생긴 거지?" 대신 "이걸 어떻게 기회로 바꿀 수 있을까?"라고 묻는다. 이런 해결 중심 질문은 편도체를 진정시키고 전전두엽을 활성화해 계획, 창의, 의사결정을 높인다.

하버드대 연구에 따르면, 긍정적 질문을 던진 그룹은 문제 해결 속도가 23퍼센트 빠르고 대안도 두 배나 많았다. 스탠퍼드대 연구에서도 스스로 해답을 찾는 질문형 사고가 장기 기억과 행동 변화를 더 이끌어냈다. "이 일이 나의 본질과 연결되는가?"와 같은 자기 성찰형 질문은 순간의 성취에 머물지 않고 장기 목표와의 일치를 점검하게 한다. 부정적 언어는 창의성을 억제하지만, '잘 될 거야' 같은 긍정적 언어는 전전두엽과 보상 회로를 활성화해 행동을 설계하게 한다. 질문과 언어를 바꾸면 뇌가 바뀌고, 뇌가 바뀌면 현실도 달라진다.

오늘의 체크 포인트

- ☐ 내가 하는 질문을 분석해본 적이 있는가?
- ☐ 문제 해결을 위한 질문을 얼마나 하고 있는가?
- ☐ 내가 존경하는 사람은 어떤 질문을 많이 할까?

질문 뒤집기

실패하는 사람들은 주로 어떤 질문을 많이 할까?

오늘의 문장

"성공하는 사람들은 문제에 집착하지 않고, 해결책을 찾는 질문에 집 중한다."

한 줄 메모

성공보다 성장에 가까운 질문 하나를 써보자.

나는 어떤 질문을
습관으로 만들고 있는가?

반복하는 질문이 오늘의 나를 만든다

| 이웃 1 | 윤태호 씨, 34세 _ 직장인

태호 씨는 아침에 눈만 뜨면 자동으로 이렇게 중얼거린다.

"나는 왜 되는 일이 없을까?"

출근하려고 나가면, 신발 끈이 끊어진다.

"이것 보라니까, 역시 나는 되는 게 없어."

점심을 먹으려 식당에 갔더니, 앞사람까지 김치찌개가 나오고 본인 차례에는 품절.

"그렇지, 나는 되는 게 없어."

저녁에 회식 자리에선 부장님이 술잔을 돌리는데, 딱 자기 앞에서 술이 바닥났다. 물론 술을 더 시키면 되지만 하필이면…….

"역시…… 나는 되는 게 없네."

이렇게 하루에도 수십 번 같은 질문을 반복하니, 뇌가 스스로 증거를 찾아내며 그의 말이 '자기실현 예언'이 되어버렸다. 결국 그는 이렇게 결론 내렸다.

"내 인생의 전공은 '되는 게 없는 과'다."

| 이웃 2 | 이민아 씨, 30세 _ 직장인

민아 씨는 취업 준비 시절부터 습관적으로 말했다.

"나는 왜 하는 일마다 잘 될까?"

면접장에 들어가자마자 준비한 발표 자료를 깜빡하고 두고 왔다는 걸 알았다. 그 순간 속으로 중얼거렸다.

"그래도 잘 될 테지?"

그리고 즉석에서 목차만 기억해 면접관의 눈을 보며 자신 있게 말했다. 오히려 준비된 발표보다 더 진솔하다고 칭찬을 받았다. 친구들과 여행을 갔을 때는 호텔 예약이 꼬여 방이 없다는 통보를 받았다. 그때 속으로 말했다.

"그래도 잘 될 테지?"

결국 호텔 측에서 사과하며 무료 업그레이드를 해주었다. 민아 씨는 말한다.

"그래도 잘 될 테지?' 이 질문 덕분에 불편한 상황도 기회로 바뀌었습니다. 질문이 제 운명을 이끌어가는 것 같아요."

유명한 작가이자 라이프코치인 토니 로빈스는 말했다.

"삶의 질은 당신이 매일 반복해서 던지는 질문의 질에 달려 있다."

우리 뇌 속의 해마는 장기기억을 저장하는 데 중요한 역할을 한다. 그런데 해마는 무작정 모든 것을 기억하지는 않는다. 강렬한 자극을 받거나, 반복된 경험을 할 때 더 잘 기억된다. 그래서 어떤 질문을 반복하는지가 삶을 결정한다. "나는 왜 되는 게 없을까?"라는 질문을 매일 반복하면 정말 제대로 되는 일이 없게 된다. 반대로 "나는 왜 하는 일마다 잘 될까?"라고 묻는 습관을 들이면, 신기하게도 하는 일마다 잘 풀리게 된다. 긍정적인 마음가짐이 반드시 성공을 보장하지는 않는다. 하지만 분명한 사실은, 부정적인 생각으로는 결코 성공에 이를 수 없다는 것이다.

오늘의 체크 포인트

☐ 매일 반복하는 질문이 있는가?

☐ 긍정적인 질문인가, 아니면 부정적인 질문인가?

☐ 질문의 효과를 체감한 경험이 있는가?

질문 뒤집기

"그래도 잘 될 테지?" 뇌는 답을 찾고, 결국 운이 좋아진다.

오늘의 문장

"습관처럼 반복하는 질문이 곧 나의 인생 습관을 만든다. 좋은 질문
을 택하는 순간, 더 나은 삶이 시작된다."

한 줄 메모

오늘 내가 반복하며 살아가고 싶은 질문은 무엇인가?

"세상은 답하는 사람이 아니라, 질문하는 사람에 의해 바뀐다."

– 볼테르

지금까지 우리는 질문의 힘에 대해 살펴보았다. 질문은 단순히 대답을 이끌어내는 수단이 아니다. 그것은 사고의 경계를 흔들고, 우리가 익숙하게 받아들이던 틀을 깨뜨린다. 질문하는 순간, 우리는 새로운 길목에 선다. 이전까지는 보이지 않던 가능성이 열리고, '왜?'라는 물음은 우리를 더 깊이 이해하도록 이끈다. 역사를 돌아봐도 세상을 바꾼 것은 언제나 질문이었다. "왜 우리는 이렇게 살아야 하는가?", "다른 방법은 없는가?", "정의란 무엇인가?"라는 질문이 사회를 흔들었고, 과학과 예술, 철학의 진보를 만들어냈다. 답은 이미 주어진 세계를 정리해 이해하게 해준다. 하지만 질문은 아직 존재하지 않았던 세계를 향해 문을 열어, 새로운 가능성과 시야를 불러온다.

이제는 그 질문을 안고, 다음 여정을 향해 나아갈 시간이다. 살다 보면 문득 멈춰 서서 스스로에게 묻게 된다.

"내 존재의 이유는 무엇일까?"

처음에는 분명했던 그 이유가 시간이 흐르며 희미해질 때, 이 질문은 다시 삶의 목적을 비춰주는 등불이 되어준다. 존재의 본질을 향해 나아가게 하는, 가장 깊고 근원적인 물음이다.

제2장

존재의 이유를 묻다

태어났다면 이유가 있지 않겠는가

살아남기 위해 사는 시대, 하지만 진짜 삶은 '왜 살아야 하는가'를 묻는 데서 시작된다. 존재의 이유를 묻는 질문은 삶의 무게를 견디게 해주는 힘이 된다. 우리는 모두 저마다의 길 위에 서 있다. 누군가는 빠르게 걷고, 누군가는 더듬더듬 멈춰 서 있지만, 결국 모두의 마음속에는 같은 질문이 자리한다.

"나는 왜 세상에 태어났을까?"

어릴 땐 꿈을 좇았고, 청춘엔 세상의 기대를 따라갔으며, 어른이 되어선 생존을 위해 달려왔다. 하지만 어느 순간 문득 발길을 멈추게 된다. 그제야 깨닫는다. 속도가 중요한 게 아니라, 왜 이 길을 걷고 있는지가 더 중요하다는 걸. 삶의 이유는 멀리 있지 않다. 매일 아침 눈을 뜨는 순간, 누군가에게 작은 사랑을 나누는 순간, 모든 걸 포기하고 싶던 날에도 다시 일어서는 순간마다, 삶의 이유는 조용히 우리 곁에 머물러 있다.

Question 8

사람으로 태어난다는 것,
그 확률을 아는가?

기적 같은 존재임을 자각한 두 사람

| **인터뷰 1** | **김재훈 씨, 41세** _ 직장인

노 재훈 씨, 최근에 인생을 다시 바라보게 된 계기가 있었다고요.

김 네. 사실 저는 그동안 그냥 '사는 게 다 그런 거지' 하고 하루하루
　　를 흘려보냈어요. 그런데 얼마 전, 출근길 전철에서 우연히 들은
　　팟캐스트 한 줄이 그런 제 마음을 멈추게 했습니다.

노 어떤 말이었습니까?

김 "사람으로 태어날 확률은 400조분의 1"이라는 말이었죠. 처음엔
　　그냥 허무맹랑한 농담인 줄 알았어요. 하지만 그날 집에 와서 찾
　　아보니 정말 그렇더라고요.

노 구체적으로 얼마나 대단한 수치인지 알고 있나요?

김 잘은 모르겠습니다. 그냥 엄청 희박하다는 건 알겠어요.

노 복권 1등 확률이 약 800만분의 1입니다. 지구에는 약 870만 종

의 생물이 있습니다. 그중 단 한 종이 인간입니다. 그런데 그게 전부가 아닙니다. 사람으로 태어나기 위해선 수정 순간 3억~5억 개의 정자 중 단 하나가 선택되어야 하고, 거기에 수많은 유전자 조합까지 더하면 약 400조분의 1의 확률이 됩니다. 지구 전체에 400조 개의 동전을 깔고 단 하나만 빨갛게 칠해놓은 뒤 눈을 가리고 집어야 하는 것과 비슷합니다.

김 와…… 듣기만 해도 어질어질하네요.

노 게다가 그 빨간 동전을 집어 든 사람이 바로 '재훈 씨'라는 게 더 놀랍지 않습니까?

김 정말 그렇네요. 이게 우연일까요, 아니면 이유가 있어서일까요.
   (잠시 침묵)

노 그런데…… 그렇게 기적처럼 태어난 재훈 씨의 하루는 어떠했나요?

김 음, 아침에 눈뜨자마자 SNS 확인하고, 출근길엔 유튜브, 점심 먹고는 쇼핑몰, 퇴근 후엔 드라마 정주행이었네요.

노 그렇다면 400조분의 1의 기적을 스마트폰 화면 속에 가둬두고 있는 건 아닌지…… 오늘 하루를 다시 돌아봐야 할 때입니다.

| 인터뷰 2 | **박미영 씨, 63세 _ 1인 여행자**

노 미영 씨, 여행을 시작하게 된 특별한 계기가 있었다고요.

박 네. 작년에 건강검진에서 심장에 이상이 있다는 얘길 들었어요. 수술 날짜까지 잡혔죠. 그런데 막상 수술 당일, 재검 결과가 '오진' 이었던 거예요. 의사도 "이건 1만 명 중 한 명꼴로 있는 경우"라고 하더군요. 그 순간 머리를 스친 생각이 있었죠.

노 어떤 생각이었나요?

박 '내가 이렇게 살아남은 데엔 분명 이유가 있겠지.' 그때부터 매일 아침 창밖을 보며 스스로에게 물었어요. "너는 이 하루를 어떻게 쓸 거야?"

노 혹시 그 이유와 확률의 관계를 알고 있나요?

박 그냥 '운이 좋았다' 정도죠.

노 사실 사람으로 태어날 확률은 상상을 초월할 정도로 희박합니다. 거기에 이번처럼 심각한 병 오진에서 살아난 확률까지 더하면, 미 영 씨는 거의 '천문학적 확률'을 뚫고 여기 있는 거죠.

박 그렇게 들으니, 제가 숨 쉬는 것 자체가 선물처럼 느껴지네요.

노 그런데…… 그렇게 기적 같은 확률을 뚫고 살아난 오늘 하루는 어 떻게 보내셨나요?

박 음…… 아침부터 저녁까지 TV 드라마 재방송을 세 편이나 봤네요.

스티븐 호킹은 "우리는 무에서 생겨났고, 인간으로 존재한다는 것 자체가 놀라운 행운이다"라고 말했다. 실제로 과학자들은 한 사람이 태어날 확률을 약 400조분의 1로 추정한다. 정자와 난자가 수정되는 수많은 경우의 수, 태아가 무사히 성장할 확률, 시대와 장소, 환경적 조건까지 겹쳐져야 지금의 '나'가 존재한다. 즉 우리가 오늘 이 자리에 있다는 사실은 수학적 기적이며, 통계적으로는 사실상 불가능에 가까운 사건이다.

그런데도 우리는 종종 남과 비교하며 스스로를 초라하게 여긴다. 하지만 우리의 하루는 이미 상상할 수 없는 수많은 기적이 겹쳐 이루어진 결과다. 그러니 이제 물어야 한다. "나는 왜 이 불가능에 가까운 확률을 뚫고 태어났을까?" 이 질문은 삶의 방향을 비추는 등불이 되어, 매일을 더 특별하고 의미 있게 만들어준다. 당신은 우연히 생겨난 존재가 아니라, 확률을 거슬러 태어난 하나의 기적이다.

오늘의 체크 포인트

☐ 내가 태어난 확률을 알고 있었는가?

☐ 그 '기적의 확률'을 자각하며 살아가고 있는가?

☐ 기적의 존재인 나는 오늘 하루를 어떻게 보냈는가?

질문 뒤집기

내가 사람으로 태어나지 않고, 풍산개나 나무늘보로 태어났다면 어떠했을까?

오늘의 문장

"당신이 지금 여기에 존재한다는 사실 자체가 이미 기적이다."

한 줄 메모

드넓은 우주 속에서, 하필 지구에서, 그중에서도 사람으로, 그리고 그 사람들 중에 바로 내가 태어날 확률을 다시 한번 써보자.

_____

Question 9

부모님을 바꾸고 싶다고
생각한 적이 있는가?

바꾸고 싶던 순간을 넘어 이해에 이르기까지

| 인터뷰 1 | 최민아 씨, 30세 _ 광고회사 카피라이터

노   민아 씨는 어린 시절, 부모님 때문에 부끄럽다고 느낀 적이 있나요?

최   네. 아버지가 전통시장에서 과일 장사를 하셨는데, 손님을 부르실 때 목청이 워낙 크셨어요. "사과 사가! 오늘은 딱 달아!" 이 소리가 시장 전체에 울려 퍼지거든요. 저는 그게 너무 창피해서 일부러 시장 골목을 피해 다녔어요. 친구들이 들을까 봐서요.

노   지금은 그때의 마음이 어떻게 달라졌나요?

최   웃긴 게요, 제가 지금 광고회사에서 카피라이터로 일하는데, 제일 잘하는 게 '짧고 강렬한 한마디'를 만드는 거예요. 팀장님이 가끔 그래요. "민아 씨, 타고난 재능이 있네." 사실 따지고 보면 그건 아버지의 유산이죠. 손님을 단번에 사로잡던 그 한마디! 어릴 땐 부끄러웠는데, 지금은 제 무기예요.

| 인터뷰 2 | 김유진 씨, 27세 _ 직장인

노 　유진 씨는 부모님에 대해 어떤 기억이 가장 강하게 남아 있나요?

김 　저는 아버지와 단둘이 살았어요. 어린 시절엔 그게 늘 답답했죠. 아버지는 새벽같이 나가 밤늦게 들어오고, 하루 열두 시간 넘게 막노동을 하면서 단 한 번도 힘들다는 말을 하지 않으셨거든요. 집에 계셔도 늘 말수가 적고 무뚝뚝하신 분이라, 어린 저는 '왜 우리 아버지는 이렇게 차갑기만 할까' 하는 서운함을 품곤 했습니다.

노 　그 마음이 언제 달라지셨나요?

김 　아버지가 돌아가신 후였어요. 유품을 정리하다가 낡은 작업복 몇 벌만 덩그러니 남아 있는 걸 보았죠. 옷장에 새 옷 한 벌 없다는 사실이 그제야 눈에 들어왔습니다. 그런데 서랍 속에는 빼곡히 쌓인 등록금 영수증과 납부 확인서가 있더군요. 제 앞길을 위해 아버지는 평생 허리가 굽을 정도로 일하면서도, 스스로에게는 단 한 번도 작은 사치를 허락하지 않으셨던 겁니다.

노 그 사실을 알게 되었을 때 어떤 마음이 드셨나요?

김 말로 표현할 수 없을 만큼 가슴이 먹먹했습니다. 살아 계실 땐 그
저 무뚝뚝한 분이라고만 생각했는데, 그 침묵 뒤에는 말보다 더 큰
사랑과 헌신이 숨어 있었던 거예요. 뒤늦게 알게 된 그 사랑 앞에
서, 제 자신을 많이 돌아보게 됐습니다. '나는 과연 누군가에게 어
떤 흔적을 남기며 살고 있는가, 어떤 희생을 보여줄 수 있을까.' 아
버지의 삶은 제게 영원한 질문이자, 또 하나의 유산이 되었습니다.

레프 톨스토이는 『안나 카레니나』에서 "행복한 가정은 모두 서로 닮
았지만, 불행한 가정은 각자의 이유로 불행하다"라고 했다. 참 일리가 있
는 말이 아닐 수 없다. 여기에 실린 두 사람의 이야기는 우리 모두가 한
번쯤 떠올려봤을 질문을 다시 생각하게 한다.

"나는 내 부모를 바꾸고 싶었던 적이 있을까?"

하지만 시간이 흐르고 시선이 달라지면 이렇게 말하게 된다. "그들을
바꾸고 싶기보다 이제는 이해하고 싶은 내가 되었어요"라고. 부모를 바꾸
고 싶어 하는 자식은 있을지 몰라도, 자식을 바꾸고 싶어 하는 부모는 거
의 없다.

나도 부끄러운 고백을 하나 하려 한다. 나는 시골 출신이다. 부모님은
자식 교육 하나만을 바라며 가진 것 없이 도시로 올라오셨다. 하지만 삶은
고단했고, 아버지는 술로 힘겨움을 달래며 어머니에게 화풀이를 하기도

했다. 어린 마음에 나는 차라리 아버지가 없는 게 낫겠다고 생각한 적도 있고, 다른 집 부모를 부러워하기도 했다.

그러나 세월이 흘러 부모님이 모두 세상을 떠나고 나니, 자식들을 굶기지 않으려 버티던 모습이 떠오른다. 이제야 그 희생이 얼마나 값진 것이었는지 알지만 이미 효도할 기회는 지나가버렸다. 그래서 부모님이 살아 계실 때 최선을 다해 효도하라는 말이 있는 것이다. 흔히 "자식을 낳아봐야 부모의 마음을 안다"라고 말한다. 하지만 곰곰이 생각해보면, 자식을 낳는다고 해서 부모의 마음을 온전히 다 알 수 있을까? 어쩌면 부모가 되어도 그 깊은 마음은 끝내 다 헤아리지 못하는지도 모른다.

오늘의 체크 포인트

☐ 나는 부모를 바꾸고 싶었던 적이 있는가?

☐ 그 마음 뒤에는 어떤 상처가 있었는가?

☐ 부모의 마음을 얼마나 알 수 있을까?

질문 뒤집기

부모님도 혹시 나를 바꾸고 싶어 한 적이 있지 않을까?

오늘의 문장

"부모를 이해할 수 있을 때, 내 상처도 비로소 치유되기 시작한다."

한 줄 메모

부모를 바꾸고 싶었던 나를 떠올리며 나 자신에게 해주고 싶은 말을
적어보자.

당신에게
가장 소중한 존재는 누구인가?

소중함의 무게를 다시 묻다

| 인터뷰 1 | **윤서진 씨, 36세** _ 싱글맘인 간호조무사

노 　서진 씨, 하루 일정이 굉장히 바쁘다고요.

윤 　네, 병원 오전 근무가 끝나면 바로 아이를 돌보러 가야 하거든요. 하루가 정신없이 흘러가요.

노 　그 속에서 가장 소중하다고 느끼는 건 뭔가요?

윤 　단연 아이예요. 하지만…… 얼마 전 아이가 밤새 열이 나서 응급실에 갔을 때, 애가 제 손을 꼭 잡고 이렇게 말했어요. "엄마가 있어서 다행이야." 그 말을 듣는 순간, 제 자신이 너무 소중하게 느껴졌어요.

노 　스스로를 다시 보게 된 순간이군요.

윤 　맞아요. 아이에게 소중한 사람이 되려면 제가 먼저 제 자신을 소중히 여겨야 한다는 걸 그날 처음 깨달았어요.

노   우철 씨는 퇴직 후 부모님을 돌보고 계시다고요.

정   네, 특히 아버지가 치매가 있으셔서 매일 같은 말을 반복하세요.

노   그 반복 속에서 지치지는 않으십니까?

정   물론 힘들죠. 그런데 며칠 전, 아버지가 제 얼굴을 물끄러미 바라보더니 이렇게 말씀하셨어요. "넌 참 좋은 아들이구나……." 그 한마디에 눈물이 핑 돌더라고요.

노   그 순간, 무엇이 가장 소중하다고 느껴지셨나요?

정   기억이 아니라 관계가 본질이라는 걸 깨달았어요. 잊혀도 남는 건 결국 마음이더라고요. 지금 이 순간 곁에 있는 사람이 가장 소중합니다.

어니스트 헤밍웨이는 "사람은 사랑하는 이를 위해 죽을 수 있지만, 더 큰 용기는 그들을 위해 살아가는 것이다"라고 했다. 이 말을 떠올리며 나는 다시 묻는다. "당신은 지금, 누구를 가장 소중히 여기고 있는가?" 이 질문 앞에서 떠오르는 얼굴이 있을 것이다. 부모, 자녀, 배우자, 혹은 오랜 친구. 그들을 떠올리면 마음 깊은 곳에서 그리움, 미안함, 감사, 사랑 같은 감정이 솟는다. 이 감정은 단순한 느낌이 아니라, 우리가 무엇을 지키고 싶은지를 말해주는 신호다.

한 조사에 따르면, 사람들이 가장 후회하는 일은 "사랑하는 이에게 마음을 표현하지 못한 것"이다. 실제로 87퍼센트가 "고맙다고 자주 말하지 못해 후회한다"고 답했다. 결국 사람들은 돈이나 명예보다 '사람'과 '마음'을 기억하며 삶을 마무리한다. 지금 당신의 마음을 떠올려보라. 소중한 사람을 생각하며, 바쁜 일상 속에서 그 마음을 미루고 있진 않은가? 삶은 짧고, 오늘은 다시 오지 않는다. 마음이 있다면 지금이 가장 좋은 때이다. 따뜻한 말 한마디, 작은 행동 하나가 당신의 오늘과 내일을 바꿀 수 있다. 소중한 마음을 표현하는 것, 그것이 진짜 삶의 지혜다. 아무리 마음에 가득해도, 표현하지 않으면 소용이 없다.

오늘의 체크 포인트

☐ 나는 누구를 가장 소중하게 생각하고 있는가?

☐ 수시로 말이나 글로 감사의 표현을 하는가?

☐ 나는 나 자신을 소중한 존재로 대하고 있는가?

질문 뒤집기

내가 입을 다물고 있어도 상대가 내 마음을 알 수 있다고 생각하는가?

오늘의 문장

"진짜 소중한 것은 늘 곁에 있지만, 표현하지 않으면 사라진다."

한 줄 메모

내가 세상에서 가장 소중히 여기는 존재는 누구인가?

나는 왜
이 세상에 태어나게 된 걸까?

존재의 이유를 마주한 두 사람

| 인터뷰 1 | **박미소 씨, 29세** _ 장애인 피아니스트

노 　미소 씨는 태어날 때부터 신체적으로 어려움이 있으셨다고요? 피
　　아노를 시작하신 게 놀랍습니다. 쉽지 않으셨을 것 같은데요?

박 　네, 쉽지 않았죠. 태어날 때부터 다리가 짧고, 양손에도 손가락이 두
　　개씩밖에 없었어요. 그걸 보고 의사도 고개를 절레절레 흔들었죠.

노 　그런 상황에서 피아노를 시작한 계기가 있으신가요?

박 　처음엔 절망 그 자체였어요. 그런데 어느 날 엄마가 그러셨어요.
　　"너는 손가락 두 개로도 세상을 감동시킬 아이야." 그 말씀을 듣고
　　피아노를 시작했죠.

노 　굉장히 감동적인 깨달음이었겠네요?

박 　네. 그 이후로 피아노 앞에 앉을 때마다 되새깁니다. "내 두 손가
　　락, 세상에서 제일 소중한 두 개다"라고. 이 손가락으로 연주하면,

사람들이 울기도 하고 웃기도 하거든요.

노   그렇다면 "나는 왜 이 세상에 태어났을까?"라는 질문엔 뭐라고 답
      하시겠어요?

박   간단합니다. "나는 나처럼 불행하다고 느끼는 사람들에게 작은
      희망이 되기 위해 태어났다."·(웃음)

|인터뷰 2| 조미정 씨, 46세 _폐지 줍는 어머니의 딸

노   미정 씨는 어려운 가정 형편 속에서도 공부를 놓지 않으셨다고요?

조   어릴 땐 엄마가 새벽마다 폐지 줍는 게 너무 싫었어요. 친구들이
      볼까 봐 숨어 다녔죠.

노   그 감정이 변한 계기가 있었나요?

조   중학교 때, 한밤중에 엄마가 쓰러졌어요. 병원에서 간호사에게 이
      런 말을 전해 들었죠. "이 어머니는 딸 대학 보내려고 지금까지 버
      티셨대요."

노   그 말을 들은 순간, 어떤 감정이 드셨나요?

조   '아, 나는 누군가의 간절한 이유였구나.' 그때 처음 생각했어요. 지금은 교사가 되어, 누군가의 이유가 되어주는 삶을 살고 있어요.

사이먼 시넥은 『스타트 위드 와이Start with Why』에서 우리가 존재하는 이유이자 삶의 목적, 즉 '왜Why'의 중요성을 강조했다. '왜'가 분명하면 원칙과 가치, 실행 방식How이 따라오고, 그 결과로 제품·성과What가 만들어진다. 대부분은 '무엇 → 어떻게 → 왜'의 순서로 움직이지만, 탁월한 리더는 '왜 → 어떻게 → 무엇'의 순서로 움직인다. '왜'라는 이유를 알게 되면, 나머지는 자연스럽게 풀려나간다. '왜'라는 이유를 아는 사람은, 어떻게든 살아갈 방법을 찾아낸다.

어느 텔레비전 프로그램에서 다운증후군을 가진 30대 여성의 이야기가 소개되었다. 그녀는 태어날 때부터 장애를 안고 세상에 나왔지만, 결코 포기하지 않았다. 남들이 불가능하다고 말할 때마다 자신만의 속도로 한 걸음씩 나아갔다. 태권도를 배우며 몸과 마음의 균형을 세웠고, 무용을 통해 자신을 표현하는 법을 배웠다. 그리고 마침내 유명한 극단의 무대 위에서 당당히 주연으로 섰다. 그녀의 삶은 단순한 도전의 이야기가 아니었다. 그녀는 세상이 아무리 냉혹해도, 자신이 '왜' 살아야 하는지를 알고 있었다. 그 '왜'라는 이유가 있었기에, 그녀는 누구보다 분명하게 '어떻게' 살아야 할지를 알고 있었던 것이다.

내가 태어나지 않았다면, 지구는 어떤 영향을 받았을까? 아마도 큰 바다의 물결 한가운데에 빠진 한 방울처럼, 겉보기엔 아무 변화가 없을지도 모른다. 하지만 자세히 들여다보면, 그 한 방울이 일으킨 작은 물결은 누군가의 삶에 닿았을지도 모른다. 내가 한 번 웃은 일, 건넨 말 한마디, 도운 손길 하나가 사라진다면 누군가의 하루, 혹은 인생의 방향도 달라졌을 것이다.

지구는 거대한 무대 같지만, 그 위에 오르는 단 한 사람도 결코 '불필요한 존재'는 없다. 당신이 태어났다는 사실만으로 이미 세상은 조금 달라진 것이다. "내가 지금 이 세상을 살고 있는 것은 21세기가 간절히 나를 원했기 때문이야." 어느 노래의 가사처럼, 당신이 하필 이 시기에 태어나 살아가고 있는 것도 결코 우연은 아닐 것이다. 분명 이 시대가 바로 당신을 필요로 하기 때문이 아닐까?

오늘의 체크 포인트

- ☐ 나는 왜 태어났는지, 진지하게 생각해본 적이 있는가?
- ☐ 나는 누군가에게 존재 이유가 될지 생각해본 적이 있는가?
- ☐ 무엇을 위해 살아가야 하는지 곰곰이 생각해본 적이 있는가?

질문 뒤집기

내가 만약 16세기에 태어났다면 어떻게 살았을까?

오늘의 문장

"내가 왜 태어났는지를 묻는 순간, 삶은 목적을 갖기 시작한다."

한 줄 메모

내가 이 세상에 태어난 이유가 무엇인지 써보자.

 _____

가지 않은 길에 대한
아쉬움은 없는가?

멈췄던 길에서 아쉬움을 달래는 두 사람

| 인터뷰 1 | **한민호 씨, 45세 _ 배관공**

노 민호 씨는 원래부터 배관공이 꿈이었나요?

한 아닙니다. 제 꿈은 발레리노였어요. 우습죠? 고등학교 때 발레 학
원에 다니면서 「호두까기 인형」의 주역까지 맡았죠. 발끝으로 서
있는 제 모습이 그렇게 멋져 보일 수가 없었어요.

노 그런데 왜 발레를 그만두신 거죠?

한 집안 형편이 어려워져서 빨리 돈을 벌어야 했어요. 아는 형 소개
로 배관 일을 시작했는데, 그게 벌써 20년 전입니다.

노 발레에 대한 아쉬움이 남아 있나요?

한 당연하죠. 얼마 전 의뢰를 받아 욕실 공사를 하러 갔는데, 배관이
천장 가까이에 있더라고요. 사다리가 없어서 본능적으로 발끝으
로 섰죠. 그러다 정신 차려보니, 발레 포즈로 파이프를 잡고 있었

습니다. 하하…….

노　진짜요?

한　옆에서 고객이 사진을 찍으며 "이건 예술이네!" 하더군요.

| 인터뷰 2 | **김해진 씨, 29세 _ 대기업 사원**

노　해진 씨는 현실적인 선택을 하셨다고 들었습니다.

김　네. 원래는 미술 치료사를 꿈꿨는데, 부모님과의 고민 끝에 서울 명문대에 진학하고, 대기업에 입사했죠. 지금 하는 일도 나쁘지는 않아요.

노　그런데 마음 한쪽에 뭔가 계속 남아 있으시군요.

김　맞아요. 회의 중 문득 창밖을 볼 때, '거기, 거기에 내가 가고 싶었던 길이 있었는데……' 하고 생각하죠. 하지만 완전히 접은 건 아니에요. 휴가 때마다 그림 심리 워크숍에 참가하고 있어요.

노　그 시간을 통해 어떤 걸 느끼셨나요?

김　아직도 미련은 있어요. 완전히 사라지진 않죠. 하지만 이제는 알아요. 그 길을 100퍼센트 갈 수 없더라도, 지금의 나로도 그 길을 조금씩 살아낼 수 있다는 걸요. 작은 캔버스 앞에서 몰입하는 그 시간이 제 안에 길을 다시 열어주고 있어요.

　누구에게나 '가지 않은 길'에 대한 미련 한 자락이 있다. 그 길은 때로 가슴속 깊은 한숨으로 남고, 때로는 밤하늘을 바라보게 하는 고요한 후회가 되기도 한다. 우리는 그 길을 생각하며 '만약 그때……'라는 말을 마음속에서 수없이 되뇌곤 한다. 선택하지 않은 길, 포기했던 꿈, 외면했던 가능성…… 그것들은 잊힌 줄 알았지만, 문득 삶이 조용해지는 순간마다 마음 한쪽에서 다시 고개를 든다.

　내 인생을 돌아보면, 오랜 세월 군인으로 2막을 걸었고, 대학교수로 3막을 지나왔다. 지금은 작가로서 인생의 마지막 무대를 걷고 있다. 젊은 시절, 군인이 되기 전에는 화가나 배우가 되고 싶다는 꿈을 품기도 했었다. 삶이 버겁게 느껴질 때면 가끔은 그 길로 갔더라면 어떠했을까 상상해보곤 한다. 그러나 인생은 알 수 없는 길이다. 정답은 없다. 다른 길을 택했더라도, 후회가 전혀 없거나 매일 행복했을 거라고 누가 장담할 수 있겠는가.

오늘의 체크 포인트

☐ 가지 않은 길에 대해 가끔 생각하는가?

☐ 나는 그 길에 대해 후회하는가, 아니면 다른 방식으로 채워가고
있는가?

☐ 지금 걷고 있는 길은 내가 선택한 길인가?

질문 뒤집기

내가 가지 않은 길을 선택했다면, 지금의 길을 그리워하지 않았을까?

오늘의 문장

"가지 않은 길은 후회가 아니라, 지금의 길을 더 깊게 만드는 그림자
이다."

한 줄 메모

여전히 미련이 있는 길이 있다면 무엇인지 써보자.

_____

이 시간을 살아가는 그대에게

Question 13

누군가의 삶이
부러웠던 적이 있는가?

비교와 갈망 속에서 자기 삶을 다시 발견한 두 사람

| 인터뷰 1 | **최은지 씨, 35세** _ 물류회사 직원

노　은지 씨는 누군가의 삶이 부러웠던 경험이 있으신가요?

최　많았죠. 사실, 멀리 있는 사람들보다는 가까운 친구가 잘될 때 더
　　부러웠어요.

노　가까운 친구라면 어떤 분이셨나요?

최　대학교 동기인데요. 저랑 거의 비슷한 시기에 같은 업계에 들어왔
　　고, 늘 비슷한 길을 걸어온 친구예요. 같은 자격증을 공부하고, 같
　　은 시기에 퇴사를 고민했죠. 그런데 어느 날 갑자기 그 친구가 대
　　형 프로젝트를 따내고, 승진까지 했어요.

노　그 소식을 들었을 때 어떤 감정이 드셨나요?

최　겉으로는 "와, 대단하다!" 하고 축하했지만…… 솔직히 말하면 가
　　슴이 철렁했어요. '나는 지금 뭐 하고 있지? 같이 출발했는데 왜

나는 아직 제자리일까?' 그런 생각이 하루 종일 머릿속을 맴돌았
어요.

노 멀리 있는 성공보다 가까운 사람의 성공이 더 아프게 다가오신 거
군요.

최 맞아요. 인플루언서, 연예인 같은 사람들은 그냥 '다른 세계' 사람
이라고 느껴지잖아요. 근데 친구는…… 나랑 같은 길을 걷는 사람
이니까 더 직접적으로 비교가 되는 거예요.

노 그 감정을 어떻게 극복하시나요?

최 부러워하면 진다고 하잖아요? 이젠 지기 싫어서라도, 제 길에 더
집중하려고요.

| 인터뷰 2 | 김현수 씨, 31세 _ 도시 생활을 잠시 멈춘 직장인

노 현수 씨는 지금 어떤 시간을 살고 계신가요?

김 얼마 전까지는 그저 바쁘게만 살았어요. 회사 일에 치여서 번아웃
이 심하게 왔죠. 그러다 우연히 TV를 통해 산속에서 자급자족하
며 사는 자연인을 봤는데, 이상하게도 마음이 편안해지더라고요.
'아, 나도 저렇게 살고 싶다'는 생각이 들었어요. 부럽다는 감정이
스쳤죠.

노 그 장면 중 특히 기억에 남는 게 있었나요?

김 한 자연인이 계곡물에 발을 담그고 라면을 끓여 드시던 장면이요.
특별할 건 없었는데, 그 평온한 모습에 갑자기 울컥했어요. '나는
왜 이렇게 바쁘기만 하지?' 그런 생각이 밀려왔죠.

노 그 감정은 이후 어떻게 변했나요?

김 　궁금했어요. 그래서 자연인들의 이야기를 좀 더 지켜봤죠. 그런데 대부분의 사람들이 시한부 판정을 받았거나, 큰 병을 앓았거나, 회사가 망했거나, 가족이 해체되었거나…… 그런 삶의 무너짐 끝에 산속으로 들어간 경우가 많더라고요. 그걸 알고 나니까, 처음의 부러움은 점점 이해로 바뀌었어요. '누구나 이유 없이 산속에 들어가진 않겠구나' 싶었죠.

노 　그걸 알게 된 후엔 어떤 변화가 있었나요?

김 　부럽다는 감정보다는, 그냥 조용히 그들의 삶을 바라보게 됐어요. 그리고 내 삶을 다시 돌아보게 됐고요. 그날 밤, 저는 회사에 휴직계를 냈어요. 그리고 근처 산에 올라 혼자 텐트를 치고 이틀을 지냈죠. 짧은 체험이었지만, 그 안에서 '나는 진짜 어떤 삶을 원하는가'를 처음으로 물어봤어요.

노 　지금은 그때의 감정을 어떻게 받아들이고 계세요?

김   이제 자연인의 삶이 꼭 이상적으로만 보이진 않아요. 그 대신 그 안에 담긴 '삶의 절실함'을 이해하게 됐죠. 그리고 부러움이라는 감정도, 이제는 '내가 어디로 가고 싶은지를 알려주는 나침반'처럼 느껴져요. 저는 지금 제 자리에서, 조금 더 여유롭고 단단한 삶을 만들어가고 싶어요. 그게 진짜 제가 바라는 삶인 것 같아요.

"부러우면 지는 거다"라는 말처럼, 부러움은 자연스러운 감정이지만 비교가 반복되면 시기와 미움으로 변하고, 편도체와 스트레스 호르몬이 활성화되어 전전두엽 기능이 저하된다. 이는 자기 효능감을 떨어뜨리는 악순환으로 이어진다. 기준을 외부에 두면 만족은 줄어들고, 내부에 두면 내적 통제감이 강화되어 안정이 찾아온다. 자족('나는 충분하다')을 느낄 때 보상 회로가 활성화되고 도파민이 분비되어 불안과 시기심이 줄어든다. 사도 바울이 어떠한 형편에서도 자족할 수 있었던 것은 내적 기준을 지켰기 때문이다. 진정한 자유인은 외부 비교의 굴레에서 벗어나 내면의 기준으로 사는 사람이며, 이는 감정과 사고를 지키는 강력한 심리적 면역력이다.

중학교 시절, 유독 내 눈에 들어오는 친구가 있었다. 그의 공책과 문구류는 하나같이 외국산이었고, 그래서 반 친구들 모두가 부러워했다. 그만큼 집안이 넉넉했기 때문이다. 그러나 시간이 지나 알게 된 사실은 충격적이었다. 부모의 이혼으로 그 친구는 할머니 손에서 자라다가, 어느 순간 우리 곁에서 사라지고 말았다. 겉으로 보이는 화려함과 속의 진실은 이렇게 다를 수 있다. 부러움도 마찬가지 아닐까? 남과 비교하며 애써 찾는 것보다 지금 내게 주어진 것에 만족할 수 있다면, 그것이야말로 충분한 행복이 아닐까 한다.

고故 강영우 박사는 중학교 시절, 축구공에 눈을 맞아 시력을 잃었다. 어린 나이에 찾아온 실명은 삶 전체를 뒤흔드는 절망이었다. 그러나 그는 어느 날 "내게 없는 것을 보지 말고, 내게 있는 것을 보라"는 한마디가 마음에 깊은 울림을 주었다고 한다. 비록 눈은 멀었지만, 손도 있고 발도 있고, 배우고자 하는 열정도 있지 않은가. 태도는 상황보다 중요하다. 같은 상황이라도 어떤 태도로 보느냐에 따라 인생의 방향이 달라진다.

소년 강영우는 그 깨달음 이후 누구도 부러워하지 않았고, 가진 것을 최대한 활용하며 공부에 매진했다. 결국 미국에서 교육학 박사학위를 받고 백악관 정책차관보로 임명되는 영예를 얻었다. 세상에는 그처럼 시력을 잃은 사람이 많지만, 모두가 강영우 박사처럼 위대한 발자취를 남기는 것은 아니다. 그 차이는 없는 것을 한탄하기보다 있는 것을 감사히 여기며 최선을 다하는 마음에 있다. 남의 것을 부러워하기보다 자신이 가진 것에 집중할 때, 비로소 인생은 새로운 길을 연다. 감사와 긍정, 그리고 꾸준한 노력, 이 세 가지가 기적을 만든다.

오늘의 체크 포인트

- ☐ 나는 어떤 사람을 부러워하고 있는가?
- ☐ 무엇 때문에 부러워하는가?
- ☐ 내 안에 어떤 열등감이 있는가?

질문 뒤집기

부러워하는 사람이 있는가? 어쩌면 그 사람이 당신을 부러워할 수도 있지 않겠는가?

오늘의 문장

"부러움은 남의 삶을 향한 감탄이 아니라, 내 삶을 향한 갈망이다."

한 줄 메모

요즘 내가 부러워하는 사람은 누구인가? 그리고 그 이유는 무엇인지 적어보자.

목숨 걸고 일하는 이유,
내게도 있을까?

우리가 흔히 만나는 두 사람의 '하루를 붙잡는 이유'

| 인터뷰 1 | **김대영 씨, 27세 _ 배달라이더**

노 대영 씨, 오늘같이 비 오는 날씨에도 배달하셨다면서요?

김 네, 비 오는 날은 더 조심스러워요. 미끄러지기도 쉽고, 시야도 흐리고요. 그래도 오늘 25건은 돌았어요.

노 힘든 날이 많을 것 같아요.

김 많죠. 특히 비 오는 날 저녁 시간에 오토바이를 타고 다니면, '내가 왜 이걸 하고 있지' 싶을 때도 있어요. 속도도 못 내고, 옷은 다 젖고, 음식이 식을까 봐 조마조마하고요.

노 그런데 왜 그렇게 목숨 걸고 하시는 건가요?

김 네 살 된 딸아이와 아내를 위해서요. 빗길이 무섭긴 해도, 사랑하는 사람을 생각하면……. (입가에 미소)

노 아슬아슬한 곡예사처럼 하루하루를 달리는군요.

김   맞아요. 비 오는 날 도로 위는 마치 줄 위를 걷는 것 같아요. 조금만 방심해도 넘어질 수 있죠. 그래도 해야 해요. 사랑하는 사람을 지켜야 하니까요. 저는 괜찮아요. 퇴근해서 집에 들어갈 때 "아빠, 왔어?" 하는 말 한마디면 피로가 다 풀립니다. 안전 운전할게요.

| 인터뷰 2 | **김도형 씨, 32세** _ 택배기사

노   도형 씨, 하루에 보통 몇 개 정도 배송하시나요?

김   많을 땐 350개까지 합니다. 보통 280~300개는 기본이고요. 새벽 6시에 터미널에서 물건 분류 시작해서 밤 10시는 넘어야 집에 들어갑니다. 하루에 차에서 내리고 올리는 물건 무게만 해도 1.5톤이 넘습니다.

노   그렇게 고된 일을 계속하는 이유가 무엇입니까?

김   솔직히 다른 선택지가 없어요. 다른 곳에 취직하려고 그렇게 애썼는데 저를 받아주는 데가 없었어요. 이 일이라도 붙잡아야 먹고살죠. 더구나 지금은 결혼자금을 모아야 하거든요. 여자 친구와 약속한 게 있으니까요.

노   주변에서 과로로 쓰러지는 동료도 있다고 들었습니다.

김   맞아요. 얼마 전에도 제 옆 구역을 담당하던 형이 배송하다가 심
근경색으로 세상을 떠났습니다. 하루 물량을 다 배달하지 못하면
회사 눈치도 보이고 수입도 줄어드니, 다들 무리하다가 그렇게 되
는 거예요. 저도 겁이 나지만, 그래도 해야 하지요. 제 목숨을 갈아
넣는 것 같아도 결국 살아남기 위해, 그리고 사랑하는 사람과의
약속을 지키기 위해 이 길을 걷는 겁니다.

"죽을 만한 가치가 있는 일을 찾지 못했다면, 아직 살 준비도 되지 않
은 것이다." 마틴 루서 킹 주니어의 말이다. 우리는 흔히 "목숨 걸고 일한
다"는 말을 가볍게 내뱉는다. 하지만 오늘 두 사람의 이야기를 들으며, 그
말의 진짜 무게를 느꼈다.

그렇다면 인생을 살면서 목숨을 걸어야 할 때는 언제일까? 2024년 한
설문조사에 따르면, 사람들이 "목숨을 걸 수 있다"고 답한 이유는 다음과
같았다. '가족과 사랑하는 사람을 지키기 위해서' 48퍼센트, '꿈이나 사
명, 신념을 위해서' 27퍼센트, '생존을 위한 절박한 상황에서' 15퍼센트,
'타인을 돕기 위해서' 7퍼센트, 기타 '개인적 이유' 3퍼센트. 이를 통해 알
수 있다. 대부분의 사람들은 단순히 먹고살기 위해서가 아니라, 누군가를
지키거나 의미 있는 목적을 위해 목숨을 건다는 것을. 결국 목숨을 건다는
건 생존 이상의 가치와 연결되어 있다.

나는 군 생활을 할 때 살을 에는 듯한 눈바람이 부는 철책선에서, 지뢰밭이 있는 위험지대에서 목숨을 걸고 부하들과 함께 근무했다. 그야말로 목숨을 걸고 하루하루를 보냈다. 왜 목숨을 걸었을까? 사랑하는 사람들을 지키기 위해서였다. 목숨을 걸 수 있는 대상이 있다는 것은 두려움이 아니라, 오히려 큰 행복이다. 그래서 묻는다. "당신은 무엇을 위해, 누구를 위해 자신의 삶을 던질 수 있는가?"

오늘의 체크 포인트

- [ ] 지금 목숨 걸고 하는 일이 있는가?

- [ ] 왜 그 일을 하고 있는가?

- [ ] 목숨을 걸 대상이 있는가?

질문 뒤집기

굳이 목숨까지 걸어야 하는가?

오늘의 문장

"목숨을 걸 만한 일이 있다는 것 자체가 행복이다."

한 줄 메모

지금 내가 하루를 버티게 해주는 이유 하나를 써보자.

_____

우리는 지금까지 '존재의 이유'라는 가장 근원적인 물음과 함께 걸어왔다. 그 여정은 마치 안개 낀 새벽길을 더듬듯 조심스러운 시간이었지만, 그 안에서 우리는 조금씩 자신의 마음을 들여다보았고, 어디서 왔는지, 어디로 가고 있는지를 조용히 되짚어보았다. 목적을 묻는다는 것은, 결국 자신의 진심을 발견하고 그 진심이 이끄는 방향으로 한 걸음 내딛는 일이다. 이 장을 통해 당신의 마음에도 작지만 또렷한 방향 하나가 생겼기를 바란다.

이제 다음 장으로 넘어가려 한다. 삶의 목적이 '왜 사는가'에 대한 물음이었다면, 다음 장은 '나는 누구인가'를 묻는 여정이다. 목적이 있는 삶을 살기 위해서는 무엇보다 먼저, 나 자신을 제대로 아는 것이 중요하기 때문이다. 그 여정 속에서 당신은 분명, 이전보다 더 진실한 '나'를 만나게 될 것이다. 세상이 바라는 모습이 아닌 진짜 '나'를 찾는 것, 그것은 가장 어렵고도 가치 있는 여정이다. 나를 향한 질문이 없으면, 우리는 평생 남의 삶을 대신 살아가게 된다.

제3장

나를 찾아가는 여정

내 안에 숨겨진 진짜 나를 만나는 시간

우리는 모두 자신을 안다고 믿으며 살아간다. 하지만 진짜 나는 종종 세상의 기대 속에, 타인의 시선 속에, 그리고 내가 만든 가면 속에 숨어버린다. 그래서 인생은 결국, 잃어버린 나를 다시 찾아가는 여정이다. 그 길은 결코 쉽지 않다. 오랜 상처를 들여다봐야 하고, 마주하기 두려운 감정과 직면해야 하며, 때로는 낯설고 어색한 '진짜 나'를 받아들여야 하니까. 하지만 포기하지 않고 묵묵히 걸어가다 보면, 어느 순간 조용히 만나게 된다. 가장 여리고, 가장 솔직하고, 가장 뜨거운 내 모습을. 그리고 그때 우리는 깨닫는다. 진짜 나를 찾는 일은 세상에서 가장 위대한 모험이었다는 것을.

내가 생각할 때,
나는 어떤 사람인가?

스스로에게 던지는 가장 용기 있는 물음

| 이웃 1 | 이주영 군, 17세 _ 평범한 고등학생

주영 군은 친구들 앞에서 자기 성격이 드러나는 순간을 종종 경험한다. 수학 숙제를 다 했을 때, 그는 다른 친구가 답을 보여달라고 하면 선뜻 내어주지 못한다. 괜히 나만 손해 보는 것 같고, 열심히 노력한 것을 쉽게 내주는 게 싫다. 그래서 가끔은 친구가 실망한 얼굴을 하고 돌아서는 걸 보면서도, 끝내 공책을 내밀지 않는다. 그런데 옆자리 친구 민수는 정반대이다. 누가 부탁하면 웃으면서 기꺼이 공책을 보여주고, "이 문제 잘 풀었네, 너 진짜 수학 잘한다"라며 칭찬까지 아끼지 않는다. 그 모습을 본 주영은 속으로 이렇게 중얼거린다.

'나는 왜 저렇게 못 하지? 왜 이렇게 마음이 좁고 쩨쩨한 걸까? 도대체 나는 어떤 인간이지?'

집에 돌아와서도 그 장면이 마음에 걸렸다. 민수는 사람들 사이에서 더 자연스럽게 어울리고, 분위기도 밝게 만드는 것 같았다. 주영은 자책하면서도 한편으로는 부럽고, 다른 한편으로는 자신이 더 노력해야 하지 않을까 하는 생각에 잠겼다. 그는 스스로에게 다시 묻는다.

"내가 생각하는 나는 도대체 어떤 사람인가?"

| 이웃 2 | 이유진 씨, 27세 _ 작은 회사 경리직원

유진 씨는 회식 자리에서조차 조용히 웃고 있는 편이다. 그녀는 MBTI도 INFP, 자신도 늘 "저는 내향적이에요"라고 말해왔다.

그러던 어느 날, 부서 워크숍에서 '성격 유형별 즉흥 상황극'이 벌어졌다. 그녀는 조용히 구경만 하려고 했는데, 갑자기 진행자가 외쳤다.

"다음은 이유진 씨의 '소개팅에서 친구인 척 끼어들기' 상황극입니다!"

순간적으로 당황했지만, 막상 무대에 올라가자 그녀는 돌변했다. 팔짱을 낀 채 "얘 이상형은 키 180 넘고 돈 많은 사람이라며?"라고 외치며 폭풍 애드리브를 쏟아냈고, 모두가 빵빵 터지는 가운데 팀장이 속삭였다.

"내향적이란 말은 평생 믿지 않겠습니다."

그날 그녀는 회식의 '레전드'가 되었고, 스스로도 이런 생각이 들었다.

'나는 조용한 사람인 줄 알았는데, 알고 보니 내 안에 무대가 있었네.'

이후 그녀의 소개 문장은 이렇게 바뀌었다.

"저요? 평소엔 조용한데요. 무대만 주시면 그냥 폭발합니다."

　　루소는 "나는 내가 누구인지 알기 위해 평생을 살아왔다"고 말했다. 인간은 스스로를 알 수 없다고 느낄 때가 있다. 착한 모습 뒤에 못되고 거짓된 얼굴이 숨어 있기도 하다. 선과 악, 빛과 그림자가 공존하는 내 모습은 마치 지킬과 하이드를 떠올리게 한다. 그래서 묻는다. "나는 누구인가?"

　　소크라테스는 "너 자신을 알라"는 말을 가장 중요한 과제로 남겼다. 그러나 자기 인식은 단순하지 않다. 오디세우스의 귀향은 단순히 고향 이타카로 돌아가는 항해가 아니었다. 그것은 전쟁의 영웅이자 한 인간으로서 '자기 자신을 되찾는 긴 여정'이었다. 그는 트로이 전쟁의 승리자였지만, 귀향길에서 수많은 유혹과 시련을 겪는다. 키르케의 마법, 세이렌의 노래, 칼립소의 유혹, 그리고 폭풍과 괴물들까지……. 그 모든 것은 사실 외부의 적이 아니라, 그의 내면에 있는 욕망, 교만, 두려움의 상징이었다. 그는 집으로 돌아가는 길 위에서 전사로서의 오만을 버리고 남편으로서, 아버지로서, 한 인간으로서의 진짜 자신을 회복해간다. 결국 오디세우스의 귀향은 바다를 건넌 이야기가 아니라, '자기 자신'에게로 돌아가는 영혼의 항해였다. 자기를 안다는 것은 성격 파악을 넘어, 어떤 순간 빛나고 어떤 조건에서 무너지는지를 정직하게 마주하는 일이다.

　살다 보면 이런 생각이 들 때가 있다. '나도 나를 모르는데, 어떻게 남이 나를 알 수 있을까?' 어떤 날은 한없이 너그럽다가도, 어떤 날은 창피할 만큼 인색하다. 어떤 날은 말이 지나치게 많다가도, 또 어떤 날은 하루 종일 한마디도 하지 않는다. 이런 나를 보며 나는 스스로를 알 수 없다는 무력감에 빠지곤 한다. 하지만 그때마다 깨닫는다. '나를 모른다'는 자각이야말로 진짜 나를 찾아가는 출발점이라는 것을. 나조차 모르는 나를 천천히 알아가는 과정, 그것이 바로 인생이다.

오늘의 체크 포인트

☐ 나는 어떤 사람이라고 말할 수 있는가?

☐ 그 설명은 내 진심에 가까운가, 타인의 시선에 가까운가?

☐ '나는 누구인가'에 대해 얼마나 깊이 생각해봤는가?

질문 뒤집기

내가 누구인지 알 수 있다면, 나는 이미 내가 아니지 않은가?

오늘의 문장

"진짜 나는, 남이 만들어준 이미지가 아니라 내가 마주한 감정과 기억 속에서 자라는 존재다."

한 줄 메모

나는 어떤 사람이라고 느껴지는가? 오늘, 그 답을 솔직하게 써보자.

_____

내가 가장 중요하게 생각하는
가치는 무엇인가?

내 삶을 지탱해온 진짜 가치는 무엇인가

| 이웃 1 | **최현수 씨, 45세** _ 음식점 사장

"돈이 최고야. 무조건 돈을 벌어야 해."

현수 씨에게는 돈이 전부였다. 처음에는 장사가 잘됐다. 음식 맛도 괜찮았고, 손님도 줄을 섰다. 매달 통장에 돈이 쌓이자 그는 만족하기보다 더 큰 욕심을 냈다. 작은 식당을 정리하고 더 넓고 비싼 자리에 새 식당을 열었다. 그곳도 잘되자, 이번에는 주식에 투자하고, 은행 대출까지 받아 상가를 사들였다. 임대료가 꼬박꼬박 들어오니, 그는 이제 평생 돈 걱정은 없을 거라고 믿었다.

하지만 '돈이 전부'였던 그의 인생은 오래가지 않았다. 팬데믹이 닥치자 손님은 끊기고, 주식은 폭락했다. 경기 불황으로 상가 세입자들이 하나둘 나가면서 공실이 늘었고, 결국 임대료 수입마저 끊겼다. 은행 이자는 감당할 수 없을 만큼 불어났고, 상가는 경매로 넘어갔다. 식당도,

부동산도, 주식도 모두 잃었다. 마지막으로 가게 셔터를 내리던 날, 그는 고개를 떨군 채 중얼거렸다.

"돈이 내 전부였는데…… 결국 돈이 나를 버렸구나."

|이웃2| 남덕수 씨, 66세 _ 선교사

그는 한때 모든 사람이 부러워할 만한 자리에 있었다. 아버지가 평생을 바쳐 일군 대형 교회를 그대로 물려받은 젊은 목사였고, 누구보다 탄탄한 길 위에 서 있었다. 안정된 삶, 존경받는 위치, 보장된 미래. 세상이 말하는 성공의 기준들이 그의 앞에 가지런히 놓여 있었다. 당시만 해도 교회 세습은 지금처럼 비판의 대상이 아니었다. 오히려 그것이 자연스럽고 당연한 흐름으로 여겨지던 때였다. 사람들은 그에게 축복받은 목사라 했고, 그는 겉보기에 부족함 없는 삶을 살아가고 있었다.

그러나 목회를 시작한 지 1년쯤 되었을 무렵, 그는 깊은 밤 무릎을 꿇고 스스로에게 물었다.

"나는 지금, 진짜 나의 길을 걷고 있는가?"

그 질문은 너무도 선명했고, 벗어날 수 없었다. 오랜 침묵 끝에 그는 결단했다. 자신의 자리를 내려놓기로. 누구에게도 알리지 않고, 조용히 교회를 다른 목사에게 맡긴 뒤 홀연히 떠났다. 전기도, 물도 제대로 나오지 않는 외딴 오지로. 그곳에서 그는 언어도, 문화도 전혀 다른 사람들과 함께 울고 웃으며 살아가기 시작했다. 도시에서 누렸던 편안함과 안전함은 그곳에 없었지만, 그 대신 그의 곁에는 진짜 사람이 있고, 진짜 삶이 있었다.

그가 그 땅에서 살아낸 세월이 어느덧 30년이 지났다. 말라리아와 싸우며 생사를 넘나들던 날들, 정든 이들을 눈앞에서 떠나보내며 흘린 눈물들, 그리고 무수히 많은 이름 없는 날들 속에서 그는 한 걸음씩 자신의 길을 묵묵히 걸어왔다. 누군가는 그에게 묻는다.

"왜 그렇게 험한 길을 자초하셨나요? 편안하고 존경받는 목회자의 길도 충분히 가치 있는 것 아닌가요?"

그 질문에 그는 조용히 미소 지으며 이렇게 말한다.

"지금은 저의 가치를 따라 살고 있습니다. 조금도 후회가 없습니다. 날마다 즐겁습니다."

그의 얼굴에는 선교지의 거친 바람과 땀, 그리고 수많은 날들의 시간이 새겨져 있다. 하지만 그보다 더 깊이 새겨진 것은 단 하나, 자신이 진정 믿는 길을 따라 살아온 사람만이 가질 수 있는 평온한 눈빛과, 삶을 온전히 살아낸 이만이 지을 수 있는 미소다.

가치는 인생을 지탱하는 뼈대이며, 우리가 어디로 가야 할지를 알려주는 보이지 않는 나침반이다. 눈에 보이지 않지만, 하루의 선택을 만들고 결국 한 사람의 운명을 바꾼다. 마하트마 간디는 말했다. "당신이 중요하게 여기는 가치는 결국 당신의 운명을 만든다."

사람은 무엇을 가치로 삼느냐에 따라 전혀 다른 길을 걷는다. 돈에 가치를 두면 평생 돈을 벌고 모으는 데 삶을 쏟아붓게 된다. 권력에 가치를 두면 평생 더 높은 자리에 오르기 위해 경쟁하고 달리게 된다. 어떤 이는 오직 자기만을 위한 이기적인 가치를 좇으며 살고, 또 어떤 이는 다른 사람을 위해 봉사하고 나누는 이타적인 가치를 붙든다. 가치가 다르면 삶의 무게와 방향도 달라진다. 겉을 채우는 값싼 욕망에 묶이면 결국 허무가 남지만, 더 큰 의미와 타인을 위한 가치를 붙들면 인생은 흔들려도 쉽게 무너지지 않는다. 결국 중요한 것은 내가 무엇을 가치라고 부르며, 그 가치를 따라 어떤 길을 걷고 있는가이다.

오늘의 체크 포인트

☐ 내가 가장 중요하게 여기는 가치는 무엇인가?

☐ 나의 가치는 이기적인가, 이타적인가?

☐ 나는 내 가치를 따라 그 길을 걷고 있는가?

질문 뒤집기

무엇이 한 사람이 판단하는 가치를 결정할까?

오늘의 문장

"돈에 가치를 두지 않으면 황금도 더 이상 황금이 아니다."

한 줄 메모

지금 내 삶에서 가장 중심에 있는 가치를 하나 써보자.

_____

어떤 유혹 앞에서
쉽게 흔들리는가?

나를 흔드는 유혹 앞에서 드러나는 진짜 나

| 이웃1 | 정하늘 씨, 29세 _ 야식 중독 직장인

하늘 씨는 친구들 사이에서 '참선녀'라고 불린다. 이유는 간단하다. 평소에는 무소유에 가까운 삶을 살기 때문이다. 쇼핑도 하지 않고, 사치품도 사지 않으며, SNS에 인증 숏도 없다.

하지만 그런 그녀에게도 무너지는 순간이 있다. 밤 9시, 야식의 종소리가 울릴 때. 처음에는 가볍게 시작했다.

퇴근 후 "라면이나 하나……." 그런데 그 라면에 김치가 빠질 수 없고, 김치를 꺼내다 보면 "계란 하나만?" 결국에는 냉장고를 탈탈 털어 작은 잔치가 벌어진다. 문제는 이게 하루이틀이 아니라는 것. 그녀는 다짐했다. "오늘부터 야식 금지!" 냉장고에 '금지' 딱지까지 붙였다.

첫날 밤, TV를 보다 심심해진 그녀는 갑자기 물을 마시며 '먹는 상상'을 했다. "라면…… 튀김…… 치킨…… 아냐, 참자." 그리고 눈을 감았다.

그런데 밤 11시, 그녀의 손에는 이미 배달 앱이 켜져 있고, 장바구니에는 '닭강정 소小, 떡볶이 반반, 김말이 세트'가 담겨 있었다. 하늘 씨는 스스로에게 외쳤다.

"이건 야식이 아니라, 내일 아침 준비야!"

그렇게 '내일 아침'은 밤 12시에 다 사라졌다. 결정적 사건은 어느 날 그녀가 배달 기사님과 "언제나 반갑습니다!"라는 인사까지 하게 된 순간이었다. 그때 그녀는 생각했다.

'이거…… 뭔가 잘못되고 있어.'

그날 이후 그녀는 배달 앱을 지웠다. 하지만 지금도 밤이 되면 냉장고 앞에서 심호흡을 한다.

"유혹은요, 배고픔보다 외로움에서 시작돼요."

그리고 덧붙인다.

"하지만…… 야식은 사람을 배신하지 않아요."

그녀의 말대로 어떤 유혹은 위로처럼 다가온다. 그리고 우리는 그 유혹 앞에서 늘 말한다.

"오늘만, 딱 오늘만."

그런데 그 '딱 오늘'이…… 일주일째다.

| 이웃 2 | 박형준 씨, 33세 _ 게임 중독 직장인

낮에는 성실한 직장인처럼 보였지만, 퇴근 후 집 문을 닫는 순간 그의 또 다른 하루가 시작되었다. 냉장고 속 캔맥주, 씻지도 않은 채 피워대는 담배, 그리고 밤늦게까지 이어지는 게임. 그는 말했다.

"안 하면 오히려 불안해져요. 그냥 이게 내 루틴이 되어버렸어요."

술이 들어가면 담배가 당기고, 담배 한 개비가 끝나면 게임이 시작되었다. 그렇게 몇 시간이 순식간에 지나가고 새벽 공기가 들이칠 때쯤, 그는 늘 같은 자리에 널브러져 있었다.

어느 날, 비틀거리며 컴퓨터를 끄고 난 뒤 화면에 어둡게 비친 자신의 얼굴을 보았다. 충혈된 눈, 늘어난 뱃살, 탁해진 표정.

"이게…… 나인가?"

끊어보려고 했다. 술도 줄여보고, 게임도 지워보고, 담배도 끊으려고 해봤다. 하지만 단 하루만 힘들어도 다시 캔맥주를 따고 있었고, 금단의 불안이 오면 담배를 찾았고, 머리가 복잡하면 게임 아이콘을 다시 눌렀다. 그는 고백했다.

"저…… 끊고 싶습니다. 나름 엄청나게 노력했어요. 그런데 그 순간의 쾌감이 너무 세요. 나를 망치는 줄 알면서도, 또 그걸 찾습니다. 그리고 나면 남는 건…… 더 깊은 고통과 더 진한 자기혐오뿐입니다. 쾌락과 고통이 함께 있어요."

사람을 정확히 알려면 그가 혼자 있을 때 무엇을 생각하고 어떤 행동을 하는지 보면 된다. 사람은 혼자 있을 때 가장 취약해진다. 이는 단순한 기분 문제가 아니라 인지심리학적으로 자기조절 자원self-regulatory resources이 약화되는 순간이기 때문이다. 외부의 시선과 규범이 사라지면 전전두엽의 통제는 약해지고, 변연계는 즉각적 보상에 더 민감해져 유혹이 커진다.

쾌락은 처음엔 달콤하지만 오래가지 못한다. 한번 느낀 쾌락은 곧 더 강한 자극을 요구하는데, 이를 심리학에서는 '쾌락의 쳇바퀴hedonic treadmill'라고 한다. 만족은 금세 증발하고, 더 큰 자극을 찾아 반복하게 되며, 결국 남는 것은 후회와 고통이다. 그래서 쾌락은 달콤함과 고통을 동시에 품고 있다. 잠시의 쾌감 뒤엔 공허, 죄책감, 자기혐오 같은 정서적 통증이 찾아온다.

유혹은 의지가 약해서가 아니라 채워지지 않은 감정과 고립의 신호일 때가 많다. 스스로를 억지로 누르려는 방식은 끓는 냄비 뚜껑을 손으로 억누르는 것과 같다. 잠시 버틸 수는 있어도 결국 폭발한다. 그래서 단순한 억제가 아니라 전환의 힘이 필요하다. 심리학에서는 이를 인지적 재평가cognitive reappraisal라고 한다. 더 높은 가치와 의미로 시선을 돌리면 뇌의 보상회로가 채워져 낮은 욕망은 자연히 힘을 잃는다. 진짜 사랑, 창조적 취미, 몸을 살리는 운동, 삶의 목적 같은 '깊은 보상'이 들어오면 즉각적 쾌락의 유혹은 약해진다. 직업여성을 찾던 남자가 진짜 사랑하는 여인을 만나게 되면 저절로 발길을 뚝 끊는 것과 같다. 결국 유혹은 누르는 힘이 아니라 대체하는 힘으로 이겨내야 한다.

유혹에는 '10초 법칙'이 있다. 유혹의 절정은 사실 10초 남짓이다. 심리학에서는 이를 '충동의 파도urge wave'라고 부른다. 충동은 갑자기 치솟지만 오래 버티지 못한다. 대개 8~12초 사이에 정점을 찍고, 이후에는 급격히 힘을 잃는다. 그래서 유혹을 이기는 가장 쉬운 요령은 이것이다. "단 10초만 버텨라." 10초는 짧지만, 그사이에 뇌는 다시 통제권을 회복한다. 그리고 유혹이 생길 만한 환경에서는 최대한 벗어나라. 술을 끊고 싶다면 술집에 가지 말고, 주변의 술병부터 치워라. 게임을 멈추고 싶다면 컴퓨터가 있는 방에 들어가지 마라. 혼자 있을 때 흔들린다면 혼자 있는 시간을 애초에 줄여라. 유혹은 '보는 것'에서 시작된다.

오늘의 체크 포인트

- ☐ 나는 어떤 유혹 앞에 가장 자주 흔들리는가?
- ☐ 그 유혹은 내 감정의 어떤 갈증을 대신 채워주는가?
- ☐ 유혹보다 더 큰 가치를 추구할 용기가 있는가?

질문 뒤집기

유혹이 있다는 것은 내가 살아 있다는 증거가 아닐까?

오늘의 문장

"유혹이 오면 환경을 바꾸고, 즉각적인 대체 행동을 준비하며, 감정을 기록하는 작은 습관만으로도 충동은 약해진다."

한 줄 메모

내가 자주 무너지는 유혹 하나와 그 이면에 있는 감정을 써보자.

욱하고 감정이 폭발하려 할 때 어떻게 하는가?

세상에서 가장 어려운 일, 욱하는 성질 죽이기

| 이웃 1 | 박재혁 씨, 39세 _ 제조회사 과장

재혁 씨는 평소 퇴근길처럼, 도로 위를 정속으로 주행하고 있었다. 그런데 갑자기 뒤차가 바짝 붙더니 경적을 울렸다.

깜짝 놀란 재혁 씨는 순간 분노가 치밀었다. 그는 창문을 내리고 손을 내저으며 외쳤다.

"뭐야, 왜 이래!"

그러자 뒤차가 더 가까이 다가오더니 곧바로 재혁 씨 차량을 앞질러 가로막았다. 결국 두 사람은 길거리에서 옥신각신 언성을 높였다. 돌아오는 길에 재혁 씨는 생각했다.

'에이…… 그냥 참고 지나갈걸…….'

너무나 피곤하고 소모적인 하루였다.

재훈 씨는 정체된 도로 위를 정속 주행 중이었다. 규정 속도에 맞춰 천천히 가고 있었는데, 갑자기 뒤차가 가까이 붙으며 클랙슨을 울렸다.

그 순간 욱한 재훈 씨는 룸미러를 노려보다 창문을 내리려는 찰나, 손을 내려놓고 크게 심호흡을 했다.

"지금 화낼 일인가? 내가 잘못한 게 뭐지? 뒤차 운전자, 아마 많이 급했나 보다."

그는 조용히 다시 운전을 이어갔다. 단 3초의 멈춤이 불필요한 갈등을 막아준 것이다. 잠시 뒤 백미러를 봤지만, 뒤차는 어디로 방향을 틀었는지 보이지 않았다.

여러분이라면 어떻게 했겠는가? 똑같은 상황을 겪은 두 사람이 있다. 한 사람은 감정에 휘둘려 관계를 깨뜨렸고, 다른 사람은 잠시 멈춤으

로 평화를 지켜냈다. 같은 사건, 전혀 다른 결과. 그 차이는 단 하나, 어떻게 반응했는가였다. 여기서 등장하는 것이 스톱애스크리셋STOP-ASK-RESET이다. 스톱애스크리셋은 감정이 폭발하기 전 3단계를 실천하는 방법이다.

① 멈춤STOP: 즉각 반응하기 전에 멈추고 잠시 숨을 고른다.
② 질문ASK: 나에게 묻는다. "지금 어떻게 행동할 것인가?"
③ 재설정RESET: 감정을 다스리고 상황을 새롭게 선택한다.

연구에 따르면, 사람의 감정은 하루에도 평균 20번 이상 바뀐다. 작은 일에도 웃다가 금세 화가 나고, 불안하다가도 안도한다. 그중 단 한 번의 '욱'이 관계를 무너뜨리고, 평생 남을 후회를 만들기도 한다. 하지만 단 3초만 멈출 수 있다면 상황은 완전히 달라진다. 그 짧은 멈춤이 감정을 가라앉히고, 무심코 뱉을 말과 행동을 고르는 여유를 준다. 불붙기 직전 불씨를 꺼버리는 것처럼, 스톱애스크리셋은 순간의 폭발을 잠재우는 힘을 가지고 있다. 단순한 3단계—멈춤, 질문, 재설정—이지만, 그 안에는 감정을 조절하고 선택을 다시 하게 만드는 강력한 지혜가 담겨 있다. 위기의 순간에는 스톱애스크리셋이 폭발을 막는 방패가 되고, 여유 있는 순간에는 삶을 성찰하게 하는 거울이 된다. 즉각적인 분노를 다스리는 도구이면서, 동시에 "나는 왜 이렇게 반응하는가?", "이 선택은 내 삶에 어떤 의미가 있는가?"라는 깊은 물음을 던지게 한다.

다시 정리하면, 스톱애스크리셋의 핵심은 첫 번째 단계인 '멈춤'이다. 멈춰야 할 순간에 멈추지 못해 우리는 얼마나 많은 실수와 후회를 반복해

왔는가. 친구의 말 한마디에 괜히 욱했던 일, 부모님의 조언에 짜증 냈던 일, 전철 소음에 순간적으로 화를 냈던 일, 홈쇼핑을 보다가 충동구매한 일, 수상한 전화를 받고도 생각 없이 응답해 피해를 본 일까지……. 돌이켜보면 황당한 순간들은 대부분 '멈추지 못한 3초'에서 비롯되었다. 로고테라피의 창시자 빅터 프랭클은 "자극과 반응 사이에는 공간이 있다"라고 말했다. 멈춤은 바로 그 공간을 확보하는 일이다. 단 3초만 멈출 수 있다면 감정이 가라앉고 판단이 들어오며, 자동적 반응이 의도된 선택으로 바뀐다. AI가 속도를 요구하는 시대일수록 우리에게 필요한 것은 더 빠른 결정이 아니라 불필요한 속도를 끊어내는 힘이다. 스톱애스크리셋은 그 힘을 길러주는 가장 단순하고도 강력한 자기 통제 기술이다. 3초의 멈춤은 사소한 행동이 아니다. 인생을 지키는 첫 번째 방패다.

오늘의 체크 포인트

☐ 감정이 폭발해서 손해를 본 적이 있는가?

☐ 감정이 폭발하려 할 때 멈춘 적이 있는가?

☐ 스톱애스크리셋의 3단계를 조금이라도 이해했는가?

질문 뒤집기

욱하지 않는 사람이 세상에 있을까?

오늘의 문장

"감정이 폭발하려 할 때 3초만 멈춰도 후회를 막을 수 있다."

한 줄 메모

욱하려는 순간에 나를 멈추게 할 생각 한 줄을 써보자.

❝ _____ ❞

이 시간을 살아가는 그대에게

내 안에 어떤 편견이나 선입견이
자리하고 있는가?

내 안에 숨어 있는 어두운 그림자를 마주할 용기

| 이웃 1 | **박호진 씨, 39세 _ 외모지상주의자**

호진 씨는 아침마다 출근길 전철에서 사람들을 보며 속으로 중얼거린다.

"허리 실종 신고해야겠네…… 물만 먹어도 살쪘다고 하겠지?", "머리가 크네, 공부는 못 할걸?", "예쁘게도 생겼네, 마음도 착하겠지?"

그의 시선은 늘 외모에 쏠렸고, 사람을 겉모습만으로 단정 짓는 것이 습관처럼 굳어 있었다. 퇴근 후 텔레비전을 볼 때도 마찬가지였다. 화면에 나오는 사람마다 빠짐없이 평가했다. 특히 외국인 노동자가 등장하면 꼭 이렇게 중얼거렸다.

"저런 얼굴로 한국에서 어떻게 버티겠어?"

이쯤 되면 심각할 지경이다. 참다못한 아내가 작심한 듯 말했다.

"당신도 병이야, 병! 누가 일부러 그렇게 생기고 싶었겠어? 누가 당신

더러 키 작고 돼지코에다 눈이 단춧구멍 같다고 하면 좋겠냐고?"

|이웃2| 정수빈 씨, 31세 _ 직장인

수빈 씨는 아침 출근길, 전철에 앉아 책을 읽고 있었다. 그런데 옆자리에 후드티에 검은 마스크, 이어폰을 깊게 꽂은 청년이 앉았다. 팔에는 문신, 손에는 에너지 드링크를 들고 있었다. 그 순간 수빈 씨의 머릿속에 '헉…… 이 사람, 혹시 조폭 아니야?'라는 생각이 스쳐갔다.

그러자 심장이 콩닥콩닥 뛰기 시작했고, '혹시 이 사람이 나한테 말을 걸면 어쩌지? 내 가방 안에 호루라기가 있었던가……' 하며 혼자 머릿속에서 영화 한 편을 찍고 있는데, 갑자기 청년이 조용히 입을 열었다.

"저기요…… 혹시 이 책, 『데미안』 맞죠?"

"네……?"

"그 책 마지막 장 넘기기 전에, 혹시 그 문장 보셨어요? '새는 알을 깨고 나온다. 알은 세계다……' 그거요."

그 순간, 수빈 씨는 어안이 벙벙해졌다.

이 시간을 살아가는 그대에게

'이 조폭 느낌 청년이 지금······『데미안』을 인용했다고······?'

알고 보니 그는 문예창작과 4학년 학생으로 졸업 작품 준비 중이었고, 문신은 친구가 디자인한 철학 기호, 에너지 드링크는 밤새 원고를 쓰고 나온 흔적이었다. 수빈 씨는 그날 일기장에 이렇게 적었다.

"선입견은 나를 웃게 하기도, 부끄럽게 하기도 한다. 오늘은 둘 다였다."

프랜시스 베이컨은 "인간은 사물보다 자신 안에 자리한 '우상의 그림자'에 쉽게 속는다"라고 말했다. 우리는 누구나 크고 작은 편견과 선입견을 안고 살아간다. 겉보기엔 단순한 정보처럼 보여도, 외모·성별·나이·직업 같은 기준은 쉽게 판단의 잣대가 된다. 하지만 편견은 사실이 아니라 판단이고, 선입견은 진실이 아니라 습관이다. 더 나은 사람이 되려면 먼저 '내가 옳다'는 확신을 내려놓아야 한다.

내가 대학교에서 교수와 부총장으로 있을 때의 일이다. 그 학교는 복지·재활 분야에 특성화된 대학이라 장애 학생들이 많았다. 그런데 놀랍게도, 한 명의 장애 학생 곁에는 늘 두세 명의 학생이 함께하며 책임감을 가지고 돌보아주었다. 그 따뜻한 모습은 지금도 잊을 수 없다. 장애를 가진 학생은 비록 불편함이 있었지만, 곁에 있는 친구들 덕분에 존중과 배려 속에서 학교생활을 이어나갈 수 있었다. 반대로 도와주던 학생들은, 그 과정을 통해 마음속에 있던 편견과 선입견이 하나둘 사라져감을 느꼈다.

오늘의 체크 포인트

☐ 사람들을 볼 때 외모로 평가한 적이 있는가?

☐ 남을 판단하면, 나 또한 판단받는다는 걸 알고 있는가?

☐ 지금 깨고 싶은 편견과 선입견은 무엇인가?

질문 뒤집기

나도 모르게 '편견'과 '선입견'이라는 두 마리의 사나운 개犬를 길들이며 살고 있지 않은가?

오늘의 문장

"선입견은 진실을 가리는 안경이다. 그걸 벗을 때 비로소 사람이 보인다."

한 줄 메모

최근 누군가를 속으로 판단했던 적이 있는지 써보자.

_____

복권 1등에 당첨되면
무엇을 하고 싶은가?

거액이 생기면 나는 어떤 사람으로 바뀔까

| 이웃 1 | **홍대철 씨, 41세** _ 직장인

"직장 때려치웁니다!"(웃음)

대철 씨는 매주 복권을 사는 평범한 회사원이다. 회사 생활 15년 동안, 그는 상사의 눈치로 하루를 시작하고 스트레스로 하루를 마무리해 왔다.

"제가 받은 스트레스의 반은 상사 때문이고, 나머지 반도 결국 상사 때문이죠."

그래서 그는 늘 마음속에 '로또 사직서'를 품고 산다.

"당첨되면 바로 사직서 쓰죠. 내용도 정해놨어요. '존경하는 부장님, 그동안 감사했습니다. 많이 배웠으니 이제 하산하겠습니다.'"

그리고 그는 특유의 웃음을 지으며 덧붙인다.

"그다음엔 빚부터 싹 갚고요, 아파트를 한 채 장만할 겁니다. 대출 없는 집이 제 소원이에요."

대철 씨의 계획은 현실적이다.

"해외여행도 한번 제대로 가보고 싶고, 나머지는 저축해서 평생 걱정 없이 살고 싶어요. 뭐 거창한 건 없어요. 그냥 제 인생 좀 편하게 살아보고 싶은 거죠."

| 이웃 2 | 정유진 씨, 38세 _ 육아맘

"하루에도 몇 번씩 생각해요. '이 나라를 떠나야 하나?'"

유진 씨는 두 아이의 엄마다. 아침 7시, 아이들 등원 준비로 시작해 밤늦게까지 육아와 살림, 학원 스케줄까지 책임지는, 하루는 말 그대로 '전쟁'이다.

"애들이 어릴 땐 육아 전쟁, 좀 크니까 교육 전쟁…… 이제는 '입시 전쟁' 걱정까지 벌써 시작됐어요."

유진 씨가 가장 힘든 건 주변의 경쟁이다.

"어린이집부터 치맛바람이 불어요. 영어 유치원, 수학 선행학습, 태권도, 피아노…… 안 시키면 '엄마가 노력을 안 한다'는 눈빛을 받죠. 애들도, 부모도 숨 쉴 틈이 없어요."

그녀는 종종 복권을 사며 상상한다.

"당첨되면 바로 집 팔고 한국 떠날 거예요. 저 멀리 유럽이나 호주 같은 데 가서 애들이 '행복'을 먼저 배우는 삶을 살게 하고 싶어요. 학원도 성적도 없는 곳에서요."

그녀는 이미 계획도 세워두었다.

"집 대출 다 갚고, 당첨금으로 외국에 작은 집 하나 사고, 남은 돈은 아이들 교육비랑 생활비로 저축해둘 거예요. 거기서 아이들이 뛰놀며 자라는 모습을 보는 게 제 인생의 꿈이에요."

그리고 마지막으로 말한다.

"복권이요? 저에겐 '탈출구'예요. 현실은 못 바꾸지만, 그 꿈 하나로 오늘도 버티는 거죠. 어쩌면 복권보다 더 간절한 건, 희망에 차 살 수 있는 미래일지도 모르겠어요."

사람의 본모습은 평범한 일상보다 큰 재물이나 권력을 손에 쥐었을 때 더 분명히 드러난다. 마음속 깊이 숨겨져 있던 욕심과 가치관, 품성이 드러나는 순간이다. 복권 당첨자들 중 상당수는 자신만을 위해 돈을 쓰겠다고 했고, 어려운 이를 돕겠다는 말은 드물었다. 사실 단돈 10만 원을 기부하거나 일부러 손해를 보는 일조차 쉽지 않다. 그래서 그런 선택을 행동으로 옮기는 이들이 존경받는다. 돈이 많다고 해서 저절로 그렇게 되는 것은 아니다.

　기독교에는 소득의 10퍼센트를 드리는 '십일조'가 있다. 소득이 적을 때는 비교적 부담이 없다. 한 달에 100만 원을 벌면 10만 원을 드리면 되기 때문이다. 그러나 소득이 커질수록 마음은 흔들리기 마련이다. 1,000만 원 중 100만 원을 떼어내는 일은 생각만큼 쉽지 않다. 여전히 900만 원이 남아 있어도 왠지 모르게 아깝다는 마음이 들기 때문이다. 사람은 가진 것보다 가지지 못한 것에 더 시선이 가는 존재다. 복권 1등 당첨 확률은 약 800만분의 1, 벼락 맞을 확률보다 낮다고 한다. 누구나 "복권에 당첨되면 십일조도 잘 하고, 가난한 이웃도 돕겠다"고 말할 수는 있다. 그러나 막상 큰돈이 손에 들어오면 이야기는 달라진다. 흔히 말하듯, 화장실 들어갈 때와 나올 때의 마음이 다르기 때문이다. 100억 원을 손에 쥐었을 때, 선뜻 10억 원을 내놓는 사람은 그리 많지 않다. 사람은 큰돈을 손에 쥐었을 때 그 돈을 어떻게 사용하는가로 진짜 모습이 드러난다. 그러니 "부자가 천국 가기 어렵다"는 말도 괜히 나온 말이 아니다.

오늘의 체크 포인트

☐ 복권 1등에 당첨되면 무엇을 가장 먼저 하고 싶은가?

☐ 지금까지 10만 원이라도 기부한 적이 있는가?

☐ 남을 위해 일부러 손해를 보거나 희생해본 적이 있는가?

질문 뒤집기

복권에 당첨되길 바라기 전에, 복권을 사본 적은 있는가?

오늘의 문장

"진짜 복은 복권이 아니라, 오늘 하루를 소중히 여기는 마음에서 시작된다."

한 줄 메모

복권보다 소중한 '지금'의 복은 무엇인지 써보자.

❝   ❞

_____

외롭다고 느껴질 때
어떻게 하는가?

나를 보듬고 안아줘야 할 순간

| 이웃 1 | **윤지아 양, 17세** _ 고등학생

지아 양은 어릴 적 부모가 이혼한 뒤 아빠와 단둘이 살았다. 하지만 아빠는 말이 없었고 집은 늘 조용했다. 지아는 친구들 사이에선 활발했지만 밤마다 방문을 닫고 혼자 침대에 누우면 눈물을 흘리곤 했다.

"세상에 나 혼자 남겨진 기분이었어요. 아무도 진짜 제 이야기를 들어주는 사람이 없다는 게…… 참 아팠어요."

그러다 학교 상담 선생님에게 우연히 "요즘 잘 지내?"라는 말을 들었고, 그 순간 그동안 참았던 말들이 터져 나왔다.

"그 한마디가요…… 너무 따뜻해서, 그날 집에 가서도 계속 울었어요."

이후 지아는 일기를 쓰기 시작했다. 매일 '오늘 나에게 가장 하고 싶은 말'을 적으며 스스로를 돌보기 시작했다.

"내 이야기를 내가 들어주는 것도 참 큰 위로가 되더라고요."

지아는 지금, 학교 게시판에 '하루 한 문장 위로'를 자발적으로 올리고 있다.

"외로움을 견디는 가장 좋은 방법은, 다른 외로운 사람에게 먼저 말을 거는 거예요. 누군가에게 '잘 지내?'라고 묻는 그 한마디가, 나를 바꾸거든요."

| 이웃 2 | 방정기 씨, 34세 _ 대기업 대리

정기 씨는 회사에서 '분위기 메이커'로 통했다. 회식 자리에서든 회의 중이든 늘 농담을 던지며 사람들을 웃겼고, 동료들은 그의 곁에 모였다.

"정기 씨랑 있으면 시간이 금방 간다니까."

사람들은 그렇게 말하며 늘 그를 중심에 세웠다. 하지만 화려한 중심에 선 그의 모습은 회사 안에서만 통했다. 집으로 돌아오는 순간, 정기 씨는 아무 말도 할 수 없었다. 거실 불을 켜면 갑자기 밀려오는 정적과 함께, 자신이 얼마나 외로운지가 선명하게 드러났다.

"하루 종일 떠들고 웃다가도, 집에 들어오면 숨이 막힐 정도로 고요해요. 그때가 제일 무서워요."

군중 속에서 외로움은 오히려 더 깊어졌다. 웃을 때는 괜찮았다. 하지만 그 웃음이 끝난 자리에는 공허가 남았다. 점점 그 공허는 불안으로, 불안은 무기력으로 변해갔다. 결국 정기 씨는 병원을 찾았고, 우울증 초기 진단을 받았다. 지금은 약을 복용하며 출퇴근길을 겨우 이어가고 있다.

"아무도 몰라요. 제가 약을 먹고 있다는 걸. 다들 제가 회사에서 잘나가는 줄만 알죠. 근데 사실은…… 제 안이 텅 비어 있어요."

외로움은 전 세계가 함께 겪는 감정의 병이다. 2024년 기준 성인의 약 33퍼센트가 외로움을 느끼며, WHO는 매년 약 87만 명의 사망과 관련이 있다고 밝혔다. 시간당 100명이 외로움으로 생명을 잃는 셈이다. 우리나라 역시 약 34만 명의 청년이 극단적 고립 상태에 있고, OECD 조사에 따르면 2020년 우울증 유병률이 36.8퍼센트로 1위였다. 하지만 치료받는 비율은 2퍼센트에 불과하다. 이제 외로움은 노인만의 문제가 아닌, 세대를 가리지 않는 사회적 질병이다.

외로움은 마음만의 문제가 아니라, 몸과 정신을 함께 무너뜨리는 구조적인 고통이다. 조기 사망 위험을 30퍼센트 높이고, 매일 담배 15개비를 피우는 것만큼 해롭다. 고혈압, 면역력 저하, 우울증, 치매와 자살로 이어질 수도 있다. 그러나 외로움은 피한다고 해서 사라지지 않는다. 오히려 정직하게 마주할 때 내면의 목소리가 들린다. 그것은 나와, 타인과, 세계와 다시 연결되라는 신호일 수 있다. 외로움은 고통이지만 동시에 회복의 시작점이다. 그 감정을 부끄러워하지 말자. 그 속에서 우리는 더 진실한 나를 만나고, 누군가에게 손을 내밀 용기를 얻는다.

오늘의 체크 포인트

- ☐ 외로운가?
- ☐ 외로울 때 어떻게 해결하는가?
- ☐ 외로워하는 누군가에게 내가 먼저 다가갈 수는 없을까?

질문 뒤집기

'군중 속의 고독'이라는 말을 들어본 적이 있는가?

오늘의 문장

"외로움은 내 안의 공간을 비워, 누군가를 품기 위해 생긴 신비한 틈
이다."

한 줄 메모

외로움이 밀려올 때, 내가 가장 먼저 찾고 싶은 사람은 누구인지 적어
보자.

❝ _____ ❞

이 시간을 살아가는 그대에게

제1부는 '묻는다는 것의 시작'으로, 인간이 스스로에게 던지는 질문이 어떻게 존재를 깨우고 삶을 변화시키는지를 보여주었다. 질문은 마음의 불을 켜는 스위치이며, 한 문장의 물음이 생각의 방향을 바꾸고 인생의 궤적을 새롭게 만든다. "오늘 나는 어떤 질문으로 하루를 열고 닫았는가?"라는 물음에서 시작해, "나는 왜 태어났는가", "진짜 나는 누구인가"와 같은 근원적 질문으로 이어진다. 존재의 이유를 묻고, 자신을 찾아가는 과정 속에서 우리는 감정과 유혹, 편견, 외로움을 마주하며 진짜 '나'를 발견하게 된다. 결국 묻는다는 것은 세상을 바꾸기보다, 나 자신을 새롭게 발견하는 여정임을 깨닫게 된다.

제2부는 '삶 속에서 길을 찾다'라는 주제로, 인간이 관계와 선택, 실패와 외로움 속에서 길을 찾아가는 과정을 다룬다. 사람과의 관계는 나를 비추는 거울이며, 신뢰와 용서, 말의 힘이 관계의 본질을 결정한다. 매일의 선택이 인생의 방향을 만든다. 때로 잘못된 선택은 후회로 남지만, 그것 또한 성장을 위한 발판이 된다. 실패와 넘어짐은 끝이 아니라 다시 일어서는 시작이며, 평범한 하루의 감사와 작지만 확실한 행복 속에서 우리는 다시 살아갈 이유를 찾게 된다.

삶 속에서
길을 찾다

관계와 선택, 실패와 외로움의 시간

질문은 방향을 잃은 마음에 나침반을 쥐어준다. 관계의 상처 속에서도, 실패의 그림자 속에서도 묻는 사람은 다시 길을 찾는다. 삶은 정답이 아니라, 더 나은 질문을 찾아가는 여정이다.

제4장

관계가 나를 만든다

관계 안에서 배우고 사랑하는 법

우리는 결코 홀로 존재하지 않는다. 서로를 바라보고, 부딪히고, 때로는 상처를 주기도 하지만, 그럼에도 불구하고 조심스레 마음을 건네며 살아간다. 모든 고민은 인간관계에서 비롯된다고 한다. 문제 해결의 첫걸음은 '관계의 틀'을 새롭게 보는 것이다. 관계는 때로 아프다. 하지만 관계를 통해서만 우리는 진짜로 성장하고, 배우고, 사람답게 살아가는 법을 익힌다.

한 사람의 따뜻한 말 한마디, 한 번의 용서, 한순간의 손 내밈이 누군가의 인생을 바꾸기도 한다. 서툴지만 서로에게 마음을 나누는 동안, 우리는 조금씩 사랑하는 법을 배운다. 결국 인생은 얼마나 많은 사랑을 주고, 또 얼마나 진심으로 받아들였는가로 완성된다. 오늘도 조심스레, 내 마음 한 자락을 건네어 보자. 그 작은 용기가 누군가의 삶을 밝혀줄지도 모른다.

요즘 누구와
가장 많은 시간을 보내는가?

내 곁의 사람이 나를 어떻게 바꾸는가

| 인터뷰 1 | **이현석 씨, 42세 _직장인**

노   현석 씨, 최근 삶에서 '지친다'는 감정을 자주 느끼셨다고요.

이   네. 일도 그렇고 인간관계도 그렇고…… 뭔가 피곤하고 공허한 느
     낌이 많았어요. 특별히 힘든 일은 없는데도요.

노   그 감정의 원인을 찾으셨나요?

이   어느 날 휴대폰 사진첩을 훑어보다가 이상한 걸 느꼈어요. 최근
     1년간 찍은 사람들 사진이 죄다 회사 동료, 거래처, 업무 파트너
     뿐이더라고요. 그 순간, '아…… 나는 나를 계속 소모시키는 관계
     안에만 있었구나'라는 걸 깨달았습니다.

노   그 후 어떤 행동을 하셨나요?

이   그날 밤, 대학 시절 친구에게 전화를 걸었어요. 아무 목적 없는 통
     화였는데…… 웃음이 터졌고, 마음이 밝아졌어요. 이젠 주말마다

'일이 아닌 사람'들과 시간을 보내고 있어요. 서로를 살아 있게 만드는 사람들, 그게 저에게 꼭 필요했던 관계더라고요.

| 인터뷰 2 | 최은영 씨, 38세 _교육 콘텐츠 기획자

노　은영 씨는 어떤 사람들과 함께할 때 부담을 느끼셨나요?

최　이전엔 직장 외에 소셜 모임도 많았는데요, 늘 성취나 경쟁 이야기가 중심이었어요. 누가 승진했대, 어디 투자했대, 애가 엄청 똑똑하대…… 그 틈에서 점점 위축되더라고요. 말도 줄고, 표정도 경직되고요.

노　그 모임을 어떻게 정리하셨나요?

최　어느 날 돌아오는 길에 생각했어요. '나는 왜 굳이 이들과 시간을 보내고 있지?' 며칠 고민하다가 그 모임을 그만두고, 책을 좋아하던 마음을 살려 소설 읽기 동아리에 가입했어요.

노　새로운 관계는 어떠했나요?

최　처음 본 사람들과 책 얘기를 하다가 눈시울이 뜨거워진 적이 있어요. 감정을 나누는 사람들과 있으면, 저도 제 이야기를 더 꺼낼 수 있었어요. 지금은 확신해요. 누구와 시간을 보내느냐는 내가 누구로 살아갈지를 결정하는 일이라는 걸요.

　　"당신은 가장 가까이 지내는 다섯 사람의 평균이 된다."

　　이 말은 단순한 통계가 아니라 진실이다. 우리는 함께하는 사람에게 쉽게 영향을 받는다. 말투가 스며들고, 사고방식이 내 판단을 바꾸며, 습관과 태도마저 닮아간다. 결국 누구와 시간을 보내느냐가 삶의 질을 결정한다.

　　함께 식사를 하다 보면 그 사람의 인품과 관계에 대한 태도가 자연스럽게 드러난다. 밥값을 어떻게 처리하느냐는 사소해 보이지만, 의외로 중요한 신호다. 모임 자리에서 종종 다른 사람들이 모르게 먼저 계산을 마치는 사람이 있다. 금액의 많고 적음을 떠나, 이런 사람은 돈보다 사람을 우선시하는 태도를 가진 경우가 많다. 돈이 아깝지 않은 사람이 어디 있겠는가. 그럼에도 기꺼이 먼저 지갑을 여는 사람은 대체로 넉넉한 마음과 좋은 품성을 지닌 사람이라고 봐도 틀리지 않는다. 반대로, 누가 밥값을 내면 당연하다는 듯이 아무렇지 않게 받아들이는 사람도 있다. 고맙다는 말도 하지 않는다. 그것도 한두 번이 아니라 습관적으로. 이런 사람은 조심해야 한다. 밥값의 문제가 아니라, 사람을 대하는 기본 태도가 드러나는 순간이기 때문이다.

대접을 받았다면 고마움을 표현하는 것이 당연하다. 작은 것에도 감사할 줄 아는 사람이 결국 좋은 관계를 오래 유지한다. 감사할 줄 모르는 사람은 어떤 관계에서도 오래 함께하기 어렵다. 세상에 공짜는 없고, 당연한 것도 없다. 누군가에게 뭔가를 받았다면, 그에 걸맞은 인사와 태도를 갖추는 것이 기본이다. 밥값은 사소해 보이지만, 그 사소함 속에 그 사람의 품격과 관계의 깊이가 담겨 있다. 내 주변에는 서로 기꺼이 밥값을 내려는 사람들, 그리고 대접을 받으면 진심으로 고마워할 줄 아는 사람들이 많았으면 좋겠다. 감사할 줄 알고, 긍정적이며, 사람을 귀하게 여기는 이들과의 관계만큼 인생을 따뜻하게 만들어주는 것도 없다.

오늘의 체크 포인트

- ☐ 나는 먼저 밥값을 내려고 하는가?
- ☐ 누가 밥값을 내면 꼭 감사 인사를 하는가?
- ☐ 내 주변에는 긍정적이고 밝은 사람이 많은가?

질문 뒤집기

내 주변 사람들이 나보다 나은가?

오늘의 문장

"같이 있는 사람은 결국 내가 어떤 사람이 되어갈지를 결정짓는다."

한 줄 메모

내게 도움이 되는 주변 사람들 중 다섯 명의 이름을 써보자.

 _____

진심으로 믿을 수 있는
친구가 있는가?

말하지 않아도 내 편인 사람

| 인터뷰 1 | 엄재호 씨, 43세 _ 사업가

노   재호 씨, 사업가로서 많은 사람들과 어울리며 활발한 삶을 살아오
     셨죠?

엄   그렇습니다. 사업이 잘될 때는 제 주위가 늘 붐볐습니다. 아침에
     는 조찬 모임, 점심에는 거래처와의 식사, 저녁에는 술자리가 이
     어졌습니다. 한 주에 열 번 이상 약속이 잡혀 있었죠. 제 휴대폰은
     하루 종일 울려댔고, 늘 누군가가 저를 찾았습니다. 그때는 솔직
     히 사람들 속에서 사는 게 당연하다고 생각했습니다.

노   그런데 어느 순간, 진짜 관계라는 것에 대해 다시 생각하게 되셨
     다면서요?

엄   네. 사업이 순탄하게 이어질 줄 알았는데, 어느 날 갑작스럽게 실
     패가 닥쳤습니다. 투자했던 프로젝트가 무산되고, 연쇄적으로 빚

이 생기면서 제 삶이 순식간에 무너졌죠. 그 순간부터 신기할 정도로 사람들이 제 곁을 떠났습니다. 본래 나쁜 소문은 금방 퍼지잖아요? 며칠 전까지만 해도 같이 웃고 떠들던 사람들이 전화를 받지 않았고, 제가 전화를 걸면 다들 바쁘다고만 했습니다. 그렇게 하루아침에 연락이 끊겼습니다.

노　그 공허함이 컸겠군요.

엄　너무 컸습니다. 전에는 제가 사람들 속에 묻혀 있다고 생각했는데, 사실은 제 돈에 모여 있었던 겁니다. 저는 그제야 깨달았습니다. 함께 웃는 건 누구나 쉽게 하지만, 함께 울어주는 건 어렵다는 것을요. 화려한 시절에는 가짜 관계가 진짜처럼 보이지만, 고통의 시절에는 가짜가 모두 벗겨지고 나서야 진짜가 무엇인지 알게 됩니다. 진짜 친구는 어려울 때 안다는 말이 맞아요.

| 인터뷰 2 | 이성민 씨, 52세 _ 자영업자

노　성민 씨는 어려울 때 진짜 친구의 모습을 경험하셨다고요?

이　맞습니다. 몇 년 전, 제가 하던 가게가 연이어 적자를 내면서 결국 빚더미에 올랐습니다. 자존심 때문에 누구에게도 말하지 못하고 혼자 끙끙 앓고 있었죠. 하루하루가 너무 힘들어서, 솔직히 가게 문을 닫아버리고 싶을 정도였습니다.

노　그런데 그때 친구가 다가왔군요?

이　네. 고등학교 때부터 친하게 지낸 친구였는데, 제가 말하지 않아도 제 상황을 눈치챘던 겁니다. 어느 날 저녁, 가게로 불쑥 찾아와서는 이렇게 말했습니다. "야, 네 얼굴만 봐도 다 알겠다. 왜 혼자 버티고 있냐." 저는 그 말을 듣는 순간 눈물이 왈칵 쏟아졌습니다.

노 그 친구가 어떻게 도와주었나요?

이 제게 필요한 건 거창한 조언이 아니었습니다. 그 친구는 자기 주머니에서 돈을 꺼내 제 손에 쥐어주면서 "이거 빌려주는 게 아니다. 그냥 네가 일어설 때까지 쓰는 거다"라고 했습니다. 또, 제가 가게 정리할 때까지 주말마다 와서 서빙도 도와주고, 때로는 그냥 제 옆에 말없이 있어 주기도 했습니다. 이상하게도 그 침묵이 큰 힘이 되었죠.

노 말하지 않아도 진심을 느끼셨군요.

이 네. 그 친구가 없었다면 저는 아마 주저앉아버렸을 겁니다. 어려움 속에서도 아무 대가 없이, 조용히 곁을 지켜준 사람이야말로 진짜 친구 아닐까요?

세상을 살아가다 보면 정말 많은 사람을 만나게 된다. 그러나 대부분의 인간관계는 '주고받는 균형' 위에서 이루어진다. 나도 모르게 내가 준만큼은 받고 싶어지는 마음, 그것은 누구에게나 자연스러운 본능이다. 이른바 '기브 앤드 테이크'라는 공식 속에서 우리는 관계를 맺고, 그 속에서 때로는 상처를 받고 때로는 위로를 얻으며 살아간다. 친구 관계도 다르지 않다. 일방적으로 주기만 하는 것도, 받기만 하는 것도 오래가기 어렵다. 그래서 우리는 만남 앞에서 본능적으로 계산을 하게 된다. 이 만남이 내게 도움이 될까? 시간만 낭비하는 게 아닐까? 이런 질문들이 스쳐지나가는 건 자연스러운 일이다. 바쁘고 각박한 세상에서 시간을 잘 쓰기위한 마음이기도 하다. 하지만 그런 계산을 완전히 뛰어넘는 사람들이 있다. 어떤 대가도 바라지 않고, 받을 기대도 하지 않으며, 그저 가진 마음을 아낌없이 나누는 사람들. 그런 존재가 내 인생에 단 한 명이라도 있다면, 이미 큰 복을 받은 것이다.

내게도 그런 인연이 있다. 오래전, 내가 사단 참모장으로 있을 때 통신참모로 근무했던 장교다. 세월이 흘러 둘 다 제복을 벗고 각자의 길을 걸어가게 되었으니, 서로에게 따질 이익 관계란 전혀 없다. 그럼에도 놀라운일은, 김장철만 되면 그의 아내가 김장 김치 세 박스를 어김없이 우리 집에 보내온다는 사실이다. "이젠 정말 보내지 않아도 된다"고 몇 번이나 말했지만, 그는 늘 환하게 웃으며 말한다. "김장은 평생 저희가 책임지겠습니다." 그 말 한마디에 담긴 진심과 20년이 넘는 세월 동안 단 한 번도 변한 적 없는 그 정성을 생각할 때마다 가슴이 뜨거워진다. "아, 내가 그래도 완전히 잘못 살아온 건 아니구나." 누군가에게 그런 마음을 받을 만한 사람이었다는 사실은, 말로 표현하기 어려운 큰 위로다.

　사람과 사람이 만난다는 것은 결국 마음과 마음이 닿는 일이다. 무엇을 얻을지 계산하지 않아도 되고, 어떤 대가를 바라지 않아도 되는 관계. 서로를 있는 그대로 바라보며, 순수한 마음으로 주고받는 관계. 그런 사람이 내 주변에 단 한 명이라도 있다면 그동안 잘 살았다고 말할 수 있다. 나이를 떠나, 지위 고하를 떠나 그가 바로 '진짜 친구'다. 그런 인연은 어떤 계산으로도 설명할 수 없다. 인생이 우리에게 건네준 가장 아름다운 선물이 아닐까.

오늘의 체크 포인트

- ☐ '진짜 친구'가 한 명이라도 있는가?

- ☐ 없다면 내게 문제가 있는 것은 아닌가?

- ☐ 나는 누군가에게 그런 친구였던 적이 있는가?

질문 뒤집기

돈이 꼭 필요할 때 믿고 찾아갈 친구가 있는가?

오늘의 문장

"진짜 친구는 내 말보다 내 조용한 시간을 먼저 알아차리는 사람이다."

한 줄 메모

지금 가장 먼저 떠오르는 '진짜 친구' 한 사람의 이름과 이유를 적어보자.

이 시간을 살아가는 그대에게

나는 가족과
어떤 관계를 맺고 있는가?

말하지 않으면 멀어지는 사이

| 인터뷰 1 | **김성호 씨, 74세** _ 은퇴 공직자

노   선생님, 두 아들을 모두 외국 유학까지 보내셨다고 들었습니다.

김   그렇습니다. 큰아이는 미국, 둘째는 캐나다로. 집도 줄이고, 노후
      자금도 끌어다 썼어요. '내가 못 누려도 자식은 당당하게 키우자'
      는 마음 하나였지요. 그땐 아내와 라면을 끓여 먹으면서도 행복했
      습니다. "우리 아들들 잘되면 그걸로 됐다", 그렇게 믿었지요.

노   지금은 어떤가요?

김   큰아들은 결혼하고 5년 됐는데, 한국에는 아예 발도 안 들여봐요.
      둘째는 한국에서 살고 있지만, 얼굴 보기가 하늘에서 별을 따는
      것 같아요. 물론 결혼을 하고 자기들 가정 꾸리느라 그렇겠지만,
      이해하려고 해도 서운한 건 어쩔 수 없나 봐요.

노   많이 서운하시겠습니다.

김   가장 속상한 건…… 아내예요. "그래도 바쁘게 사는 게 효도지,
뭐" 하면서 애들 편만 들어요. 가끔 속상해서 뭐라고 하면, "당신
이 기대가 너무 크니까 그래"라고 하죠. 그 말을 들으면…… 내가
욕심꾸러기처럼 느껴집니다.

노   지금 가장 바라는 게 있다면요?

김   돈도 아니고 큰 선물도 아니에요. 그냥…… "아버지, 요즘 어떠세
요?" 그 한마디면 충분해요. 내가 사람대접을 받고 있다는, 아버
지로서 기억되고 있다는…… 그 느낌 말입니다.

| 인터뷰 2 | 이수정 씨, 45세 _교사

노   수정 씨는 배우자와 어떤 갈등을 겪으셨나요?

이   저희는 성격이 정말 달라요. 저는 뭔가 마음에 걸리면 바로 이야
기해야 직성이 풀리는 타입이고, 남편은 그냥 묻어두고 넘기자는
쪽이거든요. 그런 차이 때문에 자주 부딪혔어요.

노   구체적으로 어떤 상황에서요?

이   저는 예전에 서운했던 일들을 기억하고 있다가 나중에 비슷한 일
이 생기면 또 꺼내요. "그때도 그랬잖아" 하면서요. 남편은 "왜 지
난 일을 또 들추냐"며 더 화를 내고요. 결국 지금 일은 사라지고,
옛날이야기로 싸움이 번지는 거죠.

노   감정이 꼬리를 물게 되는군요.

이   네. 남편은 조용히 넘어가자고 하지만, 저는 얘기를 끝까지 해야
풀리거든요. 말투도 달라요. 저는 직설적이고, 남편은 돌려 말하
니까 서로 말이 안 통한다고 느낄 때가 많았어요.

노   그 상황에서 변화가 생긴 계기가 있었을까요?

이   한 번은 크게 싸우고 며칠 동안 말을 안 한 적이 있어요. 그때 아이가 저한테 조용히 말했어요. "엄마 아빠가 싸우면 나도 너무 힘들어"라고요. 그 말에 정신이 번쩍 들었죠. 나의 방식만 고집할 게 아니구나 싶었어요.

노   그 후로 어떤 노력을 하셨나요?

이   서로의 방식이 다르다는 걸 인정하기로 했어요. 저는 감정을 한꺼번에 쏟지 않고 적어두고, 남편은 그걸 읽고 생각한 후 말로 답해주기도 하고요. 완전히 해결된 건 아니지만, 그래도 예전처럼 싸움이 격해지진 않아요.

노   마지막으로 부부 관계에 대해 느낀 점이 있다면요?

이   부부는 사랑만으로 사는 게 아니더라고요. 서로 다른 방식과 기억, 말투를 이해하려는 '의지'가 있어야 해요. 성격이 달라도, 마음을 맞추는 연습은 평생 해야 한다는 걸 요즘 배우고 있어요.

프리드리히 니체는 "가족은 때로 짐이며, 때로 구원이다. 그러나 우리는 그 관계 속에서 진짜 나를 만난다"고 말했다. 가족은 가장 가깝지만, 때로 가장 멀고 차가운 이름이 되기도 한다. 한국 가족대화 실태조사에 따르면, 부모와 자녀의 하루 평균 대화 시간은 평일 13분, 주말 21분에 불과하다(2023). OECD 평균이 하루 30분 이상인데, 한국은 그 절반 수준이다. 일주일 대화가 10분 미만인 가정도 18퍼센트나 된다. 우리 가족의 대화도 "밥 먹자", "다녀오겠습니다"가 전부였다. 말이 사라지니 사랑도 소리를 잃어갔다. 가족은 말하지 않아도 안다고 믿지만, 사실 더 말해야만 안다.

"요즘 어떻게 지내세요?"라는 짧은 한마디가 멀어진 마음을 잇고, 오래된 문을 열어준다. 특히 부부 관계는 가정의 중심이다. 남자와 여자는 사고방식과 감정 처리 방식이 다르다. 남자는 스트레스를 받으면 혼자 조용히 있고 싶어 하지만, 여자는 누군가에게 털어놓으며 공감받고 싶어 한다. 중요한 건 "왜 다를까"가 아니라 "어떻게 다를까"를 이해하는 태도다. 부부는 퍼즐처럼 처음엔 엇갈리지만, 시간을 들여 맞춰가며 하나의 그림을 완성한다. 부모와 자녀, 부부 모두 결국은 배우고 이해하며 맞춰가는 과정이다. 그 노력이 쌓일수록 가정은 화목해지고 따뜻한 안식처가 된다.

오늘의 체크 포인트

- ☐ 가족과의 관계는 원만한가?
- ☐ 배우자는 잘 소통되고 문제가 없는가?
- ☐ 서로의 안부를 묻는 전화를 얼마마다 하는가?

질문 뒤집기

배우자가 외계인으로 보일 때가 있는가?

오늘의 문장

"가족은 사랑하기 때문에 가까운 존재가 아니라, 사랑하려고 노력해야 가까워지는 존재다."

한 줄 메모

내 가족 중에 가장 소홀했던 한 사람을 써보자.

_____

갈등이 생기면
어떤 방식으로 풀어나가는가?

말보다 마음을 먼저 꺼낸 사람들

| **인터뷰 1** | 박은정 씨, 36세 _ 직장인

노   은정 씨, 팀원과의 갈등이 길어졌다고요.

박   네. 사실은 말실수 하나로 시작된 오해였어요. "쟤가 좀 예민한 거
       야"라고 넘기려 했지만, 협업도 흐트러지고 팀 분위기도 무거워
       졌죠.

노   '갈등'이라는 말이 어디서 유래된 건지 혹시 아세요?

박   음…… 이번엔 제가 조금 유식한 척해보겠습니다. 갈등葛藤에서
       '갈葛'은 칡을 뜻하고, '등藤'은 등나무를 의미하거든요. 둘 다 덩굴
       식물인데, 줄기가 길고 서로 얽히기 쉬운 특성이 있어요. 그래서
       칡과 등나무가 얽히고설켜 있는 모습을 사람들 사이의 복잡한 감
       정이나 이해관계 충돌에 빗대어 표현한 게 바로 '갈등'이라는 단
       어예요.

노 하하, 설명을 들으니 머리에 쥐가 날 것 같은데요…… 그렇게 잘 아시는 은정 씨는, 그럼 팀 안에서 갈등이 생겼을 땐 어떻게 풀었나요?

박 퇴근 후 카페에 앉아 조용히 메모장을 폈어요. '지금 이 갈등을 그냥 두면 어떤 결과가 생길까?' 그 질문에 제가 먼저 무너졌죠. 그래서 이렇게 메시지를 보냈어요. '나도 감정이 올라와서 말을 잘 못했어. 혹시 내 말이 상처가 되었다면 미안해.'

노 그 후로 관계는 어떻게 바뀌었나요?

박 하루, 이틀이 지나며 서로 말이 조금씩 트이기 시작했어요. 그리고 생각했죠. '갈등은 이겨야 할 싸움이 아니라, 풀어야 할 오해였구나.'

| 인터뷰 2 | 김미숙 씨, 68세 _ 시어머니

노 미숙 씨는 며느리와의 관계가 한동안 어려웠다고 들었습니다.

김 네, 갈등이라고 말하긴 뭐하지만…… 작은 오해들이 하나둘 쌓이면서 멀어졌죠. 처음엔 사소한 말투였어요. 제가 한 조언이 잔소리로 들렸던 것 같더라고요.

노 직접 이야기한 적은 없었나요?

김 서로 조심스러웠어요. 괜히 꺼냈다가 더 멀어질까 봐…… 그냥 피하고 참았죠. 그런데 어느 날, 손주가 저한테 그러더라고요. "할머니, 엄마가 할머니 미역국 진짜 맛있대요." 그 말이 마음에 남아서, 정성스레 미역국을 끓여서 며느리에게 직접 가져다줬죠.

노 며느리의 반응은 어땠나요?

김 고맙다고 하며 눈시울을 붉히더군요. "어머니의 마음을 오해했던 것 같아요"라고 하면서요. 저도 "나도 표현이 서툴렀어. 미안했어"라고 말했어요.

노 그날 이후 달라진 점이 있다면요?

김 예전엔 어색했던 카톡에 이모티콘도 오가고요, 명절 준비도 같이 해요. 알고 보면 갈등의 시작은 큰 게 아니라, 말 한마디의 뉘앙스나 눈빛이더라고요. 풀고 나니 별것도 아니었구나 싶어요. 중요한 건 마음을 여는 타이밍 같아요.

넬슨 만델라는 말했다. "원한을 품는 것은 자신이 독을 마시고 상대가 죽기를 바라는 것과 같다." 갈등 관계에 있으면 원한이 생길 수 있고, 그 원한은 독이 될 수 있다는 말이다. 갈등 앞에서 우리는 종종 감정을 앞세운다. 목소리를 높이고, 마음을 닫고, 말을 쏘아붙인다. 하지만 진짜 해결은 말을 던지기 전에 마음을 꺼내는 데서 시작된다. 갈등은 '이겨야 할 전쟁'이 아니라, '이해를 위한 대화'다. 말로 맞받기보다 차 한 잔을 먼저 건네는 여유가 갈등의 방향을 바꾼다.

심리학자 마셜 로젠버그는 갈등을 다룰 때 '폭력적 대화'와 '비폭력적 대화'를 구분한다. 우리가 흔히 쓰는 언어가 비판, 평가, 단정으로 흐를 때 갈등은 더욱 격화된다. 반면에 감정을 진솔하게 표현하고 상대의 입장을 들으려는 언어는 갈등을 협력으로 바꾸는 힘이 있다. 실제로 한 연구에 따르면, 갈등 상황에서 '공감적 경청'을 실천한 그룹은 그렇지 않은 그룹보다 60퍼센트 이상 높은 갈등 해결률을 보였다. 또한 커뮤니케이션 연구에서는 '갈등 후 대화의 질'이 관계의 지속 여부에 큰 영향을 미친다고 분석한다. 갈등을 어떻게 시작했는지가 아니라, 어떻게 마무리했는지가 관계의 미래를 결정한다는 것이다.

갈등은 피할 수 없는 삶의 일부지만, 어떻게 대하느냐에 따라 관계를 잃을 수도 있고, 더 단단해질 수도 있다. 진심을 꺼내는 순간, 대립은 대화로, 오해는 이해로 바뀐다. 지금 갈등으로 고민하고 있다면, 이렇게 스스로에게 물어보자. "나는 지금 이기려 하는가, 아니면 이해하려 하는가?" 그 질문 하나가 갈등의 결말을 바꿀 수 있다.

오늘의 체크 포인트

☐ 나는 최근 어떤 갈등을 경험했는가?

☐ 그 갈등 앞에서 나는 감정을 앞세웠는가, 이해하려 했는가?

☐ 나는 관계를 회복하는 말을 먼저 꺼내본 적이 있는가?

질문 뒤집기

과연 갈등 없는 세상이 있을까? 아, 있구나…… 공동묘지!

오늘의 문장

"갈등은 마음을 누가 먼저 열 수 있느냐의 문제다. 말을 이기는 것이
아니라, 관계를 지키는 것이 해답이다."

한 줄 메모

갈등의 순간, 내가 가장 먼저 떠올려야 할 질문 한 줄을 써보자.

 _____

말은 관계의 시작이자
끝이라는 걸 아는가?

말은 다리를 놓기도 하고, 벽을 세우기도 한다

| 인터뷰 1 | **오상민 씨, 35세** _ 프리랜서 강사

노   상민 씨는 결혼 초에 큰 위기를 겪으셨다고요?

오   네. 결혼한 지 며칠 안 되어 아내가 집에서 넘어졌는데, 제가 무심
     코 "아, 멍청하긴……" 하고 내뱉었습니다. 농담처럼 던진 말이었
     지만, 아내의 얼굴이 딱딱하게 굳어버리더군요.

노   그 한마디가 아내에게 큰 상처가 되었군요.

오   맞습니다. 아내는 "평생을 함께할 사람이 존중하지 않는다"고 느
     낀 거예요. 저는 그냥 습관처럼 한 말인데, 아내는 무시와 경멸로
     받아들인 거죠. 그날 이후 며칠 동안 서로 거의 말을 하지 않았습
     니다. 자칫하면 결혼 생활이 시작과 동시에 끝날 뻔했어요.

노   어떻게 넘기셨나요?

오   솔직히 말하면, 제가 먼저 잘못을 인정하지 않았더라면 상황이 더

악화되었을 겁니다. 아내에게 사과하고, 다시는 그런 식의 농담을 하지 않겠다고 다짐했어요. 그제야 겨우 관계가 회복되었습니다. 말 한마디가 얼마나 위험한지 절감한 순간이었죠.

노　큰일 날 뻔하셨습니다. 실제로 외국의 한 신혼부부도 상민 씨와 비슷한 상황을 겪고, 결국 사흘 만에 이혼했다고 합니다. 가까운 사람일수록 작은 말과 행동에 더 크게 상처받고, 그 상처는 오래도록 깊게 남지요. 그래서 더더욱 말조심이 필요합니다. 두 분, 서로 아껴주며 행복하게 잘 지내시길 바랍니다.

｜ 인터뷰 2 ｜ 이선영 씨, 41세 _ 직장인

노　선영 씨는 최근 큰일을 겪으셨다고 들었습니다.

이　네. 친한 지인에게 속아 1억 원을 사기 당했습니다. 몇 년간 모은 돈이었는데, 그 충격은 이루 말할 수 없었죠. 며칠 동안 잠도 제대로 자지 못했고, 사람을 믿을 수 없을 것 같았습니다.

노　주변에서 많이 위로해주지 않았나요?

이　위로해주려고 찾아온 분들이 있었어요. 그런데 어떤 분은 "힘내요,

화이팅!", "돈 잃은 게 뭐 죽을 일이라고…… 나는 더 잃어봤어." 이
렇게 말하더군요. 그 말에 오히려 제 마음이 더 무너졌습니다.

노   상처가 된 말이군요.

이   네. 제 상실감을 가볍게 치부하는 것처럼 느껴졌어요. 그런데 반
     대로, 한 친구는 아무 말도 하지 않고 제 곁에 앉아 있기만 했습니
     다. 커피 한 잔 건네주고, 그냥 함께 있어 줬죠. 그 침묵이 가장 큰
     위로였습니다.

노   결국 위로의 본질은 '같이 머무는 것'일까요?

이   맞아요. 한 박자 늦더라도, 상대의 감정 속으로 들어가 함께 비를
     맞아주는 것이 진짜 위로입니다. 말이 많을 필요는 없다는 걸 배
     웠습니다.

  경우에 딱 맞는 말을 한다는 것은 생각보다 훨씬 어렵다. 똑같은 말이
라도 상황에 따라 다르게, 그리고 조심스럽게 해야 한다. 한마디 잘못하
면 말 때문에 원수가 되기도 한다. "경우에 닿는 말은 은쟁반에 담긴 황
금사과다"(「잠언」 25장 11절)라는 성경 구절이 있다. 은쟁반은 귀한 손님을
대접할 때 쓰는 최고의 그릇을 뜻하고, 황금사과는 매우 귀하고 아름다운
장식품을 의미한다. 이 둘의 조합은 극도로 세련되고 값진 선물을 상징한
다. 즉 때와 상황에 꼭 맞게 건네는 말은 보기에도 아름답고 가치가 있으
며, 듣는 사람의 마음에 기쁨과 감동을 준다는 뜻이다. 우리가 하는 말이
이렇게 은쟁반 위의 황금사과처럼 될 수 있다면 얼마나 좋을까.

여기서 생각만 해도 부끄럽고 죄송한 고백 하나를 하고 싶다. 직업의 특성상 가끔 텔레비전에 출연할 일이 있는데, 어느 날 공영방송의 아주 유명한 프로그램에서 특강을 하게 되었다. 그것도 아침 생방송이었다. 그래서 더 조심하고 더 성심껏 강연을 마쳤다. 박수도 많이 받았고, 기분 좋게 방송국을 떠나 집으로 향하고 있었다. 그런데 얼마 지나지 않아 방송국에서 전화가 걸려왔다. "문제가 생겼다"는 이야기였다. 강연 중 이야기를 좀 더 재미있게 하려고 칠판에 그림을 그리며 '사시斜視'를 '사팔뜨기'라고 표현했는데, 사시 장애를 가진 한 시청자가 그 말에 상처를 받았다고 거세게 항의했다는 것이다. 그 순간 머리가 띵했다. 무심결에 한 말이 누군가에게는 깊은 상처가 될 수 있다는 사실을 그때 다시금 깨달았다. 너무 죄송한 마음에 직접 그 시청자에게 전화를 걸어 정중히 사과를 드렸다. 지금도 그날을 떠올리면 얼굴이 화끈거린다. 백만 명이 박수를 치는 말이라도, 단 한 사람의 마음을 아프게 한다면 그 말은 결코 좋은 말이 아니다. 진짜 '잘한 말'은 많은 사람을 기쁘게 하는 말이 아니라, 누구의 마음에도 상처를 남기지 않는 말이다.

　말은 '아' 다르고 '어' 다르다. 말 한마디로 사람을 살리기도 하고 죽이기도 한다. 칼로 입은 상처는 일주일이면 낫지만, 말로 생긴 상처는 언제 아물지 모른다. 글씨는 잘못 쓰면 고치면 되지만, 말은 한번 내뱉으면 다시 주워 담을 수 없다. 그러니 조심하고 또 조심해야 한다. 위로하는 자리에서도 너무 급하게 말을 쏟아내지 말자. 오히려 침묵하며 손을 잡아주는 것이 더 깊은 위로가 될 때가 있다. 우산을 건네기보다는 함께 비를 맞아주는 것이 더 따뜻한 위로가 될 때도 있다. 말을 많이 한다고 위로가 되는 것은 아니다. 관계는 말로 시작되고, 말로 무너진다. 말은 관계의 시작이자 끝이다.

오늘의 체크 포인트

☐ 무심코 내뱉는 말속에 무시와 경멸이 숨어 있지는 않은가?

☐ 말이 관계에서 얼마나 중요한 것인지 인식했는가?

☐ 성급한 위로로 상대의 상처를 더 깊게 만들지는 않았는가?

질문 뒤집기

나는 위로해야 할 순간에 성급히 "힘내라, 파이팅! 아무것도 아니야"
라는 말로, 오히려 상대의 감정을 짓밟은 건 아닐까?

오늘의 문장

"위로란 해결책이 아니라 함께 비를 맞아주는 일이다. 말은 관계의
시작과 끝을 결정한다."

한 줄 메모

주변에 내가 위로의 말을 해줄 사람이 있는가?

❝ _____ ❞

얼마나 참아야 하며,
어디까지 용서해야 할까?

용서의 경계에서 서성이는 사람들

| 인터뷰 1 | **김옥선 씨, 44세** _ 어린이집 교사

노 옥선 씨는 남편의 반복된 거짓말로 힘든 시간을 겪으셨다고요.

김 네. 작은 거짓말이 반복되다 보니 신뢰가 무너졌어요. "미안해, 다시는 안 그럴게"라는 말도 어느 순간부터 믿기 힘들었죠.

노 그럼에도 관계를 이어가신 이유는요?

김 아이들이죠. 그리고 마음속에서 이런 질문이 들렸어요. '정말 끝낼 준비가 되었나?' 아직 아니었기에, 한 번은 더 믿어보기로 했습니다.

노 그 이후 변화가 있었나요?

김 남편도 진심으로 노력했어요. 함께 부부 상담도 받았고요. 완벽하진 않지만, 예전과는 분명 달라졌어요.

노 그 과정에서 가장 어려웠던 점은요?

김 거짓말도 습관이라고 하잖아요. 남편의 거짓말이 언제 또다시 시작될지 모른다는 불안이 있어요. 어디까지 받아들이고 용서해야 할지 모르겠어요.

| 인터뷰 2 | **장은서 씨, 51세** _ 중학교 교사

노 은서 씨는 아버지의 외도를 경험했다고요.

장 네. 어릴 적에 알게 되었고, 가족 모두가 깊은 상처를 안고 살았죠. 어머니는 참고 사셨지만, 저는 아버지를 계속 미워했어요.

노 그 감정은 지금도 이어지고 있나요?

장 아니요. 어느 날 문득 이런 생각이 들었어요. '이 미움이 나를 좀먹고 있구나.' 아버지는 나이가 드시고, 기억도 흐려졌는데, 나만 아직도 그 자리에 있는 것 같았어요.

노 그래서 어떤 선택을 하셨나요?

장 먼저 다가갔어요. 커피 한잔 하자고. 아버지는 아무 말 없이 웃으

셨고, 그 모습이 제 안의 벽을 조금 허물었어요.

노   지금은 어떤 마음이세요?

장   아직도 완전히 용서했다고는 말 못 해요. 하지만 '그럼에도 불구하고 이해해보자'고 결심한 그날부터 제 마음도 훨씬 편해졌어요.

　용서에는 경계가 없다. "어디까지 참아야 하지?", "이 정도면 손해 아닌가?", "다시 상처받으면 어쩌지?" 이런 질문에서 용서는 시작된다. 많은 사람은 용서를 타인을 위한 희생이나 자존심을 굽히는 일로 오해한다. 그러나 진실은 그 반대다. 용서는 나 자신을 위한 선택이다. 상처에 머물러 있는 동안 미움과 분노는 곪아서 내 삶을 잠식한다. 상처가 많은 사람일수록 자기도 모르게 다른 사람을 더 쉽게 다치게 한다. 그러므로 먼저 내 안의 상처부터 치유해야 한다.

　용서가 어려운 이유는, 그 기억을 다시 직면해야 하기 때문이다. 그러나 용서는 잊는 것도, 외면하는 것도 아니다. 아픔을 정면으로 통과해내는 것이다. 그래서 용기 없이는 불가능하다. 오직 그 용기를 통해서만 과거로부터 자유로워질 수 있다. 용서는 건강한 내일로 가는 다리다. 용서하지 못하면 마음의 감옥에 갇혀 매일을 살아야 한다. 용서는 그 문을 여는 열쇠이며, 약자의 굴복이 아니라 강한 자만이 할 수 있는 자유의 선택이다.

　영화 「밀양」을 보면, 한 여인이 자신의 아들을 잔혹하게 죽인 범인을 찾아간다. 그런데 그 범인은 감옥에서 기독교를 믿게 되었고, "이제는 하나님께 용서받았다"고 담담히 말한다. 그 말을 들은 여인은 충격과 분노

속에 오열한다. 그것은 진정한 용서가 아니기 때문이다. 신의 용서를 말하기 전에, 먼저 상처받은 사람에게 용서를 구해야 한다. 인간 사이의 용서 없이 신의 용서를 말하는 것은, 회개가 아니라 자기 합리화에 가깝다. 사람에게 받은 상처는 결국 사람을 통해서만 치유된다.

용서란 단순히 한 사건을 끝내는 행위가 아니라, 상처 입은 자신과 다시 마주하고 세상을 새롭게 바라보는 과정이다. 겉으로 표현하는 용서와 마음 깊은 곳에서 이루어지는 '완전한 용서'는 전혀 다른 차원이다. 완전한 용서는 말처럼 쉽지 않다. 마음 한켠에 티끌만큼의 원한이나 미움의 잔재가 남아 있는 한 우리는 아직 완전히 용서한 것이 아니다. 그러나 지금 우리가 하는 용서의 시도들은 그 '완전한 용서'를 향해 조금씩 다가가는 여정일지도 모른다. "원수를 사랑하라"는 말이 그저 상투적인 가르침이 아니라 내 마음 깊은 곳에서 떨리며 와닿을 때 그제야 '완전한 용서'가 무엇인지 어렴풋이 깨닫게 된다. 그때 비로소 용서는 미움의 반대가 아니라, 상처를 품은 채 사랑으로 나아가는 또 하나의 기적임을 알게 된다.

오늘의 체크 포인트

☐ 아직도 용서하지 못한 사람이 있는가?

☐ 내가 찾아가서 용서받아야 할 사람이 있는가?

☐ 사람에게 받은 상처를 사람으로 풀고 있는가?

질문 뒤집기

진심으로 원수를 사랑할 수 있겠는가?

오늘의 문장

"용서는 끝없는 인내가 아니라 내 삶을 다시 시작하게 해주는 가장
용기 있는 선택이다."

한 줄 메모

내가 '그럼에도 불구하고' 이해해보고 싶은 사람을 한 명 떠올려보자.

 _____

Question 28

남의 성공을
진심으로 도운 적이 있는가?

경쟁보다 응원을 선택한 사람들

| 인터뷰 1 | **이동은 씨, 34세 _ 스타트업 기획자**

노　동은 씨는 치열한 스타트업 업계에서 일하고 계시죠?

이　네, 하루가 다르게 경쟁자가 늘어나는 환경이에요. 예전에 같은 분야에서 비슷한 시기에 시작한 동료가 있었는데, 그 친구가 저보다 훨씬 빨리 투자 유치에 성공했어요. 솔직히 말하면, 축하보다 먼저 질투가 치밀더라고요.

노　그 감정을 어떻게 다루셨어요?

이　처음엔 연락도 피했어요. '나는 뭐 하고 있나' 하는 자괴감이 컸죠. 그런데 어느 날 그 친구가 저한테 연락해서 "동은아, 네가 전에 해준 조언 덕분에 발표 자료를 다듬을 수 있었어"라고 하더군요. 그 순간 머리를 한 대 맞은 느낌이었어요. 내가 준 작은 도움도 누군가에겐 큰 힘이 될 수 있다는 걸 깨달았죠.

노　　그 후로 관계가 달라졌나요?

이　　네. 마음을 바꾸고 적극적으로 그 친구의 발표 리허설을 봐주며, 제 인맥을 연결해줬어요. 신기하게도, 그 과정에서 제 프로젝트에 도 새로운 기회가 생겼고요.

노　　그 경험에서 얻은 건 뭔가요?

이　　누군가를 진심으로 돕는 건 결국 나를 돕는 일이더라고요. 질투는 금방 사라지지만, 응원은 오래 남습니다. 그때 이후로 저는 '경쟁자' 대신 '함께 성장할 동반자'라는 시선으로 사람을 보려고 합니다.

| 인터뷰 2 | 정유빈 씨, 31세 _ 스타트업 마케터

노　　유빈 씨는 사내 공모전에서 본선까지 올라갔다고요.

정　　네, 딱 두 명이 결승에 올랐는데…… 하필이면 친한 동료와 저였 어요.

노　　와, 정말 미묘한 상황이네요.

정 둘 다 피가 말랐죠. 그런데 그 친구가 갑자기 "너 발표 자료에 이이미지 넣으면 더 감동적일 거야"라며 제 발표 자료를 도와주더라고요.

노 보통은 자기 거 준비하기도 바쁠 텐데요?

정 그래서 저도 "너 그 결론 멘트 좀 약해. 내가 멘트 한 줄 짜줄게"하고 서로 도와줬어요.

노 결과는 어떻게 됐나요?

정 결론이요? 둘 다 떨어졌어요. 발표 중에 전기가 나가서! (웃음)

노 어이쿠! 그럼 그 뒤로 어떻게 됐나요?

정 그 일 덕분에 저희 둘이 진짜 찐친이 됐고요. 지금은 같이 창업 준비를 하고 있어요. 공모전은 망했지만, 인생 팀메이트는 얻었죠.

남의 잘됨보다 잘못됨을 즐기는 사람이 있다. 단테의 『신곡』에는 "나는 내 행복보다 다른 이의 비통함을 즐겼다"는 구절이 나온다. 솔직한 인간 심리일지 모른다. 그러나 남의 성공을 진심으로 축하하고 돕는다면 이보다 큰 사람은 없다. 남을 돕다보면 내 성장과 성공도 가까워진다. 문제를 함께 해결하며 실력이 쌓이고, 좋은 에너지는 돌고 돈다. 사람들은 함께 성공하고 싶은 이를 기억하고, 그런 사람에게 기회가 따른다. 그래서 진짜 성공한 이들은 대개 남을 끌어올린 경험이 많다. 혼자 오르면 외롭지만, 함께 오르면 덜 힘들고 더 빨라진다.

러시아의 사상가 크로폿킨은 다윈의 '적자생존'에 맞서 '상호부조론'

을 제시했다. 펭귄이 서로 체온을 나누고, 늑대가 먹이를 공유하며, 시베리아 공동체가 곡식을 나누듯, 협력이야말로 생존과 진화의 힘이라는 것이다. "강한 자가 아니라, 서로 돕는 자가 살아남는다." 남의 성공을 돕는 것은 곧 나를 돕는 일이다. 주변을 쓰레기장으로 만들면 나도 그 속에 묻히고, 꽃밭으로 만들면 나도 향기를 낸다. 멀리 가려면 함께 가야 하고, 큰 일을 하려면 함께해야 한다.

오늘의 체크 포인트

☐ 가까운 사람이 성공했을 때 기분이 어떠했는가?

☐ 경쟁보다는 협력과 지지를 선택한 적이 있는가?

☐ 지금 내가 도울 수 있는 사람이 떠오르는가?

질문 뒤집기

왜 배고픈 것은 견뎌도 배 아픈 것은 견디지 못할까?

오늘의 문장

"남의 성공을 도우면 나의 성공도 빨라진다."

한 줄 메모

누구의 성공을 도와준 적이 있는가? 하나만 적어보자.

_____

우리는 이 장에서 '관계가 나를 만든다'는 말의 의미를 되새겼다. 관계는 큰 기쁨이 되기도 하지만, 때로는 깊은 상처의 원인이 되기도 한다. 그러나 분명한 건 우리는 외로움 속에서도 사람을 통해 위로받고, 성장하고, 다시 사랑을 배운다는 것이다. 사람은 사람으로 인해 깨어지기도 하지만, 그보다 더 깊이 사람을 통해 치유되는 존재임을 이 장을 통해 확인했다.

이제 다음 장으로 걸음을 옮긴다. 이번 주제는 '매일을 선택하는 힘'이다. 누구에게나 똑같이 주어지는 24시간이지만, 그 시간 안에서 어떤 선택을 하느냐에 따라 삶은 전혀 다른 방향으로 흘러간다. 시간은 흘러가지만, 선택은 남는다. 그리고 그 선택들이 우리의 하루를 만들고, 삶을 이루며, 결국 나 자신을 완성해간다.

삶은 거창한 결정보다 매일의 작고 사소한 선택으로 이루어진다. 그 선택을 돌아보게 해주는 질문은, 우리 인생의 방향키를 다시 손에 쥐게 해줄 것이다.

제5장

매일을 선택하는 힘

선택과 순간들이 만들어가는 내 인생

우리는 시간을 살아간다고 생각하지만, 사실은 시간이 우리를 조용히 살아내게 한다. 아침에 내리는 작은 선택 하나, 놓쳐버린 짧은 기회 하나, 망설임 끝에 내딛는 한 걸음이 생각보다 먼 미래를 만든다. 삶은 거대한 사건이 아니라, 작은 순간들의 집합이다. 하루하루 쌓이는 선택들이 조금씩 나를 빚어간다. 그래서 시간은 그냥 흘러가는 것이 아니라, 어떻게 살아내느냐에 따라 그 모양이 달라진다. 오늘을 무심히 흘려보내지 말자. 서두르거나 후회만 하지 말자. 이 순간을 사랑하고, 이 선택을 소중히 여길 때, 시간은 비로소 당신 편이 되어줄 것이다.

한순간의 선택이
오래도록 후회로 남은 적이 있는가?

그 후회와 배움의 기록

| 이웃 1 | **이현우 씨, 55세 _ 퇴직자**

현우 씨는 퇴직 후, 새로운 삶을 설계하려던 참이었다. 어느 날 오랜만에 만난 지인이 말했다.

"형, 요즘 진짜 핫한 플랫폼 있는데, 한 번만 들어봐요. 누가 추천인으로 가입하면 포인트가 쌓이고, 그 포인트로 생필품을 30퍼센트 할인해서 사고, 매달 100만 원씩도 받을 수 있어요. VIP 되면 월 500도 가능하고요!"

처음엔 반신반의했지만, 지인의 확신에 흔들렸다.

"형, 나도 벌써 몇 달째 잘 받고 있어요. 걱정 말아요. 이번 기회 놓치면 후회해요."

그 말에, 그는 가입비 300만 원을 냈다. 처음 몇 달은 진짜로 매달 100만 원씩 들어왔고, 싸게 산 물건도 꽤 괜찮았다. '이게 진짜였구나'

싶은 순간, VIP가 되면 수익이 더 크다는 말에 은행에서 대출까지 받아 5천만 원을 추가로 넣었다.

하지만 그 무렵부터 플랫폼이 이상해지기 시작했다. 앱이 자꾸 오류가 나고, 고객센터도 연결이 되지 않았다. 며칠 후 뉴스에서 들려온 말에 현우 씨는 충격에 빠졌다.

"○○ 플랫폼 운영자, 1조 원대 불법다단계 사기로 구속."

그는 온몸이 얼어붙어버린 것 같았다. 자신의 이름, 계좌, 모든 신상이 그곳에 들어 있었고, 돈은 이미 사라진 뒤였다.

"돈보다 더 큰 충격은…… '내가 이걸 믿었다는 사실'이었어요. 스스로가 너무 한심하게 느껴졌죠."

게다가 주변의 몇몇 지인에게도 추천한 터라 죄책감까지 밀려왔다.

"한 번의 선택이 이렇게 무거운 결과를 남기더군요. 그때 단 한 번만 더 생각했더라면, 단 10분만 검색했더라면……."

지금 그는 피해자 모임에서 사람들에게 이런 말을 자주 한다.

"정보보다 중요한 것은, 불안할수록 천천히 생각하는 겁니다. 내가 흔들릴수록 멈추는 용기가 더 필요한 때예요."

그는 한순간의 선택이 남긴 깊은 여운을 이렇게 정리했다.

"아무리 좋은 기회라도, 질문 없이 덥석 물면…… 그건 기회가 아니라 함정일 수도 있습니다."

| 이웃 2 | 노유은 어린이, 5세 _ 유치원생

어느 날, 다섯 살 손녀와 할머니가 손을 잡고 동네 편의점에 들렀다.

할머니는 "장난감 하나만 골라야 해. 두 개는 안 돼" 하고 단단히 못을 박았다. 손녀는 장난감 코너 앞에서 목욕하는 인형을 보고는 만졌다 놓았다를 반복했다. 한 번의 선택이 오래 후회로 남을지도 모른다는 걸 느낀 듯, 다른 코너로 발길을 돌렸다. 그리고 마침내 병원 놀이 세트를 집어 들었다. "이거 할래요" 하며 계산대로 가져오는 모습이 어찌나 귀엽던지, 할머니도 흐뭇한 미소로 고개를 끄덕였다.

그런데 계산이 끝나자, 손녀가 갑자기 말했다.

"할머니, 이제 할머니가 갖고 싶은 장난감도 하나 골라요."

"응? 할머니는 장난감 안 사도 돼."

"아니에요. 할머니도 하나 가져요. 그리고…… 그거, 저한테 주세요."

잠시 멈칫하던 할머니는 웃음을 터뜨리고 말았다. 결국 할머니는 '자신을 위한' 장난감 하나를 더 사서 손녀에게 건네주었다. 당연히 목욕하는 인형이었다. 그날 손녀는 약속을 어기지 않고, 동시에 원하는 장난감 두 개를 손에 넣었다.

우리는 매일 수많은 선택 앞에 선다. 아침에 어떤 옷을 입을지, 점심에 무엇을 먹을지 같은 사소한 선택에서부터, 진로를 어떻게 정할지, 누구와 결혼할지, 은퇴 후 무엇을 할지 같은 인생을 좌우하는 선택까지, 삶은 끊임없는 갈림길로 이루어져 있다. 문제는 '옳은 선택'을 하기보다 '후회 없는 선택'을 하는 것이 훨씬 어렵다는 점이다. 어떤 길을 택하든 또 다른 길을 포기해야 한다. 더 좋은 기회가 있지 않을까 하는 불안, 혹은 잘못된 선택으로 인생이 꼬일지도 모른다는 두려움 때문에 우리는 망설이고 지쳐간다. 이것이 바로 선택의 딜레마다.

철학자 사르트르는 인간을 "자유에 의해 저주받은 존재"라고 말했다. 자유롭게 선택할 수 있지만, 동시에 그 결과에 대한 책임도 고스란히 짊어져야 하기 때문이다. 아담이 선악과를 따 먹은 것도 그와 같은 맥락이다. 그래서 선택은 자유이자 짐이고, 가능성이자 불안이다.

내 인생을 돌아보면 수많은 선택들이 있었다. 그중에는 정말 잘한 선택도 있었지만, 지금 떠올려도 얼굴이 뜨거워지고 후회되는 선택도 있었다. 모든 선택이 옳았던 것은 아니다. 그 당시에는 여러 상황을 고려해 최선을 다해 판단했다고 생각했지만, 시간이 지나 돌아보면 잘못된 선택도 적지 않았다. 문제는 그 순간 아무리 신중하게 결정한다고 해도, 결과를 온전히 예측할 수 없다는 데 있다. 그래서 선택은 늘 어렵다.

사람들은 대체로 인생의 세 가지 큰 선택을 직업, 배우자, 그리고 신앙이라고 말한다. 이 세 가지는 인생의 방향을 좌우하기 때문에 더욱 신중해야 한다. 물론 시대가 변하면서 트렌드도 달라졌다. 직업도 바꿀 수 있고,

신앙도 바꿀 수 있으며, 심지어 배우자조차 바꾸는 시대가 되었다. 하지만 나의 경우는 조금 달랐다. 직업은 여러 번 바뀌었고, 신앙도 몇 번의 변화를 겪었다. 그러나 단 한 가지, 배우자만은 변함이 없었다. 내 인생에서 가장 잘한 선택이 바로 그것이었기 때문이다.

오늘의 체크 포인트

☐ 나는 지금까지 어떤 선택을 가장 후회하고 있는가?

☐ 그 선택의 순간, 나는 감정과 이성 중 무엇에 끌렸는가?

☐ 앞으로 중요한 선택 앞에서 어떤 기준을 세울까?

질문 뒤집기

후회 없는 선택이 있을까?

오늘의 문장

"후회는 선택의 흔적이다. 그 흔적이 나를 깊어지게 만든다면, 후회
도 인생의 자산이 된다."

한 줄 메모

내가 평생 간직하고 싶지 않은 후회의 순간은 언제인가?

너무 지나치게 앞일을
걱정하지는 않는가?

아직 오지 않은 내일에 빼앗긴 마음

| 이웃1 | **김서윤 씨, 38세** _ 직장인

그녀는 아직도 '그날'의 초음파 기계 소리를 기억한다. 3년 전 건강검진에서 '유방 섬유선종'이라는 단어를 들었을 때, 의사의 설명은 들리지 않았다. "양성이라 괜찮습니다"라는 말보다 '혹이나 암으로 발전할 수 있는 가능성' '정기 추적관찰' 같은 단어가 머릿속을 휘돌았다.

그날 이후 그녀의 일상은 변했다. 샤워 중 손에 걸리는 가슴의 작은 멍울, 옷에 스치기만 해도 민감해지는 감각. 밤마다 누운 채로 스마트폰을 붙잡고 검색했다. '섬유선종 암 전환 사례' '유방암 초기 증상' '암 걸린 사람 특징' 관련 커뮤니티에 가입하고, 실제 환자들의 후기까지 모조리 읽곤 했다.

한 달쯤 지나고 나서였다. 그녀는 생리주기가 늦어진 걸 느꼈고, 그 이유를 또 '암 때문일 수 있다'는 결론으로 몰고 갔다. 머리가 아프고, 체중은 빠지고, 회사 일에 대한 집중도도 떨어졌다. '정말 암일 수도 있어'라는 생각은 현실보다 강력한 '삶의 설정'이 되어버렸다. 그러던 어느 날, 재검진을 위해 찾아간 병원에서 의사가 말했다.

"지난번과 달라진 것이 없습니다. 괜찮아요. 1년 뒤에 다시 오세요."

그 말을 듣는 순간, 서윤 씨는 안도의 한숨을 내쉬었다. 하지만 약발도 딱 일주일이다. 또다시 불안이 밀려왔다.

"혹시 그 사이에 상태가 나빠지면 어떡하지…… 죽으면?"

| 이웃 2 | 김민정 씨, 66세 _퇴직한 주부

민정 씨는 늘 '앞날'을 걱정하며 살아왔다. 10년 후를 미리 걱정하는 습관이 있었다. 20대에는 첫 직장을 얻고도 즐겁지 않았다. "이 회사에서 언제 잘릴까, 내 나이는 금방 서른이 될 텐데……"라는 걱정뿐이었다. 친구들이 여행을 다닐 때도 그녀는 "내일 출근길에 무슨 실수를 할까"라며 불안해했다.

30대에는 결혼과 육아가 겹치자 더 무거워졌다. 회사에서 자리를 지키는 동안 아이는 누구와 있는지, 다른 엄마들은 무얼 준비하는지, 단체방을 뒤지며 늘 초조해했다. 다른 사람의 성취가 곧 자신의 부족처럼 느껴졌다.

40대가 되자 본격적으로 교육비와 노후 문제가 겹쳤다. TV에서 '문과는 취업이 어렵다'는 기사 제목 하나만 봐도 심장이 덜컥 내려앉았다. 고등학교, 대학교, 취업…… 아이의 미래를 떠올리면 온몸이 긴장되었다. 50대 동료들의 이야기는 더 무거웠다. 우울증으로 회사를 그만두거나, 자살 소식이 들려올 때마다 '나도 저렇게 되지 않을까' 하는 두려움이 엄습했다. 이렇게 늘 10년, 20년 앞날을 걱정하며 살다 보니 정작 현재는 늘 놓치고 있었다.

60대 중반의 민정 씨는 말한다.

"걱정만 하다가 좋은 시절을 다 보내버렸어요. 다시는 돌아오지 않을 시간인데, 너무 아쉽고 안타깝습니다. 조금만 더 일찍 알았더라면, 그때도 충분히 행복할 수 있었을 텐데요. 그런데 저는 마치 눈썹 빼고는 다 아픈 사람처럼 미래만 걱정하며 살았습니다. 하지만 아직 늦지 않았어요. 지금 이 나이를 즐길 겁니다. 70대가 되면요? 괜찮습니다. 이제는 미리 걱정 안 합니다. 그 나이가 되면 또 그 나이만의 좋은 점이 분명히 있을 테니까요."

천 석 가진 자는 천 가지 걱정이 있고, 만 석 가진 자는 만 가지 걱정이 있다. 재산이 늘수록 근심도 불어나고, 예쁜 얼굴일수록 세월 따라 손볼 일이 많아진다. 우리는 하루에도 수십 번 걱정한다. 건강, 돈, 인간관계, 미래, 심지어 일어나지 않은 일까지.

그러나 펜실베이니아 대학교 로버트 L. 리히 교수의 연구에 따르면, 걱정의 85퍼센트는 실제로 일어나지 않았고, 나머지 15퍼센트 중 79퍼센트는 감당 가능한 수준이었다. 결국 해결 불가능한 사건은 전체의 3퍼센트에 불과했다. 지나친 걱정은 미래의 불확실성을 현재의 고통으로 바꾸는 자기 고문이다. '걱정 중독'이라는 말도 있는데, 이는 환경을 통제하지 못하는 상황에서 걱정을 습관화해 마치 뭔가 하고 있다는 착각에 빠지는 심리다.

누구나 미리 걱정하는 순간이 있다. 나 역시 그런 경험이 있었다. 아내가 악성 암에 걸렸을 때, 혹시 떠나버리면 나는 어떻게 살아가야 할까 하는 두려움에 오랫동안 잠을 이룰 수 없었다. 또 한 번은 내가 전립선 이상으로 암 검사를 받던 날, 결과가 나올 때까지 불안에 눌려 밤새 뒤척이며 한숨도 자지 못했다. 마음을 다잡고 걱정을 떨쳐내려 했지만 소용없었다. 걱정은 꼬리를 물고 이어졌고, 끝내는 그 걱정이 나를 삼켜버렸다. 이런 경험들은 내게 큰 깨달음을 주었다.

"미리 걱정하는 것은 불안만 키울 뿐, 현실의 문제를 바꾸지 못한다."

아직 오지 않은 일을 두고 미리 걱정하지는 말자. 걱정은 문제를 해결해주지 못하고, 오히려 마음만 무겁게 만들 뿐이다.

오늘의 체크 포인트

☐ 나는 지금 무엇을 '지나치게' 걱정하고 있는가?

- -

☐ 그 걱정이 실제로 일어날 확률은 얼마나 되는가?

- -

☐ 혹시 걱정을 가불하고 있지는 않은가?

질문 뒤집기

걱정 없이 살아간다면, 그게 정말 사람일까?

오늘의 문장

"걱정은 미래를 바꿔주지 못하지만, 현재를 앗아가기는 충분하다."

한 줄 메모

요즘 내가 자주 걱정하는 '미래의 일' 하나와 그 걱정이 실제로 일어
날 확률을 써보자.

• 걱정하는 일: _____

• 예상 확률(내 생각): _____ 퍼센트

지금 나는 정말 중요한 일에 집중하고 있는가?

삶의 우선순위로 결정되는 나의 인생

|이웃1| **이하늘 씨, 29세** _ 대학원생

하늘 씨는 오늘 반드시 해야 할 일 1순위를 딱 하나로 정했다.

"논문 초안 제출!"

그래서 아침 8시, 도서관에 앉자마자 다짐했다.

"오늘은 카톡도 안 하고, 인스타도 안 보고, 오직 논문만!"

10분 후.

커피 한잔은 필요하겠지 싶어 카페에 갔다. 줄이 좀 길었다. 기다리는 동안 휴대폰을 꺼냈다. 인스타를 딱 3초만 보려다 'MBTI로 보는 논문 쓰기 스타일' 릴스를 보게 되었고, 그 밑에 댓글이 너무 웃겨서 킬킬거리다 보니 35분이 지났다. 자리로 돌아오려는데 갑자기 배가 고파서 편의점에 들렀고, 컵라면을 먹고 들어오니 어느덧 오전 11시 50분이었다. 잠시 눈을 붙이자고 했던 낮잠이었는데, 깨어보니 오후 2시. 급히 노트북을 켰지만, 갑자기 생각났다.

"아, 이참에 폴더 정리부터 좀 해야지……."

결국 그날 쓴 논문은 '서론입니다'라는 단 다섯 글자였다.

| 이웃 2 | 이규현 군, 17세 _ 고등학생

규현 군은 중간고사를 며칠 앞두고, "어차피 다 풀 거니까 순서는 상관없다"며 책상 위 문제집을 아무 순서 없이 펼쳤다. 눈에 익은 쉬운 문제부터 손이 갔고, 재미있게 풀다 보니 시간이 훌쩍 지나갔다. 가장 배점이 높은 단원과 어려운 문제들은 '나중에'로 미뤄두었다.

시험 당일, 그는 정작 고득점이 걸린 문제에서 펜을 멈췄다. 한 번도 제대로 풀어본 적이 없는 유형이었다. 아는 문제는 시간에 쫓겨 대충 찍었고, 모르는 문제는 그대로 빈칸으로 남았다. 마치 경기 막판, 결승골 찬스를 앞에 두고 공을 차지 못하는 선수 같았다.

성적표를 받아 든 규현 군은 씁쓸하게 말했다.

"시험은 순서 싸움입니다. 우선순위를 놓치면 노력한 시간도 점수로 이어지지 않습니다."

우리는 매일 수많은 선택을 한다. 작은 일부터 큰일의 결정까지, 그 순서가 곧 삶의 방향이 된다. 그렇다면 어떻게 우선순위를 정할 수 있을까? 시간 관리 도구인 아이젠하워 매트릭스는 일을 '중요한가, 긴급한가'라는 두 기준으로 나누어 판단한다.

① 중요하고 긴급한 일: 즉시 해야 한다. 마감이 임박한 과제나 응급 상황처럼 미루면 큰 문제가 된다.
② 중요하지만 긴급하지 않은 일: 시간을 정해 계획적으로 해야 한다. 건강관리, 자기 계발처럼 당장 급하지는 않지만 꼭 필요한 일이다.
③ 긴급하지만 중요하지 않은 일: 가능하면 위임한다. 단순한 요청처럼 꼭 내가 하지 않아도 되는 일이다.
④ 중요하지도, 긴급하지도 않은 일: 하지 않아도 된다. 의미 없는 웹 서핑이나 SNS처럼 시간만 잡아먹는 일이다. 이 매트릭스를 활용하면 바쁘기만 한 하루에서 벗어나 진짜 중요한 일에 집중할 수 있다. 지금 당신이 가장 먼저 생각해야 할 한 가지 일을 정하면, 나머지는 자연스럽게 정돈될 것이다.

오늘의 체크 포인트

☐ 나는 내 삶의 우선순위를 어떻게 정하고 있는가?

☐ 지금 내가 가장 많은 시간을 쓰고 있는 일은 무엇인가?

☐ 나는 그 우선순위를 지켜내며 살아가고 있는가?

질문 뒤집기

아무 생각 없이 살아도, 결국은 그냥 살아지지 않는가?

오늘의 문장

"삶은 내가 정한 우선순위에 따라 그대로 흘러간다."

한 줄 메모

지금 바로 해야 할 일은 무엇인지 써보자.

 _____

벼랑 끝에 선다면,
나는 어떤 선택을 할까?

벼랑 끝에서 드러나는 '진짜 나'의 선택

| 이웃 1 | **최용훈 씨, 27세** _ 연예인

용훈 씨는 이제 이름을 알리기 시작한 신인 연예인이다. 겉으론 늘 밝고 패기 있어 보였지만, 마음속 깊은 곳은 항상 불안과 압박으로 무겁게 가라앉아 있었다. 잘 보이고 싶은 조급함, 끝이 보이지 않는 경쟁, 그리고 매일같이 반복되는 악플과 비교……. 하루하루가 버거웠다. 약속된 방송 분량이 통째로 잘린 날, 용훈 씨는 대기실로 돌아오며 깊은 한숨을 삼켰다.

그런데 그날, 인터넷 댓글은 유난히 잔인했다. "애초에 될 재목이 아니다." "이런 애를 왜 뽑았냐." 그 말들은 칼처럼 그의 마음을 찔렀다. 누구도 자기편이 아니라고 느낀 순간, 그는 모든 걸 포기하고 숙소 옥상 난간으로 걸어갔다. 그리고 마지막 한 걸음을 내딛기 직전, 울린 전화 한 통…… 조용히 응원하던 단 한 명의 팬이 떨리는 목소리로 그를 붙잡았다.

"용훈 씨…… 당신을 믿어요."

그 한마디에 용훈 씨는 정신이 번쩍 들었다. 무너져가던 마음이 멈춰 서는 순간이었다. 용훈 씨는 마음속으로 천천히 다짐했다. 흔들려도 무너지지 않겠다고. 그리고 깨달았다. 화면 속 한 줄의 글, 무심코 뱉은 말들이 때로는 사람을 벼랑 끝으로 몰아붙일 만큼 잔인할 수 있다는 사실을. 누군가에게는 장난 같은 악플이, 누군가에게는 마지막 한 걸음을 내딛게 만드는 절벽이 될 수도 있다는 것을. 이제 그는 그 상처를 기억하며, 다시는 그 끝에 서지 않겠노라고 조용히 마음을 다잡았다.

| 이웃 2 | 최명호 씨, 42세 _ 장애인 일자리 강사

산업재해로 한쪽 다리를 잃은 뒤, 명호 씨는 6개월 동안 방에만 있었다. 세상으로 나가는 문이 닫힌 것 같았고, 가족조차 피하고 싶을 만큼 자존감이 무너졌다. 그러던 어느 날, 작은 교회 앞 벤치에 앉아 있던 그에게 어린아이가 웃으며 다가와 말했다.

"아저씨, 아저씨는 다리가 없어도 멋져요."

그 한마디에 그는 울컥했다. 그 후 그는 의족을 착용하고 다시 걷기 시작했고, 지금은 장애인 일자리 교육 강사로 활동하고 있다.

"벼랑 끝은 나를 무너뜨리는 곳이 아니라 다시 일으키는 자리가 될 수도 있어요. 그건 내가 어떤 선택을 하느냐에 달려 있죠."

파울로 코엘료는 "벼랑 끝에서 용기로 뛰어오르면, 자신이 날 수 있음을 알게 된다"라고 했다.

인생의 벼랑 끝은 누구에게나 찾아온다. 사업 실패, 관계 단절, 건강 악화, 무기력과 상실감…… 그 절망의 끝에서 매일 평균 39.5명이, 청소년도 하루 1~2명이 스스로 삶을 마감한다.

하지만 자살은 끝이 아니라 남겨진 이들에게 지울 수 없는 죄책감과 자책을 남긴다. 그래서 우리는 그 문이 닫히기 전에 반드시 두드려야 한다. 자살 직전에는 알아차릴 수 있는 징조들이 있다. 평소와 다르게 극심한 무기력과 우울 표현. "다 필요 없다", "살기 싫다" 같은 단념의 말. 갑작스러운 유서 작성, 소지품 정리, 빚 갚기, 평소 친밀하지 않던 사람들에게 작별 인사, 수면 패턴과 식습관의 급격한 변화, 극심한 불안, 충동적인 행동…….

이러한 신호를 보았다면, 방관하지 말고 다가가야 한다. 함께 있어 주고, 판단하지 않고 들어주는 작은 관심이 한 생명을 살릴 수 있다. 아무리 힘들어도 극단적 선택은 절대 해답이 아니다. 고통은 반드시 지나가고, 길의 끝에서는 또 다른 길이 보인다. 앞과 뒤가 막혀도, 하늘은 언제나 위로

열려 있다. 포기하지 않고 버티면, 결국 좋은 날이 온다. 당신이라는 존재는 이 세상에 꼭 필요하다.

내가 대대장으로 근무하던 시절의 일이다. 어느 날 중대장이 급하게 뛰어오더니 말했다.

"대대장님, 즉시 보고드릴 사항이 있습니다."

알고 보니 한 병사가 군 생활에 제대로 적응하지 못해 몰래 총기를 들고 나가 극단적인 선택을 시도하려 했고, 이를 우연히 발견해 제지했다는 것이다. 중대장의 손에는 그 병사가 사용하려던 실탄이 들려 있었다. 순간 온몸이 서늘해졌다. 나는 즉시 그 이등병을 내 방으로 불러 조용히 이유를 물었다. 그는 군 생활이 너무 힘들다고, 버티기 어렵다고 털어놓았다. 나는 곧장 그의 고향에 있는 부모님을 부르기로 했다. 부모님은 자초지종을 들은 뒤 어쩔 줄 몰라 하며 눈물을 쏟았다. 그러고는 아들을 끌어안고 목 놓아 울었다. 병사 역시 함께 울었다.

"이놈아, 네가 없으면 엄마 아빠는 어떻게 살라고……."

그날 이후 나는 그 병사를 내 당번병으로 임명했다. 매일 좋은 책을 읽도록 했고, 성경도 읽게 했다. 시간이 흐르자 그는 어느덧 이등병에서 일등병으로 진급했고, 하루가 다르게 밝고 건강한 모습으로 달라져갔다. 어느 정도 안정을 찾은 뒤 나는 그를 다시 자대로 복귀시켰는데, 그는 전역할 때까지 모범적으로 군 생활을 해냈다. 그 경험을 통해 나는 두 가지를 깊이 깨달았다. 첫째, 독서는 사람을 살리고 사람의 마음을 바꾼다는 사실, 둘째, 아무리 힘들어도 극단적인 선택만은 절대 해서는 안 된다는 진리였다. 그 병사는 전역 후 신학대학에 입학해 지금은 훌륭한 성직자의 길을 걷고 있다. 그때의 사건을 떠올릴 때마다 지금도 가슴이 뜨거워진다.

오늘의 체크 포인트

☐ 인생의 벼랑 끝에 선 적이 있는가?

☐ 어떻게 그 상황을 처리했는가?

☐ 잘 선택한 것인가?

질문 뒤집기

내가 벼랑 끝에 서 있다고 느낄 때, 누군가의 말 한마디가 나를 더 힘들게 하지는 않았는가?

오늘의 문장

"벼랑 끝은 끝이 아니라 내가 다시 나를 선택하는 시작이다."

한 줄 메모

지금 내가 벼랑 끝에 선다면 붙잡고 싶은 문장 한 줄을 써보자.

나는 존중과 배려를
선택하는가?

험한 세상살이에서 결국 나를 지키는 길

│이웃 1│ 홍인호 씨, 27세 _ 취업 준비생

인호 씨는 SNS에서 알게 된 사람과 조금 친해졌다. 메시지를 주고받으며 나이와 출신을 묻더니, 어느 순간 상대는 일방적으로 말을 놓아버렸다. 나이가 조금 많다는 이유에서였다. 아직 충분히 친해진 것도 아닌데, 당연하다는 듯 반말을 쓰는 태도에 인호 씨는 순간 마음이 불편해졌다.

"아, 이건 아닌데……."

그는 결국 그 친구와 조용히 '친구 끊기'를 했다. 비슷한 경험은 오프라인에서도 있었다. 편의점 야간 알바를 할 때, 한 손님이 들어와 아무 말 없이 물건을 던지듯 계산대 위에 올려놓았다. 카드 결제 중에도 "야, 봉투" 하며 마치 심부름꾼을 부리듯 반말을 내뱉었다. 인호 씨는 속으로 쓸쓸하게 중얼거렸다.

"알바한다고 무시하는 건가? 나도 성인이라고……."

인호 씨는 다짐했다.

"저렇게는 살지 말자. 친해져도 먼저 상대방을 존중하고, 작은 거래에서도 사람을 귀히 여기는 태도를 잃지 말자."

| 이웃 2 | 최은주 씨, 55세 _ 자영업자

은주 씨는 시각장애인 고객이 자주 오는 식당을 운영한다. 어느 날, 그 고객이 새 메뉴를 주문했는데, 처음 먹어보는 음식이라 젓가락질이 어려워 보였다. 직원이 다가가 "제가 먹여드릴까요?"라고 묻자, 은주 씨는 손짓으로 막았다. 그 대신 작은 접시에 음식을 잘라 담은 후 포크와 함께 건네며 말했다.

"이렇게 드시면 편하실 거예요."

그 고객은 미소를 지으며 대답했다.

"저를 장애인처럼 대하지 않고, 그냥 손님으로 대해주셔서 고맙습니다."

은주 씨는 그 말을 오래오래 기억했다. 배려란 '도와주는 사람의 편

의'가 아니라, '받는 사람이 느낄 존엄'을 지켜주는 일이라는 걸 깨달았기 때문이다.

문을 열며 문고리를 잡아주는 작은 행동처럼, 존중과 배려는 상대를 나와 같은 존재로 대하는 마음에서 비롯된다. 미국의 인권운동가 마야 안젤루는 "사람들은 당신의 말을 잊어도, 그때 느낀 감정은 잊지 않는다"고 말했다. 성인이라면 누구든 어른으로 대우해야 한다. 단지 나이가 많거나, 학교 선배이거나, 손님이라는 이유로 말을 함부로 놓거나 상대를 하찮게 여겨서는 안 된다. 성인이든 아이든 청소년이든, 누구를 대하든 간에 존중과 배려를 잊지 않는 것이 사람으로서 마땅한 도리다. 인격은 바로 그런 태도에서 드러난다.

오래전, 내가 미국 지휘참모대학에서 교환교수로 근무할 때의 일이다. 그곳에는 무려 90개국에서 온 고급 장교들이 함께 모여 공부하고 있었다. 그 과정에서 내가 새삼 깨달은 사실은, 각국 장교들이 자기 나라의 국격을 지키면서도 동시에 장교로서의 자존심을 잃지 않고 다른 나라 장교들을 정중히 대한다는 사실이었다. 무엇보다도 그 태도 속에는 진심 어린 배려와 존중이 담겨 있었다. 놀라운 것은, 배경이 더 탄탄하고 교양이 깊을수록 그 존중과 배려의 자세가 더욱 두드러진다는 점이었다. 그때 나는 마음속으로 이렇게 정리했다.

"많이 배운다는 것은 단순히 지식을 쌓는 것이 아니라, 결국 다른 사람을 더 깊이 존중하고 배려할 수 있는 힘을 기르는 것이구나."

오늘의 체크 포인트

☐ 뒷사람을 위해 문고리를 잡아주고 있는가?

☐ 상대방의 입장에서 감정이 다치지 않게끔 배려를 하는가?

☐ 나이가 많다는 이유로 말을 함부로 놓은 적이 있는가?

질문 뒤집기

편의점에서 존칭을 제대로 썼는가?

오늘의 문장

"존중과 배려는 상대를 위한 것이면서 동시에 나를 지키는 선택이다."

한 줄 메모

오늘 내가 한 선택 중 존중과 배려가 반영된 순간은 언제였는가?

_____

무기력할 때,
나는 어떻게 극복하는가?

무기력의 늪에서 나를 일으키는 작은 발판 하나

| 이웃 1 | 김영복 씨, 55세 _ 전 자영업자

영복 씨는 한때 치킨집 사장으로 가게 앞은 손님들로 북적였고, 기름 냄새와 웃음소리가 함께 어울려 하루가 금세 지나갔던 시절이 있었다. 하지만 장사가 기울고 빚이 쌓이자, 그는 결국 가게 문을 닫았다.

그날 이후로 영복 씨의 삶은 마치 시계가 멈춘 듯 흘러갔다. 아침에 눈을 떠도 서둘러 나갈 곳이 없었고, 거실 소파는 그의 하루를 시작하고 끝내는 자리였다. 귤을 까먹으며 OTT를 보는 것이 그의 유일한 일과였다. 그러다 보면 귤껍질은 어느새 탁자 위에 점점 산처럼 높아졌고, 방 안은 묘하게 눅눅한 냄새로 가득하곤 했다.

하루에 몇 번씩 휴대폰이 울렸지만, 그는 화면만 확인한 후 다시 내려놓기 일쑤였다. '지금 받아서 무슨 말을 하지?' 하는 생각에 마음이 무거웠기 때문이다. 예전엔 함께 술잔을 기울이던 친구들의 연락도 점점 줄어들었다. 바깥세상과의 연결이 끊어지는 듯했고, 창문 밖 겨울 햇빛 조차 차갑게만 느껴졌다. 밤이 되면 불도 켜지 않은 거실에서 TV 불빛 만이 그의 얼굴을 비췄다. 머릿속은 온갖 생각으로 시끄러웠지만, 몸은 무거워 한 발짝도 움직이지 않았다.

'내 인생이 그냥 이렇게 끝나는 건 아닐까'라는 생각이 들 때마다 가슴이 서늘해졌다. 그러나 그 불안조차 잠시뿐, 그는 다시 소파에 몸을 기대고 귤 한 조각을 입에 넣었다. 그렇게 또 하루가 저물어갔다.

|이웃 2| 김도연 씨, 40세 _주부

도연 씨는 평소 계획적인 사람이다. 매일 할 일을 정리하고, 일정표를 관리하는 걸 좋아했다. 하지만 어느 순간부터 아침에 일어나기가 힘들고, 해야 할 일이 눈앞에 있어도 손이 가지 않았다. 그녀는 스스로를 책망했다.

"왜 이러지? 나답지 않아."

그러다 어느 날, 그녀는 억지로라도 일어나 앉아 이렇게 적기 시작했다.

1. 나는 지금 왜 무기력한가?

    → '의욕'이 문제가 아니라, 지속적인 과부하가 원인이라는 걸 깨
       달았다. 최근 3개월 동안 가족 병간호, 육아 스트레스가 계속
       이어졌다. "당연히 탈진 상태지. 이건 게으름이 아니라 신호다."

2. 뇌가 지금 어떤 상태인가?

    → 도파민 시스템이 마비된 상태. 보상이 느껴지지 않는 뇌는 에
       너지를 절약하려는 쪽으로 반응한다. 즉 아무것도 하지 않음
       으로써 생존을 선택한 것.

3. 나는 지금 무엇을 필요로 하는가?

    → '의지'가 아니라, 회복과 리듬 재설정.

작은 루틴이 필요했다. 그래서 그녀는 하루에 단 하나의 할 일만 정
했다.

"오전 10시에 햇빛 받으며 산책 10분하기."

그리고 그것을 기록하며 뇌에 보상을 주었다.

"잘했어. 오늘도 한 걸음 움직였네."

**마더 테레사는 "지치고 무기력할 때는 작은 일을 큰 사랑으로 하라"
고 했다. 대한신경정신의학회에 따르면 성인 10명 중 6명(61.3퍼센트)이**

무기력을 느끼며, 20~30대는 70퍼센트에 달한다(2022). 미국 심리학자 애덤 그랜트도 팬데믹 이후 가장 흔한 심리 상태로 우울도 번아웃도 아닌 '무기력Languishing'을 꼽았다. 이는 게으름이 아니라 삶의 방향이 흐려지고 감정이 무뎌지는 심리적 침체다.

인지심리학적으로 무기력은 도파민 분비가 줄고 뇌가 "보상이 없다"는 학습을 하며, 전전두엽의 기능이 약해지고 변연계가 주도권을 잡아 사고와 행동이 동시에 둔화된 상태다. 이때 필요한 건 거창한 목표가 아니라 '마이크로 액션Micro Action'이다. 물 한 잔 마시기, 창문 열기, 일기 한 줄 쓰기 같은 즉각 가능한 행동이 뇌의 행동-보상 고리를 재점화한다.

작은 성취는 미세한 도파민을 분비시키고, 그 쾌감이 다음 행동을 부른다. 반복하면 전전두엽의 의사결정 네트워크가 회복되고 감정의 색이 돌아온다. 마이크로 액션은 흔히 '스몰 스텝 전략Small Step Strategy'이라고 불린다. 한 번에 큰 도약을 시도하는 대신, 계단을 한 칸씩 오르듯 아주 작은 걸음을 꾸준히 내딛는 방식이다. 무엇이든 처음부터 크게 하려고 들면 부담이 앞서 시작조차 어려워진다. 그래서 이 전략은 "작게라도 지금 당장 시작하라"고 말한다. 작은 행동을 반복하다 보면 어느 순간 목표 지점에 가까워져 있는 자신을 발견하게 된다. 이것이 바로 작은 습관이 가진 힘이다. 마이크로 액션은 무기력을 벗어나는 데 효과적일 뿐 아니라, 어떤 성취를 이루는 과정에서도 매우 유용하다. 한 번의 큰 성공을 노리기보다 작은 성공을 계속 쌓아가면, 그 과정에서 자신감과 성취감이 자라고, 결국에는 생각보다 큰 성공에 도달하게 된다.

오늘의 체크 포인트

☐ 나는 최근 무기력함을 느낀 순간이 있었는가?

☐ 그때 나는 어떻게 반응했는가? 그냥 누워 있었는가, 혹은 작은
행동을 시도했는가?

☐ 나를 일으켜 세우는 '작은 루틴'은 무엇인가?

질문 뒤집기

나는 무기력함을 오히려 즐기고 있지 않은가?

오늘의 문장

"무기력을 이기는 건 대단한 결심이 아니라 지금 할 수 있는 아주 작
은 움직임이다."

한 줄 메모

무기력할 때 내가 가장 먼저 해볼 수 있는 작은 행동 하나는 무엇인가?

_____

내 편이 아니더라도
적을 만들지는 않았는가?

현명하게 세상을 사는 길, 적을 만들지 않는 인생

│이웃1│ 추지연 씨, 38세 _ 출판사 편집자

하루에도 수십 번 원고를 고치고, 출처를 확인하고, 맞춤법을 바로잡는 지연 씨는 누구보다 '정확한 말'과 '팩트 체크'에 민감해 동료들 사이에서는 '걷는 교열기'로 불렸다. 그 별명이 나쁘지 않았다. 틀린 건 바로잡아야 마음이 놓이는 성격이었으니까.

그런 그녀에게 작은 변화가 찾아온 건 지난 주말이었다. 대학교 동창들과 강남의 한 카페에 모여 이런저런 얘기를 나누던 중 친구 수진이 말했다.

"그 책 알지? 파울로 코엘료가 쓴 『벤자민 버튼의 시간은 거꾸로 간다』…… 그 책 진짜 좋았어."

그 순간, 지연 씨의 눈썹이 스르르 올라갔다. 속으로는 곧바로 정정 문장이 완성되었다. 그건 파울로 코엘료가 아니라 피츠제럴드의 작품이야. 결국 참지 못하고 말했다.

"아니야, 그거 파울로 코엘료가 쓴 책이 아니라 미국의 유명 작가 피츠제럴드가 쓴 거야. 『위대한 개츠비』도 썼지."

그러자 카페 공기가 미묘하게 굳었다. 수진은 "아…… 그래?" 하고는 웃어넘기려 했지만, 목소리 끝이 조금 떨렸다. 대화는 잠시 끊기고, 이후에도 분위기는 풀리지 않았다.

그날 이후 단톡방에서 수진은 점점 조용해졌다. 모임 공지도, 일상 사진도 올리지 않았다. 지연 씨가 올린 글에도 반응이 없었다. 한 달 후, 다른 친구를 통해 들었다.

"수진이가 너랑 얘기하면 괜히 틀린 것만 지적받는 기분이 든대. 그래서 좀 거리를 두고 싶다더라."

| 이웃 2 | **김정복 씨, 60세** _ 농부

정복 씨는 평소엔 과묵하고 유머도 곧잘 던지는 편이었지만, 정치 이야기가 나오면 눈빛부터 달라지곤 했다.

이번 추석에 가족과 친척들이 둘러앉아 저녁을 먹던 중 TV에서 뉴스가 흘러나왔다. 조카가 무심코 "그래도 이번 정부가 잘하는 부분도 있잖아요"라고 하자, 정복 씨는 젓가락을 내려놓고 단호하게 말했다.

"잘하는 부분? 그게 잘하는 거냐? 나라를 말아먹고 있는데!"

조카는 지지 않고 맞받았다.

"삼촌, 그건 전 정부 탓이 크죠."

대화는 금세 고성이 오가는 설전으로 변했다.

"너희 세대는 현실을 몰라!"

"삼촌이야말로 너무 한쪽 얘기만 듣는 거예요!"

다른 가족들이 "명절에 이런 얘기는 그만하자"며 말렸지만 이미 늦었다. 식사 자리는 싸늘하게 식었고, 조카는 방으로 들어가버렸다.

그날 이후, 가족 단체 채팅방에서 서로 말을 주고받지 않았다. 명절에 만든 건 웃음보다 벽이었고, 정복 씨는 그날 처음 깨달았다. 내 편을 얻으려다 내 사람을 잃을 수도 있다는 것을.

마하트마 간디는 "당신이 옳다는 사실이 중요하지 않을 때가 있다. 중요한 건, 그 옳음으로 사람을 살리는가 죽이는가이다"라고 했다.

그렇다. 옳고 그름보다 더 중요한 건 결국 '사람'이다. 아무리 정의롭고 소신 있는 주장이라도 그것이 관계를 깨뜨린다면 그 옳음은 무의미해진다. 특히 정치나 종교처럼 민감한 주제는 논리 싸움처럼 보여도 사실은 서로의 세계관과 자존심을 건드리기 때문에 가까운 사이라도 논쟁을 피하는 것이 지혜다. 내 편이 아니더라도 굳이 적을 만들 필요는 없다. 좋은 관계의 첫 원칙은 '비판·비난·불평', 즉 '비비불'을 멀리하는 것이다. 아무리 옳은 말이라도 비난의 방식으로 전하면 관계는 무너진다.

인지심리학에 따르면, 논쟁에서 이겼는데도 마음이 불편한 이유는 '인지부조화' 때문이다. 옳음을 증명했지만 그 대가로 관계가 틀어지면, 뇌는 '이겼다'는 만족감과 '잃었다'는 불편감을 동시에 처리해야 한다. 그래서 심리적 에너지가 크게 소모되고, 감정의 불협화음이 오래 남는다. 전투에서는 이겼지만 전쟁에서는 진 셈이다. 흥미롭게도 뇌의 보상 회로는 상대를 꺾는 것보다 이해하고 관계를 지킬 때 더 큰 긍정 감정을 준다. 그래서 때로는 져주는 쪽이 하루를 더 평온하게 마무리한다. 결국 마음이 편안한 것이야말로 가장 큰 승리다.

조직 생활을 오래 한 내 주변을 살펴보면, 자기만 옳다며 굽히지 않다가 결국 상사와의 관계가 틀어지고, 그로 인해 승진의 기회를 잃는 사람이 종종 있다. 반대로 상사의 비위도 적당히 맞추고, 때로는 아부를 곁들여 승진하는 사람도 있다. 단순히 옳고 그름으로 나눌 수는 없지만, 최소한 후자는 내 편을 만들었다는 점에서 조직 속에서 힘을 얻는다. 어쩌면 아부도 하나의 기술인지 모른다. 결국 중요한 것은 '옳음'을 지키는 방식이 아니라, 그 옳음을 어떻게 전하며 어떤 관계를 남기느냐 하는 것이다.

오늘의 체크 포인트

☐ 나는 최근 어떤 논쟁에서 이기려 했는가?

☐ 논쟁에서 이겨 적을 만들지는 않았는가?

☐ 적당히 아부를 하고 있는가?

질문 뒤집기

상사는 자기보다 똑똑하고 잘난 사람을 진짜로 좋아할까?

오늘의 문장

"져주는 사람은 약한 사람이 아니라 더 중요한 걸 아는 사람이다."

한 줄 메모

일부러 져준 적이 있다면 어떤 상황이었는지 적어보자.

_____

우리는 이 장에서 '매일을 선택하는 힘'에 대해 마주했다. 시간은 모두에게 같지만, 어떻게 쓰느냐에 따라 전혀 다른 인생이 된다. 그 차이를 만드는 건 결국 작지만 반복되는 매일의 선택들이다.

누군가는 새벽 한 시간의 선택이 인생을 바꿨다고 말하고, 누군가는 한순간의 선택이 오랫동안 후회로 남았다고 고백한다. 지금의 '나'는 그동안 해온 선택들의 결과다. 앞으로의 선택은 또 다른 내일을 만든다.

이제 다음 장으로 향한다. 이번에는 '넘어짐과 다시 일어섬의 의미'에 대한 이야기다. 실패는 누구에게나 찾아온다. 하지만 실패를 대하는 태도와 질문에 따라 그 이후의 삶은 달라진다. 우리가 두려워했던 실패 속에도 배울 것이 있고, 누군가에게는 평범해 보였던 순간이 내겐 인생의 가장 빛나는 성공일 수 있다. 넘어졌다고 해서 끝이 아니다. 때로는 그 자리에 잠시 주저앉아 눈물을 흘리는 시간이 필요하다. 그러나 그 자리에서 다시 질문을 시작하는 순간, 우리는 다시 앞으로 걸을 수 있다. 넘어짐이 부끄러움이 아닌 용기의 다른 얼굴임을 기억하며, 이제 '진짜 나만의 승리'를 찾아가는 여정을 함께 걸어가보자.

제6장

넘어짐과 다시 일어섬의 의미

성공과 실패, 그 너머를 바라보는 눈

누구나 성공을 꿈꾸며 달려간다. 하지만 진짜 인생은, 성공 그 자체보다 넘어지고 다시 일어나는 과정 속에서 만들어진다. 실패는 아프다. 자존심이 꺾이고, 모든 걸 내려놓고 싶을 때도 있다. 그럴수록 스스로에게 물어야 한다. "나는 왜 시작했는가?", "나는 다시 일어설 수 있는가?" 성공은 잠깐일 수 있지만, 넘어졌다가 다시 일어나는 힘은 평생을 지탱해주는 빛이 된다. 나를 증명하는 건 '성공'이 아니라, 포기하지 않고 다시 일어서는 '나'다. 그러니 두려워하지 마라. 넘어져도 괜찮다. 다시 일어서는 용기만 있다면, 당신은 이미 충분히 빛나는 사람이다.

나에게 성공이란
어떤 모습인가?

누군가의 기준이 아닌, 나만의 기준으로 살기 시작한 사람들

| 인터뷰 1 | **안기호 씨, 49세** _ 대기업 부장에서 북카페 운영자

노   기호 씨, 외부에서 보기엔 충분히 '성공한 사람'으로 비춰졌을 것
     같습니다.

안   맞아요. 대기업 부장에 연봉도 안정적이고, 집도 있고 차도 있었
     죠. 남들이 봤을 땐 부러워할 만한 삶이었어요.

노   그런데 그런 삶에 회의를 느끼셨다고요?

안   어느 날 혼자 퇴근하다가 거울을 봤는데…… 너무 낯설었어요.
     '이게 정말 내가 원했던 삶인가?' 그 질문 하나가 머릿속을 떠나지
     않았어요.

노   결국 어떤 선택을 하셨나요?

안   과감히 회사를 나왔습니다. 그리고 동네에 조그만 북카페를 열었
     어요. 이젠 매일 책을 읽고, 커피를 내리고, 사람들과 느리게 이야

기를 나눕니다. 남들은 말하죠. "아깝다"고. 하지만 저는 지금 매일이 좋습니다.

노 지금의 삶에서 느끼는 성공은 어떤 의미인가요?

안 남이 부러워하는 삶이 아니라 내가 좋아하는 삶을 매일 살아가는 것, 그게 제게는 진짜 성공이에요.

| 인터뷰 2 | 백종수 씨, 66세 _ 목공 체험 교실 운영자

노 종수 씨는 젊은 시절, 경제적 성공을 꿈꾸셨다고요?

백 네. 돈을 많이 벌고 싶었죠. 몸 아끼지 않고 일했어요. 하지만 그 결과, 건강을 잃고 손가락 관절까지 망가졌습니다.

노 그러고 나서 삶의 방향이 바뀌셨다고요?

백 수술 후 한동안 아무 일도 못 했어요. 그때 만든 나무 장난감을 손자에게 줬는데…… 그 아이의 웃음소리가 제 삶을 바꿨어요.

노 그게 어떤 깨달음으로 이어졌나요?

백 돈이 아니라 내가 사랑하는 사람들과 잘 지내는 것, 그게 제게 가

장 값진 성공이었어요. 지금은 목공 체험 교실을 하며 아이들과
함께 매일 웃고 있습니다.

우리는 종종 묻는다. "나는 성공한 사람인가?" 그러나 돈이나 지위만
으로 답할 수 없다. 성공의 정의는 각자 다르기 때문이다. 누군가는 높은
연봉과 지위를, 또 다른 이는 평화로운 삶이나 사랑하는 사람과의 하루를
성공이라고 여긴다.

하버드 대학교 성인발달 연구진은 1938년부터 하버드대 2학년생과
보스턴 최빈곤 지역 출신 청소년들을 대상으로 '무엇이 인간을 진정으로
건강하고 행복하게 만드는가'를 추적 연구해왔다. 724명의 남성 인생을
무려 75년간 따라간 이 연구는 인류 역사상 가장 장기적인 연구 중 하나
로 평가된다. 연구 초기, 젊은 참가자들에게 가장 중요한 인생 목표를 물
었을 때 80퍼센트 이상이 '부자가 되는 것'을, 그다음으로 '명성을 얻는
것'을 꼽았다. 세월이 흐르며 참가자가 사망하면 다음 세대가 이어 참여하
는 방식으로 연구는 계속되었다.

75년 후, 수만 쪽에 이르는 방대한 데이터를 분석한 결과, 가장 분명한
결론은 인간의 건강과 행복을 결정짓는 핵심 요인은 '좋은 관계'라는 사실
이었다. 좋은 관계는 신체 건강뿐 아니라 인지 기능까지 보호하는 것으로
나타났다. 성공의 정의는 사람마다 다를 수 있다. 하지만 건강하고 행복한
삶을 산다면 그것이야말로 진정한 성공일 것이다. 그리고 그 출발점은 결
국 사람들과의 '좋은 관계'를 유지하는 데 있다.

오늘의 체크 포인트

- ☐ 나는 성공한 사람인가?

- ☐ 그 성공은 누구의 기준인가?

- ☐ 나는 '성공했다'는 말 대신 '충분히 잘 살고 있다'고 말할 수 있

  는가?

질문 뒤집기

성공의 반대말이 실패라니, 정말 그런가?

오늘의 문장

"성공은 남이 박수 칠 때가 아니라, 내 마음이 웃고 있을 때 완성된다."

한 줄 메모

내가 생각하는 진짜 성공은 무엇인지 써보자.

66 _____ 99

실패를 어떻게
받아들이고 있는가?

실패에 멈춘 사람, 실패에서 다시 일어선 사람

| 인터뷰 1 | 김성훈 씨, 51세 _ 자영업자에서 장기 무직자

노　성훈 씨, 사업을 오래 하셨다고요?

김　네. 20대 후반에 작은 식당을 차려서 25년 넘게 운영했어요. 단골도 많고, 나름대로 안정적이었죠. 그런데 코로나 때 매출이 반 토막이 나더니, 결국 문을 닫아야 했습니다.

노　그 후엔 어떤 시간을 보내셨나요?

김　처음엔 '다시 시작하자'고 마음먹었어요. 그런데 막상 움직이려 하니 아무것도 손에 잡히지 않더군요. 하루하루 소파에만 누워 있었고, 사람을 만나기도 싫었어요. 잠깐 나갔다가도 '나 같은 사람을 누가 쓰겠어' 하는 생각에 금방 집으로 돌아왔죠.

노　주변에서 도와주려 하진 않았나요?

김　가족과 친구들이 "뭐라도 해보자"고 했지만, 저는 이미 제 자신을 실패자라고 규정해버린 상태였어요. 그 감정에서 도저히 빠져나오질 못했죠. 어느 순간, 제 하루는 식사와 잠밖에 없더라고요. 인생이 멈춘 기분이었어요.

| 인터뷰 2 | 김성웅 씨, 44세 _ 창업가

노 성웅 씨는 다섯 번이나 도전을 하셨다면서요?

김 네. 솔직히 말해 매번 결과는 기대와 달랐습니다. 카페, 온라인 쇼핑몰, 배달업, 교육 플랫폼까지…… 다섯 번이나 시도했지만 모두 크게 성공하지 못했어요.

노 그렇다면 왜 계속 도전하시는 건가요?

김 저는 실패를 두려워하지 않으려고 합니다. 실패가 끝이라고 생각하지 않아요. 결과가 나오지 않았을 뿐, 과정 속에서 배운 건 제 것이거든요. 오히려 실패는 제 발목을 잡은 게 아니라, 더 단단히 설 수 있는 기반이 되었습니다.

노 다섯 번이나 좌절을 겪고도 다시 일어나려면 큰 용기가 필요할 것 같은데요.

김 맞습니다. 주위에서 "이제 좀 쉬어라, 그만해"라는 말을 수없이 들었어요. 하지만 저는 제 인생을 남의 말 때문에 포기하고 싶지 않아요. 아직 결과는 모르지만, 제가 얻은 확신 하나는 '절대로 포기하지 않겠다'는 겁니다. 인생에서 가장 두려운 건 실패가 아니라, 시도조차 하지 않고 후회하는 거라고 생각합니다.

노 지금은 어떤 준비를 하고 계십니까?

김 지금은 여섯 번째 도전을 준비하고 있어요. 지난 시도에서 얻은 경험을 기록하며 어디서 잘못됐는지 분석하고 있습니다. 이번에도 쉽지는 않겠지만 저는 언젠가 제 자리에 도달할 거라 믿습니다. 실패의 숫자는 제 정체성을 부끄럽게 만드는 게 아니라 도전하는 제 삶의 이력입니다.

실패는 누구에게나 찾아온다. 하지만 그것을 어떻게 받아들이고 끌어 안느냐는 각자의 몫이다. 우리는 흔히 "피할 수 없으면 즐겨라"는 말을 한다. 하지만 실제로 피할 수 없는 어려움이 닥치면, 그것을 즐긴다는 것은 결코 쉬운 일이 아니다. 갑작스러운 부도나 큰 병과 같은 상황에서 어떻게 즐길 수 있겠는가? 이럴 때 가장 지혜로운 태도는 억지로 즐기려 하기보다 그 상황을 있는 그대로 '받아들이는 것'이다. 이런 일은 나만 겪는 것이 아니라 누구에게나 닥칠 수 있으니 담담히 받아들이는 것이 필요하다. 그렇지 않으면 고통에 무너지고, 잘못된 선택을 할 수도 있다. 그래서 받아들이는 용기가 참으로 중요하다.

쇼펜하우어는 인간 존재를 끊임없는 욕망의 투쟁으로 보았고, 이는 결국 끝없는 고통을 불러온다고 주장했다. 그렇기에 단순한 낙관보다는 삶의 본질적 고통을 직시하는 태도가 더 현실적이며 유익하다고 말했다. 이 것이 곧 고통을 있는 그대로 받아들이는 자세다. 실패를 경험할 때도 마찬가지다. 먼저 실패를 부정하지 말고 있는 그대로 받아들여야 한다. 그런 다음 그 원인을 차분히 분석하고, 같은 실수를 반복하지 않도록 새롭게 나아가야 한다. 오늘의 실패는 내일의 성공을 위한 디딤돌이 될 수 있다. "인간사 새옹지마"라는 말이 있지 않은가! 인생은 끝날 때까지 끝난 것이 아니다.

오늘의 체크 포인트

☐ 나는 가장 최근에 어떤 실패를 겪었는가?

☐ 그 실패로부터 나는 무엇을 배웠는가?

☐ 실패를 분석하고 다시 도전하는가?

질문 뒤집기

실패를 걸림돌로 삼을 것인가, 디딤돌로 삼을 것인가?

오늘의 문장

"실패는 나를 다시 쓰는 연필이다. 지우고, 다시 그리고, 결국 더 나다운 그림을 그려나가게 만든다."

한 줄 메모

내가 지금까지 겪은 실패가 내게 남긴 가장 값진 문장 한 줄을 써보자.

 _____

대체 불가능한
나만의 무기가 있는가?

나만의 무기로 정면 승부하는 삶

| 인터뷰 1 | 박대만 씨, 36세 _ '줄 서는 남자'

노　'줄 서는 남자'라는 직업이 실제로 존재합니까?

박　존재합니다. 바로 저요. 갓 구운 도넛부터 한정판 운동화, 아이돌 팬 미팅 티켓까지. 저는 대신 줄을 서주는 대행인입니다. 대기열의 고통을 돈으로 해결해주는 남자죠.

노　흥미롭네요. 그런데 그 일을 어떻게 시작하게 되셨나요?

박　원래는 제 친구의 부탁 때문이었어요. "대만아, 나 대신 저기 줄 좀 서줘. 점심 쏠게." 그래서 두 시간을 서줬죠. 근데 그날 지나가던 사람이 물었어요. "혹시…… 돈 받고 대신 줄 서주는 거예요?" 그때 '이게 직업이 될 수도 있겠다!'라는 생각이 들었죠.

노　그 후로 어떻게 전개되었나요?

박　SNS에 '줄 서드립니다. 시간당 15,000원' 하고 올렸더니 DM이 폭발했죠. 처음엔 장난 같았지만, 지금은 일주일 스케줄이 다 찹니다. 특히 신상템 발매일, 한정판 발권일엔 경쟁률이 어마어마해요. 전 그 틈을 대신 뚫는 역할을 해요.

노　보통 사람은 줄 서기를 싫어하는데요. 힘들진 않으세요?

박　돈이 되는걸요! (웃음) 그리고 저는 줄 서는 걸 '명상'이라 생각해요. 가만히 서 있는 동안 생각도 정리되고, 세상 모든 사람들의 조급함을 구경하는 재미도 있죠. 어떤 날은 앞사람이 짜장면 시켜서 나눠 먹은 적도 있어요. 하하…….

노　이 일에서 본인의 강점은 뭔가요?

박　저는 '지루함을 버텨내는 초인적인 끈기'가 있어요. 그리고 상황 파악이 빠른 센스, 줄 바뀌는 위치, 줄 새치기 잡아내기, 주변 눈치 읽기까지. 사람들은 그냥 '서 있는 일'이라고 생각하지만, 저는 움직이지 않고도 가장 많이 움직이는 사람입니다.

노　처음부터 큰 과외방을 운영하신 건 아니라고 들었습니다. 어떻게 시작하셨나요?

홍　맞습니다. 시작은 중학생 몇 명을 맡아 주말에만 과외를 했었어요. 처음엔 단순히 부족한 부분을 채워주자는 생각이었는데, 학생들이 성적뿐 아니라 자신감을 되찾는 모습을 보면서 이 일이 제 길이라는 확신이 들었습니다. 작은 성취였지만 저에겐 소중한 첫 걸음이었죠.

노　그렇게 작은 발걸음을 떼셨군요.

홍　네. 몇 명을 가르치던 과외에서 시작해 점차 학생이 늘어나면서 커리큘럼을 조금씩 보완했습니다. 처음에는 수학만 가르쳤지만, 이후 국어나 영어까지 영역을 확장했죠. 그 과정에서 학생들의 피드백을 받아 하나하나 개선해나가며 신뢰를 쌓을 수 있었습니다. 작은 단계를 차근차근 밟아간 것이 결국 지금까지 이어진 힘이 되었어요.

노　지금은 많은 학부모와 학생들 사이에 이름이 알려져 있잖아요.

홍　그렇습니다. 지금은 제 수업을 듣는 학생이 꽤 많습니다. 하지만 저는 여전히 묻습니다. "다음 작은 발걸음은 무엇일까?" 큰 그림을 한 번에 그리려 했다면 두려움 때문에 시작조차 못 했을 겁니다. 작은 성과를 차곡차곡 쌓아 올린 것이 결국 오늘의 성장을 만들었습니다.

노　전형적인 스몰 스텝 전략이군요. 그렇다면 선생님만의 대체 불가능한 무기는 무엇일까요?

홍 저의 무기는 단순한 지식 전달이 아닙니다. 저는 학생 한 명 한 명의 성격과 특성을 섬세하게 읽어내고, 그에 맞게 정성껏 가르치는 능력을 가지고 있습니다. 똑같은 문제라도 아이마다 설명 방식을 달리해야 이해가 잘 되거든요. 저는 그 과정에서 단순한 성적 향상 이상의 가치를 만들어냈다고 믿습니다. 이것이야말로 누구도 흉내 낼 수 없는 저만의 무기이고, 학생들과 학부모가 제 수업을 신뢰하는 이유입니다.

엘리너 루스벨트는 "세상이 원하는 존재가 아니라, 세상이 아직 만나지 못한 당신 자신으로 살아야 한다"고 말했다. 나만의 강점으로 세상에 도전하려면 '최초', '최고', '유일'의 차이를 알아야 한다. 최초는 시간이 지나면 빛이 바래고, 최고는 언제든 깨질 수 있지만, 유일은 복제할 수 없어 시간이 흘러도 가치가 사라지지 않는다. 모나리자가 수없이 복제되어도 원본이 지닌 힘이 여전한 것처럼 말이다. 그래서 중요한 것은 "처음 하라"도, "잘하라"도 아닌, "너만의 방식으로 하라"는 것이다. 진짜 강점은 잘하는 것을 넘어 유일하게 해내는 데서 나온다. 좋아하는 것과 잘하는 것을 구별해야 한다. 좋아하지만 못하거나, 잘하지만 좋아하지 않는다면 강점이 될 수 없다. 노래를 좋아해도 실력이 없으면 직업이 될 수 없는 것처럼. 가장 좋은 건 좋아하는 걸 잘하는 것이다.

나는 『손자병법』이 좋았다. 그래서 내가 좋아하는 것을 잘하기 위해 평생 『손자병법』을 붙들고 살아왔다. 수없이 읽고, 중국 산둥성을 찾아 현장을 체험했으며, 군 생활 속에서 직접 적용해보았다. 오랜 세월 동안 내가 좋아하는 것을 잘하기 위해 노력한 결과, 어느 순간 그것이 나만의 무기가 되었다. 그 덕에 방송과 강의와 저술로 많은 이들과 지혜를 나눌 수 있었다. 그 과정에서 얻은 확신은 분명하다. 그것은 바로 남의 강점을 흉내 내는 삶은 오래가지 못하며, 나만의 대체 불가능한 무기가 있어야 한다는 것이다.

오늘의 체크 포인트

☐ 나는 좋아하고 잘하는, 대체 불가능한 무기가 있는가?

☐ 약점을 고치려고 너무 많은 시간을 낭비하지 않는가?

☐ 강점을 더욱 정교하게 만들기 위해 얼마나 노력하는가?

질문 뒤집기

나의 강점이 오히려 약점이 되지 않을까?

오늘의 문장

"진짜 강점은 남보다 잘하는 게 아니라, 나답게 해내는 데 있다."

한 줄 메모

지금 내게 대체 불가능한 무기가 있는지 적어보자.

 _____

안주하지 않고
새롭게 도전하는가?

멈춘 일상에서 다시 삶을 깨운 사람들

| **인터뷰 1** | **김선희 씨, 45세** _ 전업주부에서 발리댄서

노   선희 씨는 발리댄스를 시작하게 된 계기가 특별하다고요?

김   네. 아이들을 다 키우고 나니까 집안일 말고는 제 삶에 남은 게 하
      나도 없는 것 같더라고요. 하루가 멍하게 흘러가는데, 우연히 유
      튜브에서 발리댄스를 본 거예요. '저건 나한테 어울릴까?' 하는 생
      각이 들었죠.

노   전환점이 된 순간이 있었나요?

김   있었죠. 어느 날 거울 앞에서 앞치마 두른 제 모습이 너무 낯설게
      느껴졌어요. 그 순간, '나도 반짝여보고 싶다'는 마음이 들었어요.

노   그래서 어떤 행동을 하셨나요?

김   그날 바로 동네 문화센터 발리댄스 강좌에 등록했어요. 첫날엔 몸
      이 하나도 안 따라줬는데, 이상하게 웃음이 났어요. 너무 오랜만

에 제 몸을 위해 움직인 거라서요.

노　가족들의 반응은 어땠나요?

김　남편은 "이제 엄마가 제일 바쁘다"며 웃고요. 딸은 제 공연 날 꽃다
　　발까지 사다 줬어요. 집안일만 하던 엄마가 무대 위에서 손끝으로
　　세상을 날리는 걸 보니까, 자기도 뭔가 하고 싶다고 하더라고요.

노　본인에게는 어떤 변화가 있었나요?

김　저는 이제 '누군가의 엄마'나 '누군가의 아내'만이 아니라, '나'로
　　서도 존재한다는 걸 알게 됐어요. 그리고…… 이제는 앞치마 대신
　　반짝이 치마가 더 익숙해졌어요. 하하.

노　마지막으로 하고 싶은 말씀이 있다면요?

김　삶이 정지된 것 같을 때, '작은 용기' 하나가 모든 걸 바꿀 수도 있
　　어요. 저에겐 그게 발리댄스 첫 수업이었죠.

노　성호 씨는 산에 본격적으로 오르기 시작한 지 오래되셨나요?

조　아니요. 사실 2년 전까지만 해도 등산은 회사 야유회 때나 가는
　　정도였어요. 그런데 어느 날, 다큐멘터리에서 설악산 단풍을 보고
　　마음이 확 움직였죠. 그 순간 한국의 유명한 산 30개를 평생 동안
　　다 올라보자는 목표를 세웠어요.

노　시작이 설악산이었군요.

조　네. 그러고 나서 지리산, 한라산, 속리산, 북한산까지 벌써 다섯 개
　　를 성공했어요. 처음에는 힘들었지만, 정상에서 보는 풍경이 정말
　　숨이 멎을 만큼 아름다웠습니다.

노　주말마다 도전하는 건 쉽지 않으셨을 텐데요.

조　맞아요. 체력도 키워야 하고, 날씨도 봐야 하니까요. 하지만 주말
　　을 TV 앞에서 보내는 대신, 산에서 땀을 흘리고 나면 일주일이 훨
　　씬 가볍게 느껴집니다.

노　앞으로 남은 25개의 산도 차근차근 오를 계획이신가요?

조　그럼요. 도전은 기록을 위해서가 아니라, 나를 키우기 위해 하는
　　거예요. 정상에 설 때마다 제 안에 새로운 자신감이 쌓입니다.

　　아무것도 하지 않으면, 아무 일도 일어나지 않는다. 많은 이들이 죽음
을 앞두고 "그때 해볼걸……" 하고 후회한다. 그러나 도전의 시작은 거창
할 필요가 없다. 우리는 종종 대단한 목표나 먼 여행에서 도전이 시작된

다고 착각한다. 하지만 인지심리학에 따르면, 뇌는 새로운 경험보다 익숙함을 더 안전하게 느끼는 '안정성 편향'이 있어 도전을 위험하게 받아들이고 미루게 만든다.

진짜 도전은 멀리 있는 것이 아니라 익숙한 일상에 작은 변화를 주는 데서 시작된다. 늘 가던 길에서 반걸음 옆으로 비켜보기, 익숙한 선택 대신 낯선 선택을 해보기 같은 사소한 변화가 뇌의 주의 체계를 자극한다. 이런 미세한 시도가 쌓이면 뇌는 새로운 보상 회로를 학습하고 더 큰 변화를 받아들일 준비가 된다. 도전은 외부의 거대한 성공을 향한 모험이 아니라, 내면의 진실을 마주하는 일에서 출발한다. 그동안 외면했던 마음의 소리에 반응하는 용기, 인지심리학이 말하는 '자기 인식'과 '행동 전환'의 결합이야말로 도전의 진짜 출발점이다.

오늘의 체크 포인트

☐ 현재에 만족한 채 멈춰 서 있지는 않은가?

☐ 그렇지 않다면 어떤 것에 도전하고 싶은가?

☐ 지금 그 도전을 미루는 이유는 무엇인가?

질문 뒤집기

나는 실패가 두려워 도전을 피하고 있는가, 아니면 변화 자체를 두려워하고 있는가?

오늘의 문장

"도전은 완벽하게 준비되었을 때가 아니라, 지금보다 더 살아 있는 내가 되고 싶을 때 시작된다."

한 줄 메모

지금 가장 해보고 싶은 도전 한 가지는 무엇인가?

나는 AI와 어떻게
공존하고 있는가?

AI는 도구일 뿐일까, 아니면 또 다른 나일까?

| 인터뷰 1 | **이요한 씨, 62세** _ 교회 담임 목사

노　목사님, 설교 준비에 AI를 활용하신다고요?

이　그렇습니다. 설교는 제게 가장 기쁘면서도 가장 큰 부담이 되는
　　시간이죠. 한 주에 다섯 번 이상 강단에 서야 하니 준비가 쉽지 않
　　습니다. 예전엔 주석과 참고서를 산더미처럼 쌓아두고 밤을 지새
　　웠습니다. 그런데 요즘은 본문을 AI에 입력하면 원어 해석, 역사
　　적 맥락, 적용 아이디어까지 1차 정리가 금세 되더군요. 준비 시
　　간이 절반 가까이 줄어든 덕분에 남은 시간은 기도와 묵상에 더
　　집중할 수 있게 되었습니다.

노　직접 손으로 준비하던 때와는 어떤 차이가 있습니까?

이　'속도'만이 아니라 '깊이'도 달라졌습니다. AI가 던져주는 예화와
　　현대적 비유는 제게 의식의 새로운 확장을 줍니다. 놀라운 건, 직

접 써보신 분은 아시겠지만, AI가 쓴 원고를 보면 사람이 썼는지 AI가 썼는지 구분이 안 될 정도라는 점입니다. 외람되지만, 저처럼 오래 목회하며 설교를 준비해온 사람이나 겨우 차이를 알아챌 수 있을 겁니다.

노 그렇다면 설교 준비가 이전보다 한층 더 충실해지셨을 것 같습니다. 교인들의 반응도 예전과 비교해 달라진 점이 있습니까?

이 아, 그럼요. 제 설교에 더욱 편안해하십니다.

|인터뷰2| 김형욱 씨, 29세 _생명공학 전공 대학원생

노 형욱 씨는 최근 AI 교육을 받으셨다고요?

김 네, 짧은 교육이었지만 충격적일 만큼 새로웠습니다. 예를 들어 신약 개발에 보통 10년 넘게 걸린다고 배우지 않습니까? 그런데 AI를 적용하면 몇 년이 아니라 몇 개월 단위로 후보 물질을 좁히고, 임상에 적합한 조합을 찾아낼 수 있다니 믿기지 않았습니다.

노 실제로 체감하신 부분은 무엇입니까?

김 코딩 기술에서 가장 크게 느꼈습니다. 제가 몇 달을 고민해도 짜기 힘든 코드를, AI가 순식간에 완성해주는 걸 보고는 '이제 학문의 속도가 완전히 달라지는구나'라는 걸 깨달았죠.

노 교육을 받고 나서 생각이 달라진 점이 있습니까?

김 네, 단순히 도구 하나를 배운 게 아니라, 제 연구와 삶 전체의 방식이 바뀔 수 있다는 걸 느꼈습니다. AI의 속도와 능력 앞에서 두려움보다 경외심이 먼저 들더군요. 앞으로 제가 무엇을 선택하느냐에 따라 정말 놀라운 변화가 가능하리라 확신합니다.

우리는 지금 깊이 있는 생각의 실종, 그리고 손으로 만지고 발로 뛰는 경험의 실종이 우려되는 시대를 살고 있다. AI는 분명 우리의 효율을 높여주지만, 피할 수 없는 질문이 남는다. "이 편리함이 내 생각을 빼앗고 있지는 않은가?", "이 기술이 내 경험을 대신하고 있지는 않은가?"

실제로 한 조사에 따르면 대학생의 절반 이상이 과제 작성에 AI를 의존하며, 스스로 글을 쓰는 시간은 급격히 줄어들었다. 최근 펜실베이니아대학교 와튼스쿨의 연구도 같은 우려를 보여준다. 튀르키예 고등학생 1천 명을 대상으로 한 실험에서, AI 챗봇을 활용해 공부한 학생들의 성적이 오히려 평균 17퍼센트 낮게 나타났다. "AI가 학습을 돕는다"는 통념과 달리, 무작정 의존하면 역효과가 난다는 사실을 입증한 것이다. 전문가들은 이를 '구글 효과'와 연결한다. 스스로 사유하기보다 검색과 도구에 의존하는 습관이 쌓이면, 기억력과 비판적 사고력이 약화된다는 것이다.

AI는 분명 편리하지만, 지나치면 알코올처럼 중독성을 띠며 '인지적 오프로딩'(머릿속 부담을 외부에 떠넘기는 현상)을 심화시킨다. 결국 사회는 AI에 휘둘리는 다수와, 이를 전략적으로 활용하는 소수로 갈라질 가능성이 크다. AI는 삶을 확장시킬 수도 있지만, 동시에 생각과 경험을 갉아먹는 보이지 않는 감옥이 될 수도 있다. 우리가 '생각의 주도권'을 AI에게 내주는 그 순간, 인류의 종말은 시작된다.

챗GPT가 처음 유행하던 때, 나는 매우 독특한 실험을 했다. 『손자병법』의 모든 문장을 챗GPT로 번역하게 한 뒤, 내가 직접 번역한 것과 일일이 비교하는 작업이었다. 마치 2016년 이세돌 바둑 9단과 알파고의 세기적 대결을 떠올리게 하는 실험이었다. 이세돌은 당시 "결과는 1승 4패였지만, 인간이 할 수 있다는 걸 보여주고 싶었다"고 말했다. 그 말처럼, 아무리 AI가 발전해도 인간만이 가진 고유한 영역은 분명히 존재한다.

나는 3개월 동안 고된 실험을 진행하며 AI의 놀라운 속도와 처리 능력을 실감했다. 그러나 『손자병법』처럼 깊은 해석과 통찰이 필요한 영역에서는 번역 오류와 미해석 문장이 적지 않았다. 인간 마스터와 비교할 때 드러나는 AI의 분명한 한계였다. 나는 이 경험을 정리해 『GPT 대 노병천-손자병법 대결』이라는 제목으로 전자책을 출간했다. 결론 부분에 나는 이렇게 적었다. "AI는 앞으로 인간의 상상을 넘을 만큼 발전할 것이다. 그러나 생각의 주도권을 인간이 쥐고 있는 한, AI는 결코 인간을 지배하지 못한다." 반대로 말하면, 생각의 주도권을 잃는 순간 인간은 AI에 종속될 수도 있다는 의미다.

오늘의 체크 포인트

☐ 나는 이미 AI에 길들여 있지 않은가?

☐ AI는 나를 똑똑하게 해주는가, 오히려 바보로 만드는가?

☐ AI의 한계와 그 위험성을 인지하고 있는가?

질문 뒤집기

나는 지금 '생각의 주도권'을 쥐고 있는가, 아니면 어느새 AI가 대신 쥐고 있는가?

오늘의 문장

"나는 점점 생각하기를 게을리하고, AI는 그 빈틈을 메워준다."

한 줄 메모

지금 내가 AI를 가장 유용하게 활용하는 분야는 무엇인가?

Question 41

인생에 '운'은 얼마나
중요하다고 생각하는가?

운이라는 바람 속에서도 돛을 단 사람들

| 인터뷰 1 | 한다행 씨, 41세 _ 자칭 '운빨 개발자'

노 다행 씨는 '운'을 믿는다고 하셨죠?

한 완전 믿어요. 저희 어머니가 맨날 "넌 진짜 복 터진 놈이야"라고
하셨거든요. 근데 사실은 터진 게 복이 아니라 전깃줄이었어요.
중학교 때 우산 쓰고 전봇대 밑을 지나다가 감전됐거든요. 휴, 살
아난 것도 운이죠 뭐.

노 그럼 그때부터 운의 존재를 확신하게 된 건가요?

한 네, 그때 살아난 뒤로는 무조건 운발 인생입니다. 로또 샀다가
5천 원 당첨되고, 길 가다 주운 책이 제 인생 책이…… 그날 친구
가 안 나왔다는 게 컸죠.

노 그러면 본인은 운을 끌어당기는 비결이 있나요?

한 아, 그럼요. 일단 택시는 항상 세 번째 오는 걸 타요. 첫 번째는 급

하게 오고, 두 번째는 내가 놓치고, 세 번째가 내 택시라고 믿죠. 믿는 순간 진짜 좋은 기사님이 와요. (웃음)

노 　운을 믿는 것이 삶에 어떤 영향을 주었나요?

한 　기대가 생겨요. 안 풀려도 "아, 아직 내 차례가 안 왔구나……" 하면서 기다릴 수 있어요. 세상사 다 내 뜻대로 안 되는 것도, 결국 큰 그림 안에 있다고 믿게 되죠. 그리고…… 책임을 운 탓으로 돌릴 수 있어서 마음이 편해요. 하하!

| 인터뷰 2 | 이수아 씨, 26세 _ 대학생에서 스타트업 공동 창업자

노 　수아 씨는 '운 좋은 청년 창업가'로 소개되곤 하죠.

이 　하하, 그렇게 보일 수 있겠죠. 대회에서 우승하고, 투자도 받았으니까요. 하지만 그 이면엔 '100번의 실패 제안서'가 있어요.

노　운이 아니라 끈기였군요.

이　네. 제가 생각하는 운은 '노력의 잔여물'이에요. 계속 두드리다 보면 우연처럼 기회가 오고, 그걸 사람들은 '운'이라고 부르죠.

노　청년들에게 꼭 해주고 싶은 말이 있다면요?

이　운을 기다리지 말고, 기회를 위한 문을 매일 닦으라고 말해주고 싶어요.

　　로마 철학자 세네카는 "운이란 준비와 기회가 만나는 지점이다"라고 말했다. '운칠기삼運七技三'은 성공이나 결과에서 운이 70퍼센트, 노력이나 기술이 30퍼센트라는 뜻이다. 아무리 실력이 좋아도 운이 따라주지 않으면 원하는 결과를 얻기 어렵다는 인생의 통찰을 담고 있다. 사람은 누구나 살아가다 보면, '이건 정말 운이었다'라고밖에 설명할 수 없는 순간을 마주한다.

　　이런 말이 있다. "9.11 테러에서 살아남은 사람들은 부자도, 건강한 사람도 아니었다. 단지 운이 좋았던 사람들이었다." 생존의 문제는 종종 능력이나 준비와는 무관하게 우연과 운의 영향을 크게 받는다. 나 역시 내 삶을 돌아보면, 곳곳에 기적처럼 살아남은 순간들, 설명하기 어려운 운의 흔적들이 선명하게 남아 있다. 그중 하나는 우리 부부가 매일 걷던 산책길에서 벌어진 일이었다. 평소처럼 저녁을 먹고 천천히 걷고 있었는데, 갑자기 뒤에서 버스 한 대가 인도로 돌진해 우리가 지나려던 바로 그 지점의 신호등 지지대를 들이받았다. 평소보다 걸음이 조금 느린 날이었다. 단

3초만 빨리 걸었더라면, 우리는 그 자리에서 생을 마감했을지도 모른다. 삶과 죽음을 가른 3초였다. 생각할수록 등골이 서늘해지는 순간이었다.

또 한 번은 돌연사의 문턱에서 돌아온 적이 있다. 특별한 증상도 없었지만, 이상하게 마음이 끌려 심장병원에 들렀다. 혈액검사, 초음파, 부정맥 검사까지 모두 정상이었고 의사는 "약도 필요 없습니다"라고 말했다. 그런데 옆에 있던 아내가 왠지 느낌이 좋지 않다며 심장 CT를 찍어달라고 고집을 부렸다. 의사는 마지못해 CT 촬영을 했고, 그 결과는 충격적이었다. 관상동맥 두 곳이 90퍼센트 이상 막혀 있었던 것이다. 의사도 "정말 큰일 날 뻔했습니다"라며 놀랐다. 결국 그 자리에서 두 개의 스텐트를 시술했다.

가만히 생각해보면, 그전에 가끔 칼로 베이는 듯한 날카로운 통증과 함께 뻐근한 느낌이 대략 30초 정도 이어지곤 했는데, 별일 아니라고 가볍게 넘겼다. 혼자 어디에 있다가 돌연사할 뻔했다. 그런데 어느 날 문득 병원에 가고 싶은 생각이 들었고, 또 아내는 뜬금없이 의사에게 그렇게 고집을 부렸다. 마치 보이지 않는 손에 이끌린 듯이 말이다. 어떻게 이 모든 것을 설명할 수 있을까? 분명한 것은 있다. 나는 운이 좋은 사람이며, 여러 번 그 운이 나를 붙잡아주었다는 것이다. 세상을 살다 보면, 분명 운이 따라주는 사람이 있다.

오늘의 체크 포인트

☐ 인생에서 운은 있다고 믿는가?

☐ 나는 운이 있는 사람이라고 생각하는가?

☐ 운보다 먼저 바꿀 수 있는 '나의 태도'는 무엇인가?

질문 뒤집기

부잣집에 태어나는 것조차 운이라면, 가난하게 태어난 사람은 단지 운이 나쁜 것일까?

오늘의 문장

"운은 기다리는 것이 아니라 준비하는 사람에게만 미소 짓는다."

한 줄 메모

내가 오늘부터 운보다 더 믿고 싶은 한 가지를 써보자.

돈으로
해결되지 않는 것이 있던가?

돈이 전부가 아닌 순간을 마주한 사람들

| 인터뷰 1 | **한상민 씨, 35세** _ 돈으로 다 될 줄 알았던 직장인

노 상민 씨는 돈으로 안 되는 일을 겪은 적이 있다면서요?

한 네, 진짜 허무한 경험이 있어요. 여자 친구랑 다퉜는데 제가 잘못
   한 것도 좀 있었거든요. 그래서 화를 풀어주려고 카드를 긁어 명
   품백을 하나 샀어요. 무려…… 150만 원짜리요.

노 꽤 큰 결심이었겠네요.

한 근데 그녀가 그러더라고요. "가방 말고 네 마음을 듣고 싶었어."
   그 말에 뼈를 맞았죠. 결국 그날 헤어졌어요. 지금도 그 가방은 제
   옷장에 덩그러니 남아 있어요.

노 가방은 샀지만, 마음은 못 산 셈이군요.

한 맞아요. 그때 깨달았죠. 돈으로 되는 게 있고, 절대 안 되는 게 있
   다는 걸요.

노   석은 씨는 소위 '성공한 삶'을 살고 계신다고 들었어요.

김   네, 겉으로는 그렇게 보이죠. 직원을 50명 넘게 둔 회사를 운영하
     고 있고, 연 매출도 200억 가까이 됩니다. 고급 아파트에 살고, 원
     하는 건 대부분 가질 수 있어요.

노   그런데도 최근에 많이 힘드셨다고요?

김   네. 불면증이 생겼어요. 좋은 침대, 최고급 침구, 수면 보조기
     기…… 돈 들일 수 있는 건 다 했죠. 그런데도 밤마다 눈을 감으면
     머릿속이 복잡해서 잠을 못 자요.

노   이유는 무엇이라 생각하세요?

김   매일 경쟁, 스트레스, 책임…… 마음이 잠들 준비가 안 된 거죠. 결
     국 정신과 치료를 받기 시작했어요. 의사 선생님이 그러시더라고
     요. "편안한 잠은 돈이 아니라 평안한 마음이 만들어줍니다."

노   그 말이 참 와닿네요.

김   돈으로 침대는 살 수 있어도, 편안한 잠은 못 산다는 걸 이제야 진
     짜로 느껴요.

프랜시스 베이컨은 "돈은 훌륭한 하인이지만, 형편없는 주인이다"라고 했다. 돈은 삶에서 중요한 수단이다. 사람들은 돈을 벌기 위해 새벽부터 밤 늦게까지 일하고, 원하지 않는 상황도 참고 버틴다. 교육과 기회도 결국 돈이 뒷받침되어야 가능하다. 그래서 돈은 자유와 선택의 폭을 결정한다.

그러나 돈은 무섭다. 돈이 없는 집은 오히려 별 탈 없이 살아가지만, 부유한 집안에서는 상속 문제로 형제가 등을 지고, 심지어 비극까지 벌어진다. 또 돈으로 해결할 수 없는 것도 많다. 비싼 침대는 살 수 있어도 깊은 잠은 못 사고, 높은 자리는 살 수 있어도 존경은 얻지 못한다. 좋은 의사는 만날 수 있지만 모든 병을 막을 수는 없다. 화목한 가정과 100억 원을 바꾸겠는가? 아무리 큰돈이라도 가정의 화목을 대신할 수는 없다. 100억 원이 아니라 1,000억 원이 있어도, 진정한 평화와 행복이 깃든 가정은 돈으로 살 수 없는 것이다.

결국 진심, 신뢰, 평안, 사랑 같은 가치는 돈으로 살 수 없다. 맑은 공기, 새벽 햇살, 새소리처럼 돈 바깥의 것들이 더 귀하다. 우리가 지켜야 할 가장 소중한 것은 '돈 안'이 아니라 '돈 바깥'에 있다.

오늘의 체크 포인트

- ☐ 돈으로 해결하려다 실패한 경험이 있는가?
- ☐ 돈은 내게 어떤 의미가 있는가?
- ☐ 돈보다 더 소중히 여기는 것이 있는가?

질문 뒤집기

혹시 돈 싫어하는 사람을 본 적이 있는가?

오늘의 문장

"가장 소중한 것은 '돈 안'이 아니라 '돈 바깥'에 있다."

한 줄 메모

돈으로는 안 되는 것이 있다는 걸 나는 언제 처음 깨달았는가?

이 장은 우리에게 조용히 묻고 있다. 당신이 진정으로 바라는 성공은 무엇인가? 그리고 실패 앞에 섰을 때 무엇을 배웠고, 어떻게 다시 일어섰는가? 삶은 수많은 오르막과 내리막으로 이루어져 있다. 그 길 위에서 우리는 넘어지고, 일어서고, 다시 걷는다. 그러는 사이에 조금씩 단단해지고, 조금씩 깊어져간다. 그 여정 속에서 '나만의 성공'이 무엇인지 마음에 새긴 사람이라면, 이미 삶에서 가장 중요한 승리를 하나 얻은 셈이다.

이제, 다음 장으로 조심스레 걸음을 옮겨본다. 이번에 나눌 이야기는 '작은 것들을 사랑하는 법'에 관한 이야기다. 조금은 숨을 고르고, 마음을 다독이는 시간이 될 것이다. 삶의 무게를 버티는 힘, 그 속에서도 웃을 수 있는 힘은 어쩌면 '감사하는 마음'에서 시작되는 것인지도 모른다. 많은 것을 가져서가 아니라, 작은 것에도 기쁨을 느낄 줄 아는 사람이 진짜 행복에 가까이 다가갈 수 있다. 이제 함께, '작은 것들을 사랑하는 법'의 장으로 걸어가보자. 그 길에서 우리는 가장 평범한 날이 가장 특별한 날로 바뀌는, 조용한 기적을 마주하게 될 것이다.

제7장

작은 것들을 사랑하는 법

행복과 감사로 채워가는 매일의 기적

우리는 늘 더 크고, 더 멀리 있는 것을 꿈꾼다. 하지만 삶을 빛나게 하는 건 언제나 가장 가까이에 있는 작은 것들이다. 따뜻한 햇살 한 조각, 누군가의 미소 하나, 조용한 저녁의 평온함. 이 평범한 순간들을 사랑할 줄 알게 될 때, 비로소 우리는 행복해진다. 행복은 거창한 성공이나 언젠가 올 미래에 있는 것이 아니다. 행복은 지금 여기, 그리고 감사할 줄 아는 마음 안에 있다. 오늘도 기억하자. 아무 일도 없었던 평범한 하루가 사실은 가장 큰 기적이었다는 것을. 작은 것들을 사랑하는 법을 배울 때, 우리는 비로소 인생을 진짜로 살아가게 된다.

"바빠, 바빠"를
입에 달고 살지는 않는가?

그 말이 삶을 잠식하고 있지 않은가

| 이웃 1 | 장성훈 씨, 41세 _ 광고회사 팀장

성훈 씨는 하루에도 "바빠"를 열 번 넘게 말하는 사람이다.

아침에 출근하자마자 동료가 "커피 한잔 할래요?" 하자, "아, 바빠 바빠." 팀원이 보고서를 들이밀자, "바빠, 나중에 볼게." 점심시간에 동료가 "오늘 뭐 먹을까?" 물으면, "바빠 바빠, 그냥 알아서 시켜." 택배 기사님이 "사인 좀 해주세요" 하자, "지금 바빠요."

전화가 울리면, "바빠 바빠, 나중에." 복사기가 고장 나서 불려가도, "나 바빠, 고쳐도 바빠." 저녁에 부장이 "오늘 술 한잔 하지?"라고 하니, "바빠 바빠요, 내일도 바빠요." 퇴근길에 아내가 "장 보러 가자" 하니, "아휴, 바빠 바빠." 집에 들어오자마자 아이가 "아빠, 놀아줘" 하니, "아빠 지금 바빠."

자기 전에 거울 속 자신의 얼굴을 보며 혼잣말로, "바빠 바빠 하다 이

렇게 늦었냐?" 그 순간 문득 깨달았다. 바빠서 하루를 다 쓰고 나니 정작 중요한 건 아무것도 못 챙겼다는 사실을.

| 이웃 2 | 박지연 씨, 51세 _ 맞벌이 엄마

지연 씨는 늘 입에 "바빠, 바빠"를 달고 살았다. 아침에는 아이 도시락, 출근 준비, 회의 보고서로 허둥대고, 저녁에는 집안일에 치여 숨 돌릴 틈조차 없었다. 아이가 "엄마, 잠깐 얘기 좀 하자"라고 다가와도 "엄마 지금 바빠"라며 밀어내곤 했다.

그런데 어느 날, 대학에 진학해 기숙사로 떠나던 큰아들이 집을 나서며 문 앞에서 이렇게 말했다.

"엄마, 이제는 엄마 입에서 '바빠'라는 말, 더는 안 듣겠네."

그 순간 가슴이 철렁 내려앉았다. '바빠'라는 말이 결국 가장 소중한 시간들을 빼앗아버린 것이었다. 그날 이후 지연 씨는 일부러라도 하루에 10분을 멈추기로 했다. 아이들에게도, 남편에게도, 그리고 자신에게

도 더 이상 "바빠서"라는 핑계만 남기고 싶지 않았기 때문이다.

늘 "바쁘다"는 말을 입에 달고 살던 사람이 있었다. 그는 항상 쉴 새 없이 움직였고, 코끝에 맺힌 땀방울이 그의 일상이었다. 말을 걸기도 조심스러울 만큼 언제나 분주했다. 무슨 일이 그리 많은지 늘 바삐 뛰어다녔다. 그런데 어느 날, 믿기 어려운 소식이 전해졌다. 갑작스럽게 세상을 떠났다는 것이다. 사인은 심장마비였지만, 사실상 자기 몸을 돌보지 못한 탓이었다. 아직 환갑도 되지 않은 나이에, 무엇이 그토록 바빠서 자신의 생명까지 잃어야 했을까.

여유를 갖지 않고 너무 바쁘게 사는 사람들은 대개 중요한 것을 놓치지 않기 위해 더 바빠야 한다고 믿는다. 그래서 일정은 빽빽해지고, 하루는 늘 부족하다. 그러나 그렇게 달리는 동안 그들이 가장 쉽게 놓치는 것은 의외로 단순하다. 자기 마음의 신호, 관계의 온기, 그리고 삶의 방향이다. 바쁜 사람은 성과에는 민감하지만 감정에는 둔감해진다. 몸이 보내는 피로의 신호를 "지금은 그럴 때가 아니야"라며 미루고, 가까운 사람의 표정 변화를 "나중에 보면 되지" 하며 지나친다. 질문할 틈이 없으니 돌아볼 시간도 없다. 결국 어느 순간 멈춰 서게 되면, "나는 왜 이렇게까지 달려왔지?"라는 질문 앞에서 허탈해진다. 많이 이루었지만, 무엇을 잃었는지는 계산하지 못한 채 말이다.

블레즈 파스칼은 말했다. "인간의 모든 불행은 혼자 조용히 방 안에 앉아 있지 못하는 데서 시작된다."

오늘의 체크 포인트

☐ 나는 하루에 몇 번이나 "바빠"라는 말을 했는가?

☐ 정말 바빠서가 아니라 습관처럼 내뱉는 건 아닌가?

☐ 무엇을 위해 그렇게 바쁜가?

질문 뒤집기

매일 그렇게 바쁘다가, 바쁘게 가고 싶은가?

오늘의 문장

"인간의 모든 불행은 혼자 조용히 방 안에 앉아 있지 못하는 데서 시
작된다."

한 줄 메모

언제 한번 나를 돌아보는 시간을 가져봤는지 적어보자.

작고 확실한
행복을 누리는가?

날마다 행복한 사람의 인생 비결

| 이웃 1 | 박성필 씨, 46세 _ 직장인

중소기업에 다니는 그의 좌우명은 딱 하나.

"작은 행복은 시간 낭비, 난 한 방에 인생 역전!"

아내가 어느 날, "여보, 날씨 좋은데 근처 공원이라도 걸을까?" 하고 물으면, 그는 고개를 절레절레 흔들었다.

"그게 무슨 행복이야. 알프스 설산을 배경으로 걷는 트레킹 정도는 되어야 하지 않겠어?"

직장 동료들이 퇴근 후 치맥을 하자고 해도, 그는 씩 웃으며 손사래를 쳤다.

"행복이란 건 라스베이거스 호텔 스카이라운지에서 샴페인을 들이키며 야경을 보는 거지, 치킨이랑 맥주로는 너무 소박하잖아."

그의 하루는 늘 '언젠가'라는 단어로 가득했다. 언젠가 몰디브 해변에서 코코넛을 마실 거고, 언젠가 복권 1등에 당첨될 거고, 언젠가 유명인과 한 식탁에 앉아 저녁을 먹을 거라는 상상. 그 꿈이 현실이 될 날을 위해, 그는 오늘의 소소한 즐거움을 가뿐히 건너뛰었다. 문제는 그 '언젠가'가 1년, 5년…… 10년째 오지 않았다는 거다.

| 이웃 2 | 오수철 씨, 36세 _제주 해남

그는 3대째 이어온 해녀 집안의 장남이다. 어릴 적부터 물질하는 어머니의 뒷모습을 보며 자랐다. 그도 스무 살 무렵부터 바다에 들어가기 시작했다. 바다 일은 늘 위험과 맞닿아 있다. 깊은 곳까지 숨을 참고 내려가야 하고, 조류가 거세면 목숨을 잃을 수도 있다. 하지만 그는 매일 아침 바다로 나간다. 물안경을 쓰고, 호흡을 고르고, 물속으로 천천히 가라앉는다. 그리고 노래를 부른다.

"노래하면요, 이상하게 숨이 편해져요. 마음이 가라앉고요. 물속에서 노래를 부르면 해초도, 조개도, 물고기도 다 듣고 있는 것 같아요. 박수

도 쳐줘요. 진짜예요. 앙코르도요.”

누가 보면 농담처럼 들리겠지만, 그는 진심이다. 그에게 노래는 공기보다 더 필요한 것이다. 가족을 먹여 살리기 위해 잠수복을 입지만, 그의 안에는 노래하는 아이가 살아 있다.

“아무리 힘든 일이어도 내가 좋아하는 노래를 부를 수 있다면, 그걸로 충분히 행복해요.”

바다는 그에게 고된 삶의 터전이지만, 동시에 무대이기도 하다. 그는 오늘도 물속에서 노래를 부른다. 누구에게 들리든 말든. 그 노래가 자기 자신을 잊지 않게 해주기 때문이다.

세계 행복 보고서에 따르면, 우리의 행복은 절반가량이 유전적 요인에서 비롯되지만, 약 10퍼센트는 환경과, 약 40퍼센트는 개인의 선택 및 태도에 달려 있다고 한다. 타고난 기질을 바꾸기는 어렵지만, 어떤 마음가짐을 품고 어떤 태도로 하루를 살아가느냐에 따라 행복은 충분히 커질 수 있다는 의미다.

노벨상 수상 심리학자 대니얼 카너먼이 말한 ‘피크엔드 법칙Peak-End Rule’ 역시 같은 맥락에서 설명된다. 사람들은 하루 전체를 평균적으로 기억하지 않고, 가장 강렬했던 순간(피크)과 마지막 순간(엔드)에 의해 경험을 평가한다. 힘든 일이 많아도 어떤 순간의 기쁨과 마지막의 만족이 있으면 행복한 하루로 기억되며, 반대로 무난한 하루라도 끝이 불편하면 전체가 부정적으로 남는다. 결국 행복은 주어진 환경보다 내가 어떻게 ‘순간’

을 의미 있게 만들고, 하루를 어떤 질문과 태도로 '마무리'하느냐에 달려 있다.

"사랑한다"는 말은 지금 이 순간에 전하자. 내일은 어떻게 될지 아무도 모른다. 어떤 일이든 마무리할 때는 따뜻한 말과 좋은 모습으로 사람들과 헤어지자. 그 마지막 순간의 기억이 그날의 행복을 좌우한다. 행복은 저절로 굴러들어오는 선물이 아니다. 하늘에서 뚝 떨어지듯 다가오는 것도 아니다. 행복도 근육처럼 훈련이 필요하다. 매 '순간'을 행복으로 채우려는 의식적인 노력이 있어야 하고, 하루의 '끝'을 행복으로 닫으려는 적극적인 의지가 쌓여야 한다. 결국 순간과 끝을 내가 붙잡을 때, 그 하루는 행복한 하루로 기억된다.

오늘의 체크 포인트

- ☐ 오늘 '작지만 확실한 행복'은 무엇이었는가?
- ☐ 오늘 가장 강렬했던 순간은 언제였는가?
- ☐ 오늘 어떻게 하루를 마무리했는가?

질문 뒤집기

파랑새는 과연 있는가?

오늘의 문장

"행복은 타고나는 것이 아니라 순간과 끝을 어떻게 채우느냐의 선택
이다."

한 줄 메모

오늘 내가 누린 '행복'은 무엇이었는지 적어보자.

_____

문제 없는
인생이 있을까?

문제에 함몰된 사람, 문제를 문제 삼지 않는 사람

| 이웃 1 | 김영현 씨, 56세 _ 의류업체 사장

영현 씨는 누구나 부러워하는 인물이었다. 잘나가는 회사를 이끌며 언론 인터뷰에도 종종 등장했고, 직원들 앞에서는 언제나 웃는 얼굴로 '긍정적인 마음이 성공의 비결'이라고 말했다. 사람들은 다 갖춘 듯한 그의 삶을 부러워했다.

"어떻게 저리도 복이 많을까? 돈도 많지, 인기도 많지, 가정도 화목하지……."

그러나 아무도 몰랐다. 미국 유학을 보낸 아들은 공부 대신 술과 마약에 빠져 경찰에 연행되기 일쑤였다. 딸은 모델이 되겠다며 집을 나간 뒤, 부모의 말은 듣지 않고 유흥가를 전전하며 밤거리를 떠돌았다. 아내와의 관계도 이미 파국 직전이었다. 늘 곁에서 함께했던 동반자는 이제 법원에 제출할 이혼 서류를 준비 중이었다.

영현 씨는 밤마다 사장실에 홀로 앉아 술잔을 손에 든 채, 잡지 속 '성공한 CEO'라는 자신의 기사를 멍하니 바라보곤 했다.

"사람들이 나를 얼마나 알아? 모두 나를 부러워하지만, 정작 내 인생은 무너지고 있구나……."

| 이웃 2 | **강민호 씨, 35세** _ 직장인

민호 씨는 아침부터 꼬이는 하루를 맞았다. 출근길에 버스를 놓쳤고, 겨우 택시를 잡았더니 교통체증에 갇혔으며, 회사에 도착하자마자 프린터가 고장 나 보고서를 출력하지 못했다. 점심에는 구내식당 메뉴가 본인이 알레르기를 일으키는 음식이었고, 오후에는 중요한 고객과의 통화가 연결되지 않았다. 하루 종일 문제가 꼬리에 꼬리를 물고 이어졌다. 저녁 무렵, 그는 속으로 중얼거렸다.

"도대체 왜 이렇게 문제만 생기는 거야? 도망가고 싶다."

그런데 순간, 문득 어떤 깨달음이 왔다.

"이 모든 문제는 내가 살아 있기 때문에 생기는 거잖아. 내가 출근을 하고, 보고서를 만들고, 전화를 하고, 사람과 관계를 맺으니까 문제도 따라오는 거지. 만약 내가 죽었다면? 이런 짜증도, 문제도, 고생도 없을 거야. 문제는 곧 내가 살아 있다는 증거구나."

그는 한숨을 내쉬며 피식 웃었다. 뭔가 대단한 것을 깨우친 기분이었다. 문제가 없어지는 순간은 결국 삶이 멈추는 순간뿐이었다. 살아 있는 한 문제는 계속 생길 수밖에 없고, 그렇다면 문제에 짜증 낼 게 아니라 태도를 바꿔야 했다. 그날 이후, 민호 씨는 문제를 볼 때마다 이렇게 생각하기 시작했다.

'아, 살아 있구나. 그러니 문제가 있지.'

철학자 키르케고르는 "인생은 문제로 가득 차 있지만, 그 문제를 어떻게 해석하느냐에 따라 전혀 다른 의미가 된다"라고 말했다.

사람은 겉으로만 평가해서는 안 된다. 겉모습은 모든 것을 다 갖춘 듯 보일지라도, 속을 들여다보면 크고 작은 문제들로 가득하다. 아무리 화려해 보여도 고민과 상처 없는 삶은 없다. 결국 문제가 없는 인생은 없는 것이다. 문제는 풀면 끝나는 게 아니라, 또 다른 문제의 시작이 되곤 한다. 취업에 성공하면 직장 내 경쟁과 갈등이 생기고, 그것을 해결하면 이번엔 가정의 문제가 불거진다. 건강을 위해 운동을 시작하면 시간 관리의 문제가 따라오고, 그마저 조율하면 인간관계 속 또 다른 어려움이 찾아온다.

결국 인생은 문제를 피하는 길이 아니라, 문제와 함께 살아가는 법을 배우는 과정이다. 문제를 적으로만 보면 끝없는 싸움이지만, 삶의 일부이자 성장의 기회로 본다면 한 단계 더 성숙해질 수 있다. 인생은 문제를 안고 태어나, 문제 속에서 살아가며, 또 다른 문제를 남긴 채 죽어가는 과정이다.

오늘의 체크 포인트

☐ 문제가 있다는 것은 살아 있다는 증거가 아닌가?

☐ 문제가 없는 사람은 공동묘지에 있지 않을까?

☐ 모든 것을 다 가진 사람이 있을까?

질문 뒤집기

문제가 없다면 그게 더 큰 문제가 아닐까?

오늘의 문장

"문제가 없는 인생은 없다. 다만 문제를 대하는 태도가 인생의 질을 결정한다."

한 줄 메모

내가 최근에 겪은 문제는 무엇인가? 그리고 그 문제에서 내가 배운 것은 무엇인지 적어보자.

의미와 재미,
둘 다 잡고 살아가고 있는가?

의미와 재미, 두 날개로 균형을 잡고 나는 삶

| 이웃1 | 김태윤 씨, 26세 _ 대학생

태윤 씨는 군 입대 하루 전날, 친구들에게 이렇게 말했다.

"나는 절대 무너지지 않아. 군대에서도 의미를 찾고, 재미도 챙길 거야."

하지만 그 말은 자대에 배치된 지 3일 만에 철저히 깨졌다. 정신없는 얼차려, 끝없는 구보, 귀신보다 무서운 분대장. 태윤 씨는 첫 주에만 열두 번쯤 전역을 상상했다.

"아, 진짜…… 사람 사는 데가 맞나?"

그런데 어느 날, 점호 후 소등 직전 한 선임이 귓속말로 소곤거렸다.

"야, 오늘 고참이 실수한 거 너만 눈치챘지? 웃기더라."

그 말에 피식 웃은 그 순간, 태윤 씨는 깨달았다.

'이 안에서도 웃을 포인트는 존재한다.'

그날부터 그는 자신만의 '군대에서 의미와 재미 찾기 챌린지'를 시작했다. 의무병을 도와주며 생명의 소중함 배우기. PX 아이스크림 3초 컷 대회 개최. 매주 '이번 주의 명대사' 메모하기(예: "수통을 잃어버리면 수통 인생이 된다!").

그러던 어느 날, 중대장이 말했다.

"김 이병, 요즘 애들 웃는 거 보니까 자네 덕 좀 보는 것 같아."

태윤 씨는 속으로 외쳤다.

'이것이 바로 국방 재미주의자!'

그는 결국 별 탈 없이, 그리고 누구보다 큰 웃음으로 의미 있고 유쾌하게 전역했다. 지금도 말한다.

"군대? 지옥 같은 곳 맞아요. 근데 그 안에서 웃을 수 있었던 게…… 진짜 의미였죠."

| 이웃 2 | 윤성우 씨, 36세 _ 초등학교 교사

성우 씨는 스스로를 '의미 중독자'라고 불렀다. 책도 무조건 철학, 강연도 인문학, SNS에는 명언 퍼레이드. 친구들은 그를 보고 "사람이 아니라 하나의 사색 덩어리야"라고 했다. 그는 뿌듯했다.

"인생은 깊어야 의미가 있죠. 웃기려고 사는 거 아니잖아요?"

그런데 어느 날 학교에서 사건이 터졌다. 학급에서 '장기자랑' 시간을 마련했는데, 마지막 순서였던 한 학생이 갑자기 펑펑 울며 무대에서 내려왔다. 너무 떨려서 아무것도 못 하겠다는 거였다.

아이들이 모두 조용해졌고, 어색한 침묵이 교실을 감쌌다. 그 순간, 윤성우 씨는 뭔가에 홀린 듯 앞으로 나갔다. 그리고…… 갑자기 엉덩이를 흔들며 '고양이송'을 추기 시작했다.

"야옹야옹…… 나는야 고양이…… <u>으흐흐</u>……."

아이들은 빵 터졌고, 울던 아이도 웃음을 터뜨렸다. 그날 교실은 웃음 바다가 되었다. 장기자랑의 마지막은 그렇게, 선생님의 몸 개그로 화려하게 마무리되었다. 수업이 끝난 뒤, 한 아이가 조심스레 다가와 말했다.

"선생님…… 오늘이 제일 재밌었어요. 근데 왠지 '감동'도 제일 컸어요."

그 말에 성우 씨는 잠시 멍해졌다. 의미는 꼭 진지한 얼굴로만 전해지는 게 아니었다. 삶은 가끔 엉덩이를 흔들어야 깊어진다는 걸, 그날 처음 알았다. 그는 이제 말한다.

"삶의 의미만 좇다 보면 표정이 굳어요. 근데 웃음을 좇다 보면, 마음이 열려요. 의미와 재미, 두 마리 토끼는…… 가끔 장기자랑에서 만나요."

사람들이 유튜브에 빠져드는 이유는 사실 아주 단순하다. 재미있기 때문이다. 먹방이나 여행 브이로그가 폭발적인 인기를 끄는 것도, 그저 보는 것만으로도 기분이 좋아지고 스트레스가 풀리기 때문이다. 재미는 분명 우리 삶을 가볍게 하고 활력을 준다. 하지만 재미만 좇는 삶이 과연 건강할까? 의미 없이 소비되는 재미는 어느 순간 우리 삶의 방향을 흐트러뜨리고, 심지어 사람을 무너뜨리기도 한다. 『죽음의 수용소에서』의 저자 빅터 프랭클은 로고테라피, 즉 '의미 치료'의 창시자다. 그는 인간이 극한 상황에서도 살아남을 수 있었던 비밀을 '의미'에서 찾았다. 지쳐 있으면서도 옆 사람에게 "힘내십시오"라고 건네던 짧은 한마디, 배고픔에 시달리면서도 마지막 빵 한 조각을 다른 이와 나누던 행동. 그런 작고 단순한 선택들 안에서 그들은 삶의 의미를 발견했고, 그 의미가 그들을 끝까지 버티게 했다.

실제로 극단적인 선택을 한 사람들의 공통점 중 하나가 '살아야 할 의미'를 잃어버린 것이라는 사실은 우리에게 많은 것을 시사한다. 그래서 오늘을 살아가는 우리에게 필요한 두 축은 분명해진다. '재미'와 '의미'. 재미는 우리에게 삶의 에너지를 주고, 의미는 삶의 방향을 잡아준다. 둘 중 하나만 있어서는 오래갈 수 없다. 재미만 있으면 가벼워지고, 의미만 있으면 버거워진다. 이 두 가지가 균형을 이룰 때, 우리는 흔들리지 않고 오래, 그리고 단단하게 자신의 길을 걸어갈 수 있다.

오늘의 체크 포인트

☐ 나는 지금 하고 있는 일에 재미와 의미를 동시에 느끼고 있는가?

☐ 나는 얼마나 재미있게 살며, 얼마나 자주 웃는가?

☐ 나는 의미를 발견하며, 얼마나 자주 감탄하고 있는가?

질문 뒤집기

두 마리 토끼를 잡으려다 결국 두 마리 다 놓치지 않을까?

오늘의 문장

"의미와 재미는 인생의 두 바퀴다. 한쪽만으로는 오래 달릴 수 없다."

한 줄 메모

요즘 내가 가장 즐기면서도 의미 있게 하고 있는 활동은 무엇인가?

 _____

이 시간을 살아가는 그대에게

Question 47

별일 없이 평범한 날의
감사를 아는가?

평범한 날이 가장 좋은 날

│이웃1│ 오정환 씨, 50세 _프리랜서

정환 씨는 오랜 병원 생활을 마치고 막 퇴원한 지 일주일째였다. 병상 위에서의 날들을 떠올리면, 지금 아무렇지 않게 걷고, 씻고, 커피 한 잔을 내리는 모든 순간이 감사했다.

"건강할 때는 몰랐어요. 몸이 말을 듣는다는 게 얼마나 귀한 일인지."

그는 이제 하루하루가 선물 같다고 했다.

"오늘도 아프지 않게 일어났다는 것, 그거면 된 거죠."

정환 씨는 '별일 없는 날'을 '기적의 날'이라고 부른다.

"사실 가장 많은 날이 '별일 없는 날'인데, 우리는 그걸 가장 무의미하게 보내잖아요. 지금은 그 평범함이 얼마나 소중한지 알아요."

그리고 말한다.

"병실 밖 세상은, 그 자체로 감사입니다."

"다녀왔습니다!"라고 말하며 작은아들이 돌아왔다. 그제야 옥화 씨는 부엌에서 칼을 내려놓고 문 쪽을 향해 얼굴을 돌렸다.

"어, 왔어? 학교 어땠어?"

"그냥 뭐…… 똑같지."

툭 내뱉는 말에 웃음이 났다.

"그래, 그 '똑같은 거'가 얼마나 고마운 일인지 넌 아직 모르지."

혼잣말로 중얼거리며 옥화 씨는 다시 부엌으로 돌아갔다. 조금 뒤, 큰아들도 학교에서 돌아왔고 동생과 티격태격하면서 웃는 소리가 집안을 가득 채웠다.

시계를 보니 6시 30분. 남편이 퇴근할 시간이었다. 얼마 지나지 않아 현관문이 열리고, 남편의 익숙한 기침 소리와 함께 "나 왔어!" 하는 목소리가 들렸다. 참 신기하다. 매일 똑같이 들려오는 이 목소리가, 왜 이렇게 오늘은 더 반가운지.

옥화 씨는 밥상을 차리기 시작했다. 된장찌개의 김이 모락모락 올라오고, 잘 익은 깍두기 냄새가 코를 간질인다. 그때 옆방에서 어머니의 발걸음 소리가 들렸다. 방 안에서 조용히 계시던 어머니가 조심스레 지팡이를 짚으며 식탁 앞으로 오셨다.

"어머니, 나오셨어요? 여기 앉으세요."

"그래, 된장 냄새가 나서 나와 봤어."

어머니가 웃으셨다. 그 웃음 하나에 가슴이 뭉클해졌다. 식탁에 모두 둘러앉은 순간, 옥화 씨는 문득 이런 생각이 들었다.

'아, 오늘…… 참 감사한 날이다.'

누구도 다치지 않았고, 어떤 전화도 울리지 않았다. 뉴스에 우리 가족이 나올 일도 없었고, 병원에 갈 일도 없었다. 그저 아이들이 학교에서 돌아오고, 남편이 퇴근하고, 어머니가 우리 곁에 있고, 나는 이렇게 밥을 차려낼 수 있는 별일 없는 하루.

하지만 이 평범한 하루가 누군가에겐 기적 같은 날이고, 누군가에겐 다시 오지 않을 소중한 순간일지도 모른다. 나는 오늘, 아무 일도 없어서…… 참 고마웠다.

"별일 없어?"

"응, 별일 없어."

이 짧은 인사가 무심하게 들릴지 모르지만, 그 속에는 사실 큰 감사가 숨어 있다. 별일 없는 하루는 기적과 같다. 오늘 하루를 무사히 보냈다는 건, 수많은 변수들이 나를 비껴갔고, 보이지 않는 누군가의 배려와 수고가 있었기 때문이다. 세상에 '당연한 하루'란 없다.

아침에 눈을 뜨는 일도 사실은 기적이다. 밤사이 무슨 일이 일어날지 아무도 장담할 수 없지 않은가. 두 손으로 밥을 떠 입에 넣을 수 있다는 것도 기적이다. 손에 문제가 생기거나 위장이 아프기만 해도 우리는 밥 한 숟가락도 제대로 먹기 어렵다. TV에서 재미있는 프로그램을 보며 웃는 것도 기적이다. 눈에 문제가 생기면 보고 싶어도 볼 수 없다. 가만히 들여다보면, 우리가 당연하게 여기는 일상은 모두가 저마다의 작은 기적들이다. 매일 반복된다고 해서 평범한 것이 아니라, 오히려 그 반복 속에 숨어 있는 기적을 우리가 잊고 살아갈 뿐이다.

아내와 내가 탄 차량이 고속도로에서 대형 화물차와 충돌해, 차량이 열 바퀴나 회전하는 큰 사고를 당했다. 차는 형체를 알아볼 수 없을 정도로 망가졌지만, 우리는 기적처럼 목숨을 건졌다. 간신히 차 밖으로 기어 나온 나는 아내의 손을 꼭 붙잡았다. 서로의 눈을 바라보며, 우리는 떨리는 목소리로 똑같이 중얼거렸다.

"살아 있어서…… 정말 다행이야."

그날 이후, 나는 매일이 '평범한 축복'임을 잊지 않으려 한다. 아침에 눈을 뜨고, 밥을 먹고, 사랑하는 이의 얼굴을 보는 것. 이 모든 것은 결코 당연한 하루가 아니었다. 그래서 나는 묻는다.

"나는 지금, 평범한 하루의 기적에 감사하며 살고 있는가?"

오늘의 체크 포인트

☐ 별일 없는가?

☐ 별일 없는 날을 당연하게 생각하고 있는가?

☐ 별일 없을 때 어떤 생각이 드는가?

질문 뒤집기

오늘 무슨 일이라도 생겼다면 더 좋았을까?

오늘의 문장

"물 위를 걷는 것이 기적이 아니라 땅 위를 걷는 것이 기적이다."

한 줄 메모

오늘의 평범함 속에서 내가 놓치고 있던 감사는 무엇인가?

❝ _____ ❞

건강을 위해
무엇을 실천하는가?

건강을 잃으면 다 잃는다

| 이웃 1 | 최명수 씨, 62세 _ 댄스 게임 마스터

명수 씨는 "건강? 그건 늘 내일의 숙제였죠"라며 웃는다. 평생 회사에 헌신하며 '운동은 퇴직 후에'라고 미뤄두었는데, 막상 퇴직하니 몸이 말을 듣지 않았다. 허리는 쑤시고 무릎은 삐걱댔다. 병원에서 "이대로 두면 수술해야 합니다"라는 말을 들은 날, 그는 결심했다. 운동을 시작하자! 그런데 문제는 헬스장이 재미가 없다는 것. 그가 택한 건강법은 뜻밖에도 '댄스 게임기'였다. 마트에서 우연히 본 어린이용 댄스 게임기를 집에 들여놓고, 하루 30분 '불타는 발놀림'에 도전했다. 처음에는 엉성했지만, 점점 점수가 오르며 승부욕이 발동했다.

"손주랑 1등 내기를 하다 보니, 어느새 땀이 줄줄 나더라고요."

6개월 뒤, 병원에서 무릎 근력이 좋아졌다는 말을 들었고 체중도 5킬로그램 감량되었다. 명수 씨는 말한다.

"이 나이에 댄스 게임 마스터가 될 줄 몰랐습니다. 건강은 재미와 함께해야 오래갑니다."

이제 그의 하루는 '게임 한 판'으로 시작되고, 웃음과 땀이 함께 흐르는 건강 루틴이 되었다.

| 이웃 2 | 김동열 씨, 64세 _ 달리기 전도사

젊은 시절 그는 건강을 '젊음의 특권'으로 여기며 살아왔다. 하지만 은퇴 후 찾아온 만성 당뇨와 고혈압은 그의 일상을 흔들어놓았다. 처음에는 걷기만 꾸준히 하며 버텼지만, 생각만큼 몸이 좋아지지 않았다. 그러다 "걷기만으로는 근력이 줄어들 수 있다, 달리기가 훨씬 효과적이다"라는 말을 듣고 조심스레 달리기를 시작했다. 처음에는 3분만 뛰어도 숨이 찼지만, 매일 조금씩 시간을 늘리며 몸의 반응을 살폈다. 스트레스를 받을 때면 가벼운 조깅으로 마음을 다스렸다. 그렇게 1년, 그는 드디어 복용하던 약을 줄일 수 있었다. 그는 말했다.

"건강은 내가 통제할 수 있는 마지막 영역이었어요. 달리기를 시작하니, 몸뿐 아니라 내 삶까지 다시 힘을 찾더군요."

"명예를 잃으면 조금 잃는 것이고, 건강을 잃으면 모든 것을 잃는다"는 말은 귀에 못이 박히도록 들은 진리다. 그렇다. 아무리 오래 살아도 건강하지 않으면 장수는 고통의 연장일 뿐이고, 많은 재산도 몸이 받쳐주지 않으면 '그림의 떡'이 될 뿐이다. 그래서 사람들은 주기적으로 건강검진을 받는다. 큰 병을 조기에 막기 위해서다. 건강을 위한 아주 중요한 첫걸음이다. 하지만 이것만으로는 충분하지 않다. 건강은 육체와 정신을 함께 돌보는 일이기 때문이다. 그래서 많은 사람들이 가장 쉽게 선택하는 운동이 '걷기'다. "걸으면 살고 누우면 죽는다"는 말도 익숙하다. 물론 걷는 것도 좋다.

그러나 최근 연구는 중요한 사실을 알려준다. 걷기만 오래 하면 근력이 오히려 감소할 수 있다는 것이다. 특히 중장년층의 경우 걷기만으로는 자연스러운 근육 감소를 막아내기 어렵다. 그래서 최근 다시 주목받는 것이 바로 '달리기'다. 달리기는 하체는 물론 엉덩이, 허리, 복부까지 전신을 두루 사용하는 종합 운동이다. 심장이 강하게 뛰고 호흡이 깊어지면서 근력, 심폐 체력, 골밀도가 함께 향상된다. 그만큼 심혈관, 뇌혈관 질환의 위험도 낮아진다. 실제로 한 뇌졸중 환자가 발병 후 꾸준히 달리기를 이어가 3개월 만에 직장에 복귀한 사례도 있다.

달리기의 가장 놀라운 효과는 뇌를 되살리는 힘이다. 달리면 뇌에서 뇌유래 신경영양인자BDNF 분비가 많아진다. BDNF는 뇌의 '신경가소성neuroplasticity'에 중요한 역할을 하는 단백질이다. 뇌는 고정된 기관이 아니다. 평생 새로운 연결을 만들고 강화하는데, 이를 '신경가소성'이라고 한다. 그래서 달리게 되면 BDNF 분비가 많아지고, 그로 인해서 뇌신경이 재생되고 다시 살아난다. 치매 예방과 우울증 완화에 달리기가 특히 효과적인 이유다. 그래서 달리기는 뇌 운동이다. 달리기는 대사 건강에도 탁월하다. 지방을 빠르게 태우고 혈당을 안정시키며 인슐린 기능을 개선한다. 비만과 당뇨 예방에 뛰어나고 남성의 성기능 개선에도 도움이 된다는 연구도 있다. 그래서 어떤 비뇨기과 의사는 발기부전 환자에게 "약보다 먼저 달리기를 하라"고 권하기도 한다.

'이 나이에 무슨 달리기냐?'라고 생각하기 쉽지만, 오히려 나이가 들수록 달리기는 더 필요하다. 약해지는 몸일수록 강한 자극이 근육과 뇌를 살리기 때문이다. 그래서 요즘에는 70대 이상도 달리기를 꾸준히 한다. 보통 속도로 걷는 것만으로는 절대로 근력과 심폐 체력을 향상시킬 수 없다. 반드시 숨이 찰 정도의 반복적인 자극이 필요하다. 그 기준은 중강도 운동인데, 숨은 차지만 옆 사람과 대화를 할 정도면 된다. 자극이 반복되어야 효과가 나타나므로 하루에 30분씩 일주일에 5일을 뛰면 좋다. 처음부터 오래 달릴 필요는 없다. 5분만 뛰어도 좋다. 하루 5분만 뛰어도 사망률이 감소했다는 보고도 있다. 걷다가 잠시 뛰고, 다시 걷다가 또 뛰는 방식으로 천천히 늘리면 된다. 달리기는 6주부터 효과를 보이고, 진짜 효과는 약 3개월이 지나면서 나타난다. 1년 정도만 하면 먹던 약을 줄일 정도가 된다.

본인이 달리기를 23년간 계속하면서, 달리기를 집중적으로 연구하고 있는 뇌신경 재활 전문의는 이렇게 말했다. "숨차게 뛰세요. 죽다가도 살아남니다." 비나 눈이 와도 매일 5킬로미터를 달리는 82세 노인은 이렇게 말한다. "건강하게 살고 싶다면 그냥 달리세요." 망가진 뇌를 살리고 약해진 몸을 되살리는 길은 생각보다 단순하다. 답은 하나, 그냥 달리는 것이다.

달리기를 강조한다고 해서, 달리기만이 유일한 건강관리 방법이라고 오해하지 않았으면 한다. 건강의 핵심은 단 하나, 자신에게 맞는 운동을 찾아 꾸준히 실천하는 것이다. 아무리 좋은 운동이라도 오래 지속할 수 없다면 아무런 도움이 되지 않는다. 오히려 단순하지만 꾸준히 할 수 있는 운동이 훨씬 더 큰 힘을 발휘한다. 예를 들어 발뒤꿈치 들기 운동은 장소와 시간의 제약 없이 누구나 쉽고 편하게 할 수 있으며, 그 효과도 매우 뛰어나다. 집에서도, 전철 안에서도, 사무실에서도 잠시 서서 발뒤꿈치를 반복해 들어 올리기만 하면 된다. 이 간단한 운동 하나가 전신 순환을 돕고, 혈전 생성을 예방하며, 기립성 저혈압 개선과 당뇨 예방에도 긍정적인 작용을 한다. 방법도 그저 10회씩 3세트만 해도 충분하다. 물론 시간이 허락된다면 더 자주, 더 많이 하면 그만큼 좋다. 중요한 것은 어떤 운동을 선택하느냐보다 내 몸 상태와 상황에 맞게 꾸준히 실천하느냐이다.

결국 내 몸과 정신은 내가 지켜야 한다. 건강은 잃은 뒤에야 그 소중함을 깨닫지만, 그때 후회해봐야 이미 늦다. 그래서 우리는 늘 기억해야 한다. 건강은 건강할 때 지켜야 한다는 사실을.

오늘의 체크 포인트

☐ 나는 정해진 연도에 건강검진을 하는가?

☐ 나는 오늘 5분이라도 숨이 찬 운동을 했는가?

☐ 나는 오늘 얼마나 앉아 있거나 누워 있었는가?

질문 뒤집기

운동을 많이 하는 운동선수들이 과연 오래 사는가?

오늘의 문장

"건강은 선택이 아니라 필수다. 그 위에만 진짜 삶이 세워질 수 있다."

한 줄 메모

요즘 내가 꾸준히 지키고 있는 건강 습관 하나는 무엇인가?

_____

사소한 일에 목숨을 걸고 있지 않은가?

사소한 일에 마음을 소모하지 않을 용기

| 이웃 1 | 김춘배 씨, 68세 _ 무직

춘배 씨는 동네에서 '완벽주의의 대명사'로 불렸다. 하지만 그 완벽함이 향한 곳은 다소 엉뚱했다. 바로 '양말의 좌우 짝 맞추기'였다. 세탁 후 양말 한 짝이라도 잃으면, 집안은 비상사태가 되었다. 가족들은 "그냥 새로 사면 되잖아요"라고 했지만, 그는 "아니, 이건 원칙의 문제야!"라며 하루 종일 양말의 행방을 쫓았다.

결국 세탁기 뒤, 침대 밑, 심지어는 베란다 화분까지 뒤져 한 짝을 찾아내면, 마치 잃어버린 가족을 찾은 듯 눈시울이 붉어졌다. "이 맛에 사는 거지!"라며 활짝 웃는 그를 보며, 가족들은 웃음과 한숨을 동시에 내쉰다. 정작 건강검진 예약은 세 번이나 미뤄놓고 말이다.

해수 씨는 회사에서 '철두철미'하다고 소문이 났다. 그런데 그 철두철미함이 향한 곳은 다소 뜻밖이었다. 보고서 표지 글씨체와 줄 간격이었다. 그는 어떤 보고서든 글씨체는 '바탕체 11pt', 줄 간격은 '160퍼센트'가 아니면 마음이 불편했다. 내용이 아무리 좋아도 서식이 마음에 들지 않으면 제출하지 않았다.

문제는 중요한 사업 제안서 마감일에 터졌다. 팀원들이 밤새 자료를 모아 완벽하게 정리했는데, 해수 씨는 제출 직전 "이건 제목이 한 칸 내려갔네"라며 서식을 다시 잡기 시작했다. 그 과정에서 프린터 오류까지 겹쳐 제출이 10분 늦어졌고, 결국 그 제안서는 접수조차 되지 않았다. 사소한 일에 목숨을 걸다가 정작 중요한 것을 놓쳐버렸던 것이다.

리처드 칼슨은 "인생의 90퍼센트는 사소한 일이다. 그런데 우리는 그

90퍼센트에 목숨을 건다"라고 했다. 문제는 일의 크기보다 거기에 쏟는 집착의 에너지다. 인지심리학에서는 이를 '주의 편향'이라고 부르며, 중요도는 낮지만 감정적으로 크게 반응해 에너지를 낭비하는 것을 뜻한다. 하루 평균 6만 번의 생각 중 80퍼센트는 부정적이고, 95퍼센트는 어제와 같다는 연구도 있다. 이런 집착은 뇌의 작업 메모리를 점유해 생산적 판단과 행동을 방해한다.

하버드 대학교의 연구에 따르면, 중요하지 않은 일에 몰입하는 습관은 업무 효율을 40퍼센트 떨어뜨리고, 코르티솔 수치를 20~30퍼센트 높인다. 작은 일에 신경 쓰는 게 나쁜 건 아니지만, 그것이 하루의 기분, 관계, 목표를 흔든다면 문제다. 직장인 58퍼센트가 "성과보다 동료의 태도나 작은 실수에 더 신경 쓴 적이 있다"고 답했으며, 이로 인해 핵심을 놓친 경우가 많았다.

결국 사소한 집착은 우선순위를 흐리게 한다. 그래서 잠시 멈춰 "이게 정말 목숨 걸 일인가?"를 물어야 한다. '신경 끄기 기술'이 여기서 나온다. 신경 끄기 기술은 무심하라는 말이 아니라, "덜 중요한 것에 신경을 끄고, 진짜 가치 있는 것에 집중하라"는 것이다. 모든 것을 완벽히 통제하려고 하면 스트레스가 커진다. '적당히 좋음good enough'을 받아들이면 삶이 훨씬 편해진다. 웃으며 넘기는 여유는 뇌 건강과 장기적 성취에도 긍정적이다.

긍정심리학 연구에서도 사소한 갈등을 줄인 사람은 6개월 후 삶의 만족도가 27퍼센트 높아졌다. 작은 집착을 내려놓는 건 평온뿐 아니라 에너지와 관계를 지키는 가장 효율적 선택이다. 인생을 돌아보면, 결국 "모든 것은 다 사소하다."

오늘의 체크 포인트

- ☐ 혹시 내게 결벽증이 있지는 않은가?
- ☐ 사소한 것에 신경 쓰느라 큰 것을 놓치고 있지는 않은가?
- ☐ 지금 붙잡고 있는 이 일이 내 인생에서 얼마나 중요한가?

질문 뒤집기

사소하지 않은 것이 세상에 어디 있나?

오늘의 문장

"진짜 중요한 일에만 목숨을 걸어라. 나머지는 웃어넘길 수 있는 게 인생의 힘이다."

한 줄 메모

요즘 내가 '목숨 걸고 있는' 사소한 일은 무엇인가?

 _____

이 장에서는 '작은 것들을 사랑하는 법'을 함께 들여다봤다. 행복은 멀리 있지 않았다. 특별한 날이나 누군가가 주는 것이 아니라, 지금 이 순간, 내가 바라보는 시선과 해석 안에 조용히 머물러 있었다. 그리고 우리는 알게 되었다. 감사는 삶을 바꾸는 가장 강력한 태도라는 것을.

이제 다음 장으로 넘어간다. 제목은 '흔들리는 청춘이 묻다'이다. 청춘은 불확실함 속에서 방향을 찾는 시기이고, 그 질문은 단지 방황이 아니라 진짜 나를 찾아가는 길이다. 지금의 청춘이 던지는 물음은 그저 지나가는 통과의례가 아니라, 이 시대가 청년에게 던진 구조적 현실이자 마음의 무게다. 하지만 질문이 있다는 건 아직 포기하지 않았다는 뜻이다. 질문은 더 나은 나를 꿈꾸고 있다는 증거다.

지금, 우리의 이야기는 다시 시작된다. 흔들리기에 더욱 빛나는 청춘의 질문들 속으로.

제8장

흔들리는 청춘이 묻다

갈림길에서 던지는 절박한 질문

이 장에서는 수많은 청년들과의 대화를 통해, 지금의 20대와 30대가 가장 자주, 가장 절실하게 던지는 핵심 질문 일곱 가지를 정리했다. 이 질문을 제대로 이해할 때 비로소 우리는 청춘과 진짜 대화를 나눌 수 있고, 그들의 불안과 선택을 함께 공감할 수 있다.

2025년 기준으로 가장 어린 세대는 알파세대이다. 현재의 청춘들은 이 세대의 부모이거나 앞으로 부모가 될 이들이다. 기성세대는 이들의 삶을 이해하기 힘들다. 마치 알파세대를 이해하지 못하듯 청춘 또한 전혀 다른 세계에서 온 듯한 존재로 느껴진다. 이런 청춘들이 이제는 또 다른 세대와 함께 살아가야 한다. 과연 오늘의 청춘들이 가장 절박하게 던지는 질문은 무엇일까? 지금 우리에게 필요한 것은 그 질문을 듣고, 제대로 이해하려는 마음이다.

내 커리어는
어디로 향하고 있는가?

청춘의 불안은 방향이 보이지 않을 때 커진다

| 인터뷰 1 | **이서윤 씨, 25세 _ 졸업 2년 차, 이직 고민 중**

노　서윤 씨는 현재 어떤 고민이 가장 크신가요?

이　일은 하고 있지만, '내가 뭘 하고 있는 거지?' 하는 생각이 자주 들
　　어요. 이게 커리어의 시작인지, 그냥 생존을 위한 반복인지…….

노　하고 있는 일이 자신의 길이라고 느껴지지 않는군요.

이　네. 대학 전공도 사실 부모님의 권유였고, 첫 직장도 일단 붙어서
　　간 거였어요.

노　그렇다면 어떤 방향을 다시 찾고 싶으세요?

이　지금이라도 내 마음이 움직이는 일, 내가 의미 있다고 느끼는 일
　　을 향해 가보고 싶어요. '남들이 정한 길' 말고, '내가 만들어가는
　　길'을요.

노　미란 씨는 커리어와 육아를 병행하며 어떤 고민을 하시나요?

탁　아이를 낳고 회사를 그만두었는데, 다시 일을 시작하려니 너무 막막했어요.

노　어떤 벽이 가장 크게 느껴지셨나요?

탁　이력서의 공백, 빠르게 바뀐 기술, 그리고 '엄마라서 안 된다'는 시선이요.

노　다시 일하고 싶은 이유가 있으신가요?

탁　그냥 돈을 벌기 위해서가 아니라, 내가 가진 능력과 열정을 다시 꺼내고 싶어서요. 아이에게도 엄마가 자기 일을 사랑하는 모습을 보여주고 싶어요.

"당신의 시간은 한정되어 있다. 그러니 다른 사람의 삶을 사느라 낭비하지 말라"고 스티브 잡스는 말했다. 커리어는 단순히 직업이 아니라, 삶의 방향이다. 하지만 지금의 청춘에게 커리어는 점점 더 불확실한 퍼즐처럼 느껴진다.

"이 길이 맞는 걸까?"

"너무 늦은 건 아닐까?"

"다른 사람들은 다 앞서가고 있는 것 같은데……."

이런 질문들 속에는 불확실한 시대를 살아가는 청춘의 깊은 불안이 담겨 있다. 최근 보고에 따르면, 16~24세 청년들 다수가 전통적인 경력 루트에서 이탈하고 있으며, AI 시대에 대한 실질적인 대비도 부족하다는 지적이 이어지고 있다. 인터넷 매체 「악시오스Axios」의 설문조사에서는 청년 응답자의 절반가량이 "직장에 들어갈 준비가 되어 있지 않다"고 답했다. '스쿨 투 워크school to work'—학교에서 직장으로 자연스럽게 이어지던 흐름이 무너지고 있는 것이다.

하지만 방향이 보이지 않는다고 해서 멈춰야 한다는 뜻은 아니다. 오히려 지금은 각자가 자신만의 커리어 지도를 새롭게 그려야 할 때이다. 그 첫걸음은, 내가 진짜 원하는 방향이 무엇인지 솔직하게 묻는 것에서부터 시작된다.

오늘의 체크 포인트

☐ 지금의 내 커리어는 내가 원하던 것인가?

☐ 이 길이 '누군가가 정해준 길'은 아닌가?

☐ 내 커리어 안에 '나만의 의미'는 존재하는가?

질문 뒤집기

나는 지금 어떤 직업을 '갖고' 있는가보다 어떤 사람으로 '되어'가고 있는가에 더 집중하고 있는가?

오늘의 문장

"내가 선택한 방향이라는 감각은, 어떤 직업보다 더 큰 자존감을 준다."

한 줄 메모

지금 내가 서 있는 이 자리에서, 내가 향하고 싶은 커리어의 방향은 어느 쪽인가?

내가 추구하는 삶에서
'돈, 의미, 웰빙'의 균형은?

젊은 세대는 이제 '월급'이 아니라, '삶의 온도'를 묻는다

| 인터뷰 1 | **김다혜 씨, 29세 _4년 차 스타트업 마케터**

노 다혜 씨는 요즘 어떤 고민을 가장 자주 하세요?

김 일 자체는 재밌어요. 그런데 퇴근하고 나면 아무것도 못 하겠더라
고요. 친구들 만날 힘도 없고, 늘 지쳐 있어요.

노 일과 삶 사이에 균형이 잘 맞지 않는 느낌이시군요.

김 네. 돈은 예전보다 많이 벌고 있는데, 삶이 더 좋아진 느낌은 없어
요. '내가 진짜 원하는 삶은 이게 아닌데……' 하는 생각만 자꾸 들
어요.

노 의미나 웰빙의 비중도 중요해졌군요.

김 맞아요. 이제는 '얼마 벌까?'보다 '이 일을 하면서 내가 살아 있다
는 느낌이 드는가?'가 더 중요해졌어요.

노　시훈 씨는 지금의 삶이 예전과 많이 달라졌다고요?

박　예전에는 대기업에 다녔어요. 연봉도 높았죠. 그런데 아침마다 출
　　근하는 게 고문 같았어요.

노　그래서 제주로 내려오신 거군요.

박　네. 소득은 줄었지만, 아침에 바다를 보면서 커피를 마실 수 있는
　　삶이 생겼어요.

노　수입과 삶의 만족도 사이에서 어떤 선택을 하신 셈이군요.

박　쉽게 말하면 '돈은 작지만, 삶은 크다'예요. 예전엔 '사는 대로 일
　　했는데', 지금은 '일하는 대로 살아요.'

　리더십 전문가 로빈 샤르마는 "돈으로 살 수 없는 것이 많다. 당신의
에너지, 평화, 시간은 그중 가장 소중하다"라고 말했다. 오늘날 청춘들은

단순히 '얼마를 벌까'가 아니라 돈Money, 의미Meaning, 웰빙Well-being 사이의 균형을 고민한다.

미국의 글로벌 컨설팅 기업 딜로이트Deloitte가 매년 실시하는 딜로이트 조사에 따르면, Z세대와 밀레니얼은 '의미 없는 고소득'도, '불안한 이상주의'도 원하지 않는다. 그들에게 중요한 것은 승진보다 배움과 자율성, 권위보다 워라밸이다. 인지심리학적으로 보면 이 고민은 단순한 가치관의 문제가 아니라 두 가지 욕구가 충돌하기 때문이다. 하나는 경제적 안정에 대한 욕구다. 소득이 불안정하면 '손실회피 편향'이 작동해 불안이 커지고, 위험을 최소화하려는 결정을 하게 된다. 다른 하나는 자율성과 성장, 관계성을 추구하는 욕구다. 자기결정이론이 말하듯 스스로 선택하고 (자율성), 능력을 키우며(유능감), 의미 있는 관계 속에서 살아가고 싶은 마음이다. 이 두 욕구가 서로 다른 방향을 향하기 때문에, 청춘들은 매일 그 사이에서 심리적 줄타기를 한다.

조사에서도 응답자의 절반은 여전히 경제적 안정을 체감하지 못한 채 스스로에게 묻는다. 무엇을 먼저 선택해야 할까? 무엇을 결코 포기하지 말아야 할까? 균형에는 정답이 없다. 다만 중요한 것은 그 기준을 타인이 아니라 스스로 세우는 것이다. 내 삶의 리듬을 내가 정할 때 비로소 주도권이 생기고, 그것이 이 불확실한 시대에 가장 단단한 심리적 안전자산이 된다.

오늘의 체크 포인트

☐ 나는 지금 '돈, 의미, 웰빙' 중 어떤 것에 가장 무게를 두고 있는가?

☐ 내가 버티고 있는 이유는 월급인가, 의미인가, 삶의 질인가?

☐ 내 삶의 방향은 내가 정하고 있는가, 아니면 상황이 끌고 가는가?

질문 뒤집기

의미 있는 삶이 내게 무슨 '의미'가 있을까?

오늘의 문장

"삶의 균형은 수입의 합계가 아니라 나를 얼마나 지키고 있느냐의 문제다."

한 줄 메모

내가 원하는 삶의 균형은 어떤 것인지 적어보자.

_____

내 정신 건강,
어떻게 지킬 수 있을까?

세상이 아프게 할지라도, 나만은 나를 지켜야 하니까

| 인터뷰 1 | 이민지 씨, 27세 _ 취업 준비 8개월 차

노 민지 씨는 요즘 가장 힘든 점이 무엇인가요?

이 하루가 너무 길어요. 아침에 눈뜨면 또 한 번 견뎌야 하는 하루가
　　시작됐다는 생각이 들어요.

노 견디는 하루라니요.

이 아무 데도 소속되어 있지 않다는 게 제일 괴로워요. 어쩌다 사람
　　들을 만나면 괜히 위축되고, 집에 오면 더 공허해져요.

노 스스로를 돌보는 시간이 있으신가요?

이 있긴 한데…… 자꾸 무력감에 빠져요. '내가 뭘 해도 안 될 것 같
　　아'라는 생각. 그게 제일 무서운 감정이에요.

노   영훈 씨는 한때 극심한 스트레스를 겪으셨다고요.

강   네. 일에 파묻혀 살았어요. 낮엔 회의, 밤엔 기획서. 퇴근해도 머릿속은 계속 일 생각뿐이었죠.

노   몸에 어떤 신호가 왔나요?

강   가슴이 답답하고, 식욕도 사라졌어요. 괜찮은 줄 알았는데, 어느 날 손이 떨리고 눈물이 나더라고요.

노   그때 어떤 결정을 하셨나요?

강   병원도 가고, 명상도 배우고, 일주일에 하루는 무조건 나를 위한 날로 정했어요. 작은 회복이 쌓이니까, 어느 날부터는 숨이 트이더군요.

"마음을 위한 운동도 필요하다. 고요 속에 머물고, 감사하는 연습을 하라. 그것이 정신을 지키는 길이다"라고 로빈 샤르마는 말했다. 정신 건강은 지금 청춘들에게 가장 조용하지만 심각한 위기다.

『뉴욕 포스트』지에 따르면 청년층 절반이 한 달에 17일 이상 극심한 스트레스를 겪고 있으며, 주요 원인은 SNS 과다 사용, 수면 불균형, 비교 심리다. 정신건강을 지키는 방법은 참 다양하다. 좋아하는 운동을 하거나, 취미를 즐기거나, 잠시 멈추어 명상하는 것도 도움이 된다. 친구들과 시간을 보내거나, 필요하다면 전문가의 도움을 받는 것도 훌륭한 선택이다. 그런데 우리는 한 가지 중요한 방법을 자꾸 잊곤 한다. 바로 나 자신에게 말을 걸어주는 것이다.

가끔 이렇게 해보자. "○○○아, 요즘 많이 힘들지?" 그리고 조용히 스스로를 안아주며 말해보자. "○○○아, 정말 수고했어. 잘했어. 너는 이미 충분해." 우리는 누군가를 위로할 줄도 알고, 누군가에게서 위로를 받기도 한다. 하지만 가장 절실한 위로는 사실 타인이 아니라 나 자신에게서 온다. 내 마음의 가장 깊은 상처를 정확히 알고 있는 사람도, 그 상처를 가장 따뜻하게 어루만져줄 수 있는 사람도 결국 '나'뿐이다. 그러므로 자기 위로는 결코 사소하거나 나약한 행동이 아니다. 이는 삶의 무게를 견디기 위한 가장 기본적이고도 가장 강력한 회복의 방식이다.

오늘의 체크 포인트

- ☐ 나는 내 감정의 신호를 잘 듣고 있는가?
- ☐ 나는 나에게 말을 걸고 위로해준 적이 있는가?
- ☐ 지금 내 마음을 회복시키는 습관은 무엇인가?

질문 뒤집기

괜찮지 않아도, 사실은 그 자체로 괜찮은 게 아닐까?

오늘의 문장

"가장 절실한 위로는 사실 타인이 아니라 나 자신에게서 온다."

한 줄 메모

내 정신 건강을 위해 내가 오늘 시작할 수 있는 작은 실천은 무엇인지
적어보자.

기후 위기 앞에서
나의 미래는?

나 하나로는 부족해도, 나부터 시작하고 싶어요

| 인터뷰 1 | **최유리 씨, 24세** _ 대학생, 환경 동아리 활동 중

노 유리 씨는 기후 위기에 대해 어떤 감정을 가장 자주 느끼세요?

최 솔직히…… 무력감이요. 아무리 내가 노력해도 세상이 너무 빨리 망가지는 것 같아요.

노 그럼에도 불구하고 동아리 활동을 하시는 이유는요?

최 그냥 가만히 있으면 더 불안해요. 플라스틱 덜 쓰고, 기후 시위도 나가고, SNS로 캠페인도 해요. 완벽하진 않아도 내가 뭘 하고 있다는 게 위로가 돼요.

노 행동이 불안을 이기는 방법이 될 수도 있겠군요.

최 맞아요. 혼자는 미력해도 함께하면 두렵지 않더라고요.

| 인터뷰 2 | **이현지 씨, 27세 _ 디자이너, '제로웨이스트' 실천 중**

노   디자인 분야에서도 기후 감수성이 커지고 있다면서요?

이   네. 요즘은 친환경 소재, 재활용 가능성 등을 고려하지 않으면 브
      랜드 신뢰도가 떨어져요.

노   일상에서는 어떤 실천을 하세요?

이   다회용 컵은 기본이고, 세제랑 화장품도 환경 영향을 따져서 사
      요. 여행 갈 땐 탄소 배출량도 계산하고요.

노   그게 불편하거나 번거롭진 않으신가요?

이   처음엔 그랬죠. 근데 '불편함'보다 '후회'가 더 무서워요. 지금 바
      꾸지 않으면 나중에는 정말 살기 힘든 세상이 될 것 같거든요.

이제 기후 위기는 더 이상 먼 나라의 이야기가 아니다. 지금의
10~30대는 지구의 가장 불확실한 미래를 직접 살아가야 할 첫 세대이

자, 가장 깊은 불안을 떠안고 있는 세대이다.

『타임』지에 따르면 16~24세의 약 20퍼센트가 "기후 때문에 아이를 낳는 것이 걱정된다"고 답했고, 기후 불안으로 인한 PTSD와 우울증도 꾸준히 증가하고 있다. 하지만 이들은 단지 불안에 머물지 않는다. 쓰레기를 줄이고, 캠페인을 만들고, 거리로 나서며 기후 정의를 외치는 Z세대는 말보다 행동하는 세대이다.

우리는 기후 위기 앞에서 종종 이렇게 묻는다. "내가 바꾼다고 뭐가 달라질까?" 하지만 진짜 물어야 할 질문은 이거다. "아무도 바꾸지 않는다면 우리는 어떻게 될까?" 기후는 결국 우리의 일상이고, 이 질문은 내가 사랑하는 사람들의 삶에 대한 물음이다. 이제 이것은 환경의 문제가 아니라 존재의 문제다.

오늘의 체크 포인트

- ☐ 나는 기후 변화 앞에서 어떤 감정을 가장 자주 느끼는가?
- ☐ 지금 내 삶에서 바꿀 수 있는 가장 작은 실천은 무엇인가?
- ☐ 나의 선택이 미래 세대에게 어떤 흔적을 남기게 될까?

질문 뒤집기

한 사람이 숨만 쉬어도 하루 1킬로그램 정도의 이산화탄소를 내뿜는다. 숨을 쉬지 말아야 하나?

오늘의 문장

"기후 위기 앞에서 가장 무서운 건 무지가 아니라 무관심이다."

한 줄 메모

지금 내가 실천할 수 있는 가장 작은 기후 행동 한 가지는 무엇인가?

결혼부터 주택까지,
내 삶의 기준은?

남들 다 하니까 말고, 진짜 내 기준으로 살고 싶어요

| **인터뷰 1** | **임하늘 씨, 30세** _ 비혼 선언 3년 차, 서울 자취 중

노　　하늘 씨는 결혼에 대해 어떤 생각을 가지고 계신가요?

임　　예전엔 당연히 하게 될 줄 알았어요. 그런데 지금은 '꼭 해야 하
　　　나?'라는 질문을 자주 하게 돼요.

노　　그렇게 생각하게 된 계기가 있으셨나요?

임　　결혼도, 출산도 다 비용이잖아요. 집값은 하늘을 찌르고, 직장은
　　　불안정하고, 육아는 엄두가 안 나고…… 나 하나 책임지는 것도
　　　힘든데, 감히 두셋까지 생각하기가 무서워요.

노　　그렇다면 본인의 삶의 기준을 어디에 두고 계신가요?

임　　저는 '작지만 내 삶을 선택하는 자유'에 기준을 두고 있어요. 안정
　　　된 월세방, 애정 있는 관계, 내가 좋아하는 일. 그게 제 기준이에요.

노 요즘 자녀 계획이나 육아 문제로 고민하는 부분이 있으신가요?

배 네. 저희는 딸 하나 낳고, 둘째는 '계획 없음'이에요.

노 주변 반응은 어떤가요?

배 부모님은 걱정하시고, 친구들은 "진짜 하나만?"이라고 해요.

노 본인은 그에 대해 어떻게 생각하세요?

배 지금 저는 현실적인 계산을 하고 있어요. 딸 하나 키우는 데도 교
육비며 양육비가 감당이 안 될 만큼 버겁거든요. '둘은 기본'이라
는 말보다, 우리 가족이 감당할 수 있는 삶의 구조를 고민하고 있
어요. 아이에게 시간과 에너지를 제대로 줄 수 있는 선택이 뭘까,
그걸 스스로 묻고 있어요.

예전에는 결혼과 집이 성공의 상징이자 당연한 삶의 코스처럼 여겨졌다. 하지만 요즘 청년들은 그 공식 앞에 멈춰 서서 묻는다.

"정말 이게 나에게도 맞는 길일까?"

집값 상승과 경제 불안으로 많은 이들이 결혼, 출산, 내 집 마련을 미루거나 포기하고 있다.

사교육비가 1퍼센트 오를 때마다 출산율은 0.2퍼센트 감소한다는 통계처럼, 교육조차 희망이 아닌 고통의 무게로 다가오는 게 현실이다. 어느 교육학자는 "대한민국의 아이들은 세계에서 가장 불행한 아이들"이라고 했다. 가슴 아픈 말이다.

N포 세대는 어려운 삶의 여건 속에서도 묵묵히 스스로 우선순위를 정해 살아왔다. 하고 싶은 일보다 해야 하는 일을 먼저 택해야 했던 시간이 너무 길었다. 꿈을 말하기보다 현실을 계산해야 했던 그들의 침묵이 가슴에 남는다. 그런데 이제 시대는 '해야 하는 삶'이 아니라 '되고 싶은 삶'을 선택하라고 요구한다. 세상이 달라졌지만, 그 변화를 따라갈 여유조차 주어지지 않았던 것이 N포 세대다. 늘 책임이 먼저였고, 감정은 뒤로 밀려났다. 누구보다 성숙했지만, 그래서 더 외롭고 더 미안한 세대다. 어른들이 지켜주지 못한 자리에서 스스로를 지켜내며 버텨야 했다. 이제는 그들도 마침내 '되고 싶은 나'를 향해 걸어갈 수 있기를 마음 깊이 바라게 된다.

오늘의 체크 포인트

- ☐ 나는 결혼과 주거 문제를 어떤 기준으로 바라보고 있는가?

- ☐ 몇 번이나 시험관 시술을 하고도 아이를 갖지 못한 부부의 심정을 짐작해본 적이 있는가?

- ☐ 평생 혼자 살다 혼자 죽고 싶은가?

질문 뒤집기

영끌로 집을 사서, 평생 빚의 굴레를 지고 갈 것인가?

오늘의 문장

"내 인생은 누구도 대신 살 수 없다. 내가 살아가야 한다."

한 줄 메모

내가 정한 내 삶의 기준은 무엇인지 적어보자.

다른 미래를 살아갈 아이들을 어떻게 가르칠 것인가?

실리콘밸리 부모와의 인터뷰로 알아보는 남다른 교육 방식

| 인터뷰 1 | 실리콘밸리 테크 기업 부모, 6세 딸 _ '정답보다 질문을 먼저 배우는 법'

노   아이는 평소에 어떤 방식으로 공부하나요?

부   아이가 무엇을 궁금해하는지를 먼저 봅니다. "왜 그런 거야?" 하고 묻기 시작하면, 우리는 바로 답을 주지 않아요. "너는 어떻게 생각해?"라고 되묻습니다. 시간이 걸려도 스스로 생각해보는 습관을 들이고 싶어서죠.

노   처음부터 그런 방식을 쓰신 건가요?

부   아니에요. 예전엔 저도 한국식처럼 빨리 답을 알려주고 싶었어요. 그런데 아이가 스스로 탐색하는 시간을 가질 때 창의성이 훨씬 좋아지는 걸 보고 완전히 바꿨죠. 질문하는 힘은 시간이 걸리더라도 꼭 길러줘야 해요.

노　아이에게 어떤 변화가 보였나요?

부　집중을 더 잘하더군요. 블록을 가지고 놀아도 단순히 쌓지 않고 "지진 나면 어떻게 되지?" 이런 식으로 문제를 스스로 만들어냅니다. 친구와 놀 때도 자기 생각을 더 분명히 말하고요. 무엇보다도 유튜브보다 현실 놀이를 더 좋아한다는 게 큰 변화예요.

노　부모로서 어떤 마음이 드시나요?

부　정답보다 '생각의 주도권'을 주고 있다는 느낌이 들어요. 시간이 걸려도 이게 아이가 살아갈 미래에 꼭 필요한 힘이라고 믿습니다.

| 인터뷰 2 | **스타트업 창업가 부부, 5세 아들 _ '스스로 선택한 프로젝트'**

노　아이를 어떻게 가르치고 있나요?

부　저희는 하루 30분 정도 아이가 스스로 선택한 '프로젝트 시간'을 둡니다. 로켓 만들기, 나만의 지도 그리기 같은 활동이죠. 핵심은 결과보다 과정이에요.

노　이런 방식을 시작한 계기가 있나요?

부　빠르게 변하는 시대엔 '알고 있는 것'보다 '모르는 문제를 어떻게 다루는가'가 더 중요하다고 생각했어요. 그래서 프로젝트를 통해 탐구, 실험, 실패를 자연스럽게 경험하게 했죠.

노　아이가 어려워하지는 않던가요?

부　물론 처음엔 중도에 포기하려고도 했어요. 하지만 "다음엔 어떻게 해볼까?" 하고 같이 이야기하며 실패를 연결하니, 지금은 오히려 실패를 재미있어해요.

노　실패를 재미있어한다니 참 흥미롭네요. 아이에게 어떤 변화가 느꺼지나요?

부　아이의 언어가 풍부해졌고, 스스로 계획을 세우는 능력이 눈에 띄게 좋아졌습니다. 무엇보다 "오늘은 어떤 프로젝트를 하지?" 하고 먼저 묻는 걸 보면, 미래를 살아갈 준비를 스스로 하고 있다는 생각이 들어요.

실리콘밸리의 테크 기업에 근무하는 부모들은 아이를 '앞서가는 인재'로 만들려 하지 않는다. 그 대신 스스로 생각하고, 질문하고, 실패를 해석할 수 있는 사람으로 키우는 데 집중한다. 이는 막연한 교육 철학이 아니라, 그들이 기술의 최전선에서 직접 체험한 현실에 기반한 선택이다. 구글, 애플, 메타, 넷플릭스 등 빅테크 종사자들이 공통적으로 말하는 미래 역량은 분명하다. 기술은 빠르게 낡고, 사고력과 판단력만이 남는다는 것이다.

실제로 세계경제포럼WEF은 미래 핵심 역량으로 '비판적 사고, 문제 해결력, 창의성, 감정 지능'을 반복적으로 꼽고 있다. 단순 기술 숙련은 자동화로 대체되지만, 질문하고 연결하고 해석하는 능력은 대체되지 않는다. 그래서 실리콘밸리 부모들은 아이에게 기술을 일찍 쥐어주지 않는다. 스티브 잡스는 생전에 "우리 아이들은 아이패드를 거의 사용하지 않는다"고 밝혔고, 구글·야후 출신 임원 다수 역시 자녀의 스마트폰 사용을 엄격히 제한한다고 공개적으로 말했다. 이들은 기술을 모르는 사람이 아니라, 기술의 중독성과 한계를 가장 잘 아는 사람들이다. 그들이 먼저 가르치는 것은 코딩이 아니라 집중력, 인내, 사고의 깊이다.

하버드대 아동발달 연구에 따르면, 유년기에 디지털 자극보다 대화, 독서, 자유 놀이를 충분히 경험한 아이들은 청소년기 문제 해결력과 정서 안정성이 더 높았다. 실리콘밸리 부모들이 '느린 교육'을 택하는 이유다. 교육 방식 역시 단순하다. 정답을 알려주기보다 이렇게 묻는다. "넌 어떻게 생각해?", "왜 그렇게 판단했어?", "다른 선택지는 없을까?" 이 질문들은 아이에게 틀릴 권리를 준다. 실패를 처벌하지 않고, 학습의 일부로 받아들이는 문화는 실리콘밸리 스타트업 생태계와도 정확히 맞닿아 있다.

실제로 스탠퍼드 대학교 경영대학원은 실패 경험을 분석하고 학습하는 능력이 장기 성과와 높은 상관관계를 가진다고 보고한다. 성적에 대한 태도도 다르다. 실리콘밸리 부모들은 성적을 완전히 무시하지는 않지만, 그것을 목표로 삼지 않는다. 더 중요하게 묻는 질문은 이것이다. "이 아이는 스스로 배우는가? 몰입할 수 있는 관심사가 있는가? 자신이 한 선택을 설명할 수 있는가?" 이는 단기 성과보다 자기 주도성을 중시하기 때문이다. 부모의 역할 또한 분명하다. 부모는 가르치는 사람이 아니라, 함께 배우는 사람이다. "이건 나도 잘 몰라", "같이 찾아보자." 이런 말을 자연스럽게 하는 부모 밑에서 아이는 질문을 두려워하지 않는다.

결국 실리콘밸리 교육의 핵심은 한 문장으로 정리된다. 기술을 가르치기 전에, 생각하는 법을 가르친다. 이 방식은 즉각적인 성과를 보장하지 않는다. 그러나 변화가 빠른 세상에서 쉽게 무너지지 않는 사람을 만든다는 점에서, 가장 현실적인 교육이다. 이제 우리 스스로에게 질문해보자. 우리는 아이에게 정답을 주고 있는가, 아니면 스스로 길을 찾게 하고 있는가?

오늘의 체크 포인트

☐ 우리 아이는 하루에 얼마나 '스스로 생각하는 시간'을 갖고 있는가?

☐ 정답을 말해주기보다 먼저 질문을 던지고 있는가?

☐ 부모는 일 년에 몇 권의 책을 샀고, 그중에 몇 권이나 읽었는가?

질문 뒤집기

다른 미래를 살아갈 우리 아이에 대해 얼마나 깊이 고민해봤는가?

오늘의 문장

"미래를 바꾸는 힘은 정답이 아니라 질문에서 시작된다."

한 줄 메모

당장 실천할 '생각하는 아이 만들기 규칙'을 써보자.

왜 인생이
내 마음과 같이 되지 않을까?

뜻대로 흘러가지 않는 삶 앞에서, 나는 어떤 태도를 택할 것인가

| **인터뷰 1** | **최형석 씨, 29세** _ 몇 번이나 꼬인 인생

노   형석 씨는 아직 청춘인데 벌써 인생이 몇 번이나 꼬였다고요?

최   네, 스무 살을 지나고 나서부터는 모든 게 계획처럼 풀릴 줄 알았어요. 그런데 첫 번째는 대학 입시에 실패했고, 두 번째는 어렵게 들어간 직장에서 1년도 못 버티고 나왔습니다. 연애도 잘 안 되고, 집안 사정도 꼬이고…… 서른이 채 되기도 전에 벌써 네다섯 번은 크게 부딪힌 것 같아요.

노   그때마다 어떤 마음이 들던가요?

최   처음에는 '왜 나만 이럴까'라는 생각이 강했어요. 세상은 공평하지 않고, 나는 운이 없는 사람 같았죠. 그런데 시간이 지나면서 깨달았어요. 인생은 한 번에 쭉 뚫린 고속도로처럼 흘러가는 게 아니라, 비포장도로를 가듯 울퉁불퉁한 게 당연하다는 걸요.

노 구체적으로 어떤 배움을 얻으셨나요?

최 크게 세 가지예요. 꼬임은 실패가 아니라 전환점이다—돌아보면 그때 꼬이지 않았으면 지금의 길로 오지도 않았을 거예요. 결국 다른 선택지가 열리더군요. 사람을 남기는 게 가장 큰 자산이다—힘들 때 곁에 있어 준 친구 한두 명이 제 삶을 버티게 했어요. 결국 일이 아니라 사람이 남더군요. 내가 통제할 수 있는 것에 집중해야 한다—세상은 내 뜻대로 안 되지만, 노력과 태도는 내 손안에 있어요. 꼬였을 때도 어떻게 받아들이느냐에 따라 다시 일어설 수 있더라고요.

노 아주 큰 깨달음을 얻었네요. 만약 청춘들에게 조언을 한다면요?

최 '꼬임이 온다고 겁내지 말라'고 말하고 싶어요. 오히려 청춘은 꼬여야 배워요. 실패 없이 쭉 가면 겉보기에 화려해 보여도 속은 비어 있을 수 있어요. 넘어지고 다시 일어나야만 근육이 생기듯, 인생도 그래야 단단해지는 것 같아요.

| 인터뷰 2 | 한지훈 씨, 30세 _ 스포츠 선수의 좌절

노 지훈 씨는 운동선수 생활을 오래 하셨다고요?

한 네. 중학교 때부터 프로 선수를 목표로 달려왔어요. 하루도 빠짐없이 훈련했고, 제 마음 같아선 국가대표까지 오르고 싶었죠. 그런데 큰 부상을 당했어요. 수술도 했지만, 예전 기량을 회복할 수 없었죠. 결국 선수의 길을 접을 수밖에 없었습니다.

노 오랜 꿈이 무너진 순간, 많이 힘드셨겠군요.

한 정말 견디기 힘들었어요. '왜 내 인생은 이렇게 뜻대로 안 되는 걸까?'라는 생각에 잠도 못 잤습니다. 그런데 시간이 지나면서 깨달 았어요. 운동을 하며 배운 끈기와 정신력이 제 인생의 다른 길에 서도 쓸 수 있는 자산이라는 걸요. 저는 이제 청소년들에게 축구 를 가르치고 있습니다. 무대는 바뀌었지만, 여전히 운동으로 사람 들의 삶에 영향을 줄 수 있다는 게 감사해요.

우리는 살아가며 끊임없이 묻는다.
"왜 인생은 내 뜻대로 되지 않을까?"

시험 결과가 기대와 다르고, 인간관계는 생각처럼 풀리지 않으며, 노 력한 만큼 성과도 나오지 않는다. 그러나 애초에 인생은 우리 뜻대로만 흐 르도록 설계되지 않았다. 우리가 통제할 수 있는 것은 일부에 불과하고, 나머지는 환경과 타인, 우연, 알 수 없는 변수들의 합이다.

내 큰아들도 한때는 심리학 교수가 되겠다는 꿈을 품고 미국에서 오랫

동안 학문에 매진했다. 적성과 성적 모두 뛰어나 그 길이 자연스럽게 이어질 것 같았다. 그러나 뜻밖에도 그는 어느 날 방향을 완전히 틀어 선교사의 길을 선택했고, 지금은 소외된 나라를 위해 헌신하며 살아가고 있다. 그렇다면 이렇게 흐름이 달라진 그의 삶을 어떻게 바라보아야 할까? 처음의 계획과 달라졌다고 해서 그 인생이 실패라고 할 수 있을까?

인생은 길게 바라봐야 한다. 뒤돌아보면 지금 어긋난 것처럼 보이는 길이 훗날 더 좋은 길이었음을 깨닫게 될 때가 많다. 내 삶도 그렇다. 뜻대로 된 일보다 그렇지 않은 일이 훨씬 더 많았다. 군 생활을 오래 했지만 바라던 진급이 되지 않았다. 처음 며칠은 실망했고 마음도 많이 상했다. 그러나 이미 지나간 일은 돌이킬 수 없지 않은가. 그래서 마음을 다잡았고, 새로운 길을 선택했다. 그 결과, 나는 세계 곳곳을 다니며 더 다양하고 의미있는 일을 할 수 있었다. 군에 남아 있었다면 누리지 못했을 삶이었다. 돌이켜보면 진급하지 못한 일이 오히려 축복이었다.

이 경험을 통해 한 가지 분명히 알게 된 것이 있다. 사람이 통제할 수 있는 것은 오직 '과정'뿐이라는 사실이다. '결과'는 결코 우리의 영역이 아니다. 아무리 간절히 바라고 최선을 다해도, 결과가 기대와 다르게 나올 때가 있다. 그때 우리는 흔들리고 스스로를 탓하거나 세상을 원망하게 된다. 그러나 바로 그 순간 필요한 것이 마음가짐이다. 우리가 할 수 있는 것은, 처음부터 끝까지 오로지 과정에 최선을 다하는 일이다. 결과는 내 힘이 닿지 않는 곳에 있으므로, 다만 주어진 그대로 받아들일 뿐이다. 결과까지 내 뜻대로 되어야 한다는 생각은 오만이며, 그 집착을 내려놓을 때 비로소 마음이 자유로워진다.

오늘의 체크 포인트

- ☐ 과연 나는 결과를 담담히 받아들이고 있는가?
- ☐ 내 뜻대로 된 적이 얼마나 있는가?
- ☐ 내 뜻대로 되지 않았기에 지금 더 잘된 것이 아닌가?

질문 뒤집기

꼬이는 게 새끼줄뿐일까?

오늘의 문장

"사람이 할 수 있는 것은 과정에서의 최선뿐이다."

한 줄 메모

지금까지 내 뜻대로 된 것이 있다면 무엇인지 적어보자.

_____

이 시간을 살아가는 그대에게

제2부는 '삶 속에서 길을 찾다'라는 주제로, 인간이 관계와 선택, 실패와 외로움 속에서 자신만의 길을 찾아가는 과정을 보여주었다. 우리는 관계 속에서 사랑과 신뢰를 배우고, 갈등 속에서 이해와 용서를 익힌다. 인생의 방향은 크고 작은 선택으로 결정되며, 때로는 잘못된 결정조차 성장의 발판이 된다. 실패는 끝이 아니라 다시 시작하라는 신호이며, 작고 평범한 하루 속에도 감사와 행복이 숨어 있다. 결국 이 여정은 관계를 배우고, 넘어지고, 다시 일어서며 진짜 삶의 길을 깨닫는 과정이다.

제3부는 '다시 살아가는 용기'로, 끝이라 여긴 순간에 다시 시작하는 삶의 의미를 묻는다. 죽음과 노화, 유한성을 마주할 때 우리는 비로소 진짜 삶을 이해한다. 나이 들어감을 받아들이는 용기와 남길 흔적에 대한 성찰은 삶을 단단하게 만든다. "괜찮다"는 말 뒤의 눈물, 아직 꺼지지 않은 꿈은 우리에게 다시 시작할 힘이 된다. 완성된 인생은 없고, 끊임없이 배우며 성장하는 삶만이 있을 뿐이다. 마지막 질문은 조용히 묻는다. "당신의 인생을 어떤 한 문장으로 남기겠는가?" — 그것이 곧 새로운 출발의 시작이다.

다시 살아가는 용기

끝이라 여긴 순간, 또 다른 질문이 시작된다

상처와 절망의 자리에 멈춰 선 그 순간, 또 하나의 질문이 우리를 일으킨다. 믿었던 자리에서 새로운 의미가 생겨나고, 삶은 다시 숨을 쉰다. 질문은 다시 살아갈 용기를 불러오는 가장 따뜻한 손길이 된다.

제9장

끝을 마주하는 용기

죽음과 유한성 앞에서 진짜 삶을 배우다

오늘 하루를 살았다는 건, 그 하루만큼 죽었다는 뜻이기도 하다. 왜냐하면 우리는 결국 죽음이라는 종착지를 이미 가지고 있기 때문이다. 언제가 끝일지는 아무도 모르지만, 끝이 있다는 사실만은 분명하다. 그렇다면 하루를 살았다는 것은, 그 끝을 향해 한 걸음 나아갔다는 뜻이다. 우리는 종종 죽음을 외면한다. 마치 내게는 오지 않을 일처럼. 하지만 삶이 유한하다는 걸 진심으로 받아들이는 순간, 비로소 삶의 가치가 선명해진다. 모든 게 끝날 수 있기 때문에 하루가, 만남이, 사랑이 더욱 소중해진다.

"내년에도 이 벚꽃을 다시 볼 수 있을까?"

이 질문은 죽음을 두려워하는 게 아니라, 지금을 더욱 또렷이 바라보는 방식이다. 그래서 오늘 피어난 벚꽃이 더욱 눈부시게 아름답다.

100년 후에도
내 흔적이 남을까?

세상에 남기는 내 흔적의 의미

| 이웃 1 | 윤영운 씨, *42세* _ 직장인

영운 씨의 통장에서는 매달 일정 금액이 빠져나간다. 아이들을 돕는 단체, 노숙인 쉼터, 환경보호 기금…… 금액은 크지 않았다. 점심 한 끼 값 정도. 하지만 그는 단 한 번도 이 사실을 주변에 알린 적이 없었다. 가족에게조차 말하지 않았다. 사람들은 종종 SNS에 '오늘의 선행'을 올리며 칭찬을 받기도 하지만, 영운 씨는 오히려 이름이 드러나는 것을 꺼렸다. 그는 이렇게 말했다.

"남들이 알아주는 게 목적이라면 오래 못 해요. 그냥 누군가에게 조금이라도 도움이 된다면 그걸로 충분합니다."

10년 넘게 이어진 소액의 자동이체는 영운 씨의 흔적을 남기지 않는다. 하지만 누군가의 삶을 살짝 비추는 불빛이 되어 있었다. 그 불빛은 영운 씨가 사라진 후에도 누군가의 기억 속에 은은히 남아 있을지 모른다.

"세상은 몰라도, 내 이름은 남겨야죠."

광호 씨는 어릴 적부터 자신의 이름을 새기는 걸 좋아했다. 나무에 도, 책에도, 가방에도 '이광호' 세 글자를 꼭 남겼다. 나이가 들어서는 기회만 생기면 기증이나 후원을 하며 '이광호 기증', '이광호 후원' 등 이름을 남겼다.

그러던 어느 날, 한 시골 교회에서 피아노가 낡아 못 쓰고 있다는 얘기를 들었다. 광호 씨는 흔쾌히 새 피아노를 기증했다. 물론 그 피아노에도 뚜껑 안쪽에 정성스럽게 새겼다.

'이광호 기증, 2025년 5월 20일.'

하지만 그해 여름, 기록적인 폭우로 마을이 침수되었고, 교회도 물에 잠겼다. 피아노는 떠내려갔고, 그 소식을 들은 광호 씨는 허탈하게 웃었다.

"세상에, 내 이름도 같이 떠내려갔네……."

동물은 자기 영역을 표시하기 위해 소변이나 냄새로 흔적을 남긴다. 이는 본능적인 자기과시이자 존재의 증명이다. 사람도 크게 다르지 않다. 팝아트의 선구자 앤디 워홀은 "모두가 15분 정도는 유명해질 수 있지만, 소수만이 100년 동안 기억된다"고 말했다.

인간은 '존재의 지속성permanence of self', 즉 내가 사라진 뒤에도 흔적이 남기를 바란다. 이름을 남기거나 작품을 만들고 기록을 세우는 일은 모두 '기억 속 생존'을 위한 시도다. 그러나 망각곡선이 보여주듯 대부분의 이름과 사건은 1년이 채 지나기 전에 잊힌다. 오래 기억되는 인물은 시대에 강한 '인지적 각인'을 남긴 극소수뿐이고, 보통 사람의 이름은 세월 속에 희미해진다.

서양인의 묘비에는 태어난 날과 죽은 날 사이에 짧은 선 하나가 새겨진다. 바로 '하이픈'(-)이다. 그가 살아 있는 동안 어떤 일을 했는지는 일일이 새겨 넣지 않는다. 큰 부자였든 권세를 가졌든 전혀 중요하지 않다. 그저 짧은 선 하나일 뿐이다. 그 속에 인생의 모든 것이 담긴다. 또한 죽음 앞에서는 '차별'이 없음을 말해준다. 개인적으로는, 그 하이픈도 의미가 있지만 '말없음표'(……)로 새겨 넣으면 더 좋겠다. 바라보는 이가 그 말없음표를 통해 잠시라도 더 깊이 사유할 수 있기 때문이다. 결국 우리의 흔적이란 이런 것일 뿐이다. 그래서 인생은 '먼지'와 같고 '아침 안개'와 같다고 한 것이다.

인지심리학은 기억의 '범위'보다 '질'이 더 중요하다고 말한다. 이름이 남지 않더라도, 단 한 사람의 자전적 기억 속에 깊이 자리 잡으면 그 영향은 100년을 넘어선다. 장기 기증, 재산 나눔, 절망의 순간 내민 따뜻한 손처럼, 진정한 흔적은 기념비가 아니라 타인의 마음속 신경회로에 각인된 감정과 감사다. 그런 흔적은 시간이 흘러도 재구성 과정 속에서 계속 되살아나 지워지지 않는 유산이 된다.

나이가 들수록 문득문득 '내가 이 세상에 어떤 흔적을 남겼을까?' 하는 생각이 깊어진다. 그런데 자세히 들여다보면, 어쩌면 나이가 든다는 것은 남긴 흔적을 늘려가는 일이 아니라 오히려 하나씩 지워나가는 과정인지도 모른다. 그런 생각이 오래전부터 마음속에 자리해, 나는 그동안 받았던 수많은 상패와 기념품들을 하나씩 정리했고, 결국 단 하나만 남겨두고 모두 비웠다. 집 안을 가득 채웠던 책들도 필요한 곳에 전부 기부했다. 이제 집에는 내가 집필했던 책 몇 권만 남아 있다. 내가 남긴 흔적이 굳이 필요하다면, 인터넷 검색창에 내 이름을 입력하면 충분히 확인할 수 있으니 그 정도면 족하다고 여겼다.

얼마 전, 대대장으로 근무하던 시절의 부대로부터 30년 만에 강연 초청을 받았다. 그때 내가 지어주었던 대대 이름이 그대로 유지되고 있었다. '위와 아래가 하나가 되어 어떠한 임무도 훌륭하게 수행하라'는 뜻을 담았던 이름이었다. 세월이 흘러 나는 내 흔적을 모두 지워내고 싶어 했지만, 그 부대의 이름이 계속되는 한 그것마저 지우기는 어렵겠다는 생각이 들었다. 많은 사람들이 저마다 세상에 자신의 흔적을 남기려고 애쓴다. 그러나 정작 스스로에게 물어야 한다. 내가 남기려는 흔적의 의미는 무엇인가? 그것이 정말 누군가에게 도움이 되고, 시간이 흘러도 따뜻한 기운으로 남을 수 있는가? 흔적을 남기려는 것보다 더 중요한 것은, 내가 남겼다고 믿는 그 흔적이 어떤 의미와 가치를 품고 있는지 진지하게 돌아보는 일일 것이다.

오늘의 체크 포인트

☐ 다른 사람들이 나에게 얼마나 관심이 있을까?

☐ 왜 그렇게 흔적을 남기려고 하는가?

☐ 어떤 흔적이 오래가고, 가치가 있을까?

질문 뒤집기

흔적은 어쩌면 일종의 스티그마stigma, 곧 상처의 다른 이름이 아닐까?

오늘의 문장

"진짜 흔적은 돌 위에 새겨지는 것이 아니라 사람의 마음에 남는다."

한 줄 메모

다른 것은 몰라도 이것만은 꼭 남기고 싶은 나의 흔적은 무엇인지 적어보자.

❝ _____ ❞

나이 들어감을
받아들일 용기가 있는가?

나이 듦을 두려움이 아닌 성장으로 받아들이기

| 이웃 1 | **최명호 씨, 74세** _ 나이 들 용기 자격증 소유자

30년 넘게 직접 운전하며 직장을 오가고, 캠핑카로 전국 방방곡곡을 누볐던 명호 씨는 요즘 들어 자꾸 신호등 색이 흐릿하게 느껴지고, 오른쪽 사이드미러가 보이지 않는 날도 생겼다.

"운전대를 잡고 있으면, 어느새 온몸이 긴장 상태가 돼요. 혹시라도 내가 실수하면 어쩌나, 남에게 피해를 주면 어쩌나……."

몇 번이고 가족들이 "운전 좀 그만하시면 어때요"라고 말했지만, 그때마다 그는 고개를 저었다.

"나이 들어도 당당하게 살아야지, 언제까지 주눅 들며 살 수는 없잖아."

하지만 어느 날, 근처 카페에 붙은 안내문 하나가 발걸음을 멈추게 했다.

'노시니어존—고령자분들은 이용을 삼가주세요.'

그 순간 가슴이 철렁했다. 마치 '당신은 환영받지 않는 존재입니다'라고 선고받은 기분이었다.

"나이 들었다는 이유로, 내가 누릴 수 있는 공간이 하나둘 사라지는 느낌이더군요."

그날 밤, 그는 스스로에게 물었다.

"나는 지금 나이 들 용기를 선택하고 있는가?"

그리고 며칠 후, 자발적으로 운전면허증을 반납했다.

"억지로 붙들고 있는 게 용기가 아니더군요. 내가 무언가를 내려놓을 수 있다는 게 진짜 용기였어요."

운전면허 반납증을 지갑에 넣고 다니는 이유를 묻자, 그는 웃으며 말했다.

"이것은 내 '나이 들 용기 자격증'입니다."

| 이웃 2 | 이병복 씨, 74세 _ 헬벤저스

자식들이 "아버지, 건강 생각해서 운동 좀 하세요"라고 하자, 그는 "그래, 나도 복근 한번 찍어보자" 하고 결심하며 헬스장에 등록했다. 첫날부터 그는 파격적인 복장으로 등장했다. 민소매 티에 반짝이 트레이닝복, 땀띠 방지용 머리띠.

트레이너가 묻는다.

"운동 목표가 어떻게 되세요?"

병복 씨 왈,

"인스타에서 '할배 근육짱'로 도는 거!"

이 시간을 살아가는 그대에게

그러고 나서 러닝머신에 올라가 3분 뛰고 숨이 넘어갈 듯 외쳤다.

"헉…… 심장이…… 예전 같지가 않아…….

팔굽혀펴기는 시작부터 무릎 꿇고, 복근운동은 하다 말고 누운 김에 살짝 졸았다. 하지만 다음 날에도 그는 어김없이 나타났고, 팔에 파스를 붙이며 말한다.

"어제는 준비운동이었고, 오늘은 진짜다."

다른 회원들이 수군댄다.

"와, 저분…… 진짜 매일 오셔…….

"뭘 하든 간에, 그 용기 하나는 인정이야."

요즘 그 헬스장에서는 그를 '헬벤저스'(헬스+어벤저스)라고 부른다.

스토아 철학자 에픽테토스는 "늙는다는 것은 잃는 것이 아니라, 필요 없는 것을 내려놓는 일이다"라고 말했다. 시간은 빠르게 흐른다. 어느새 거울 속에는 나이 든 내가 서 있다. 우리는 주름과 체력 저하를 두려워하지만, 진짜 두려운 건 의미 없이 하루를 흘려보내는 삶이다.

나이가 들면 성취 압박은 줄고, 불필요한 욕심을 내려놓으며 비워야 채워진다는 진리를 배운다. 젊음이 찬란한 시간이라면, 나이 듦은 조용하지만 깊은 강물이다. 나이가 들며 가장 두려운 것은 신체 기능이 떨어져 혼자 살기 어려워지는 거다. 미국의 설문조사에서도 4명 중 1명이 이를 가장 큰 두려움이라고 했다. 또 치매로 기억과 자아를 잃는 것도 크다. 한국 노인 절반 이상이 치매를 가장 무서워한다고 답했다. 여기에 의료비와 노후 자금 부족 같은 경제적 불안이 따른다. 실제로 55~64세의 절반 가까이가 은퇴 자금이 모자랄까 봐 두려워한다. 일상에서는 넘어짐의 공포도 크다. 노인의 20~40퍼센트가 이를 걱정한다. 결국 나이가 들며 두려운 것은 단순한 죽음이 아니라 존엄을 잃고 무너져가는 거다.

"나는 나이 들 용기가 있는가?"

이 용기는 세월을 받아들이는 것을 넘어, 남은 시간을 어떻게 깊이 살 것인가에 대한 결단이다. 나이 듦은 끝이 아니라 익어감의 시작이다.

오늘의 체크 포인트

☐ 나이가 들수록 무엇이 가장 무서운가?

☐ 나이가 들수록 어떤 삶을 살고 싶은가?

☐ 지금 내 나이에서만 할 수 있는 일은 무엇인가?

질문 뒤집기

나이 들어감을 담담히 받아들일 용기가 있는가?

오늘의 문장

"나이 든다는 건 사라지는 게 아니라, 내 안의 본질이 더욱 선명해지는 과정이다."

한 줄 메모

나이 든 나에게 가장 해주고 싶은 한마디는 무엇인가?

몇 살까지
살고 싶은가?

장수보다 더 중요한 의미 있는 삶

| 이웃 1 | **나병진 씨, 70세** _ 아내 사랑꾼

병진 씨는 밤에 잠에서 깨어나면 늘 곁에서 자고 있는 아내를 한참 바라본다. 아내는 벌써 1년 반 동안 전정신경염이라는 고약한 병을 앓고 있다. 머릿속에서 소리가 나고, 세상이 빙빙 도는 듯한 어지럼증이 끊이지 않는다. 젊은 사람이라면 사흘 만에도 나을 수 있는 병인데, 나이 때문인지 이렇게 오래간다. 그 모습을 볼 때마다 병진 씨의 마음은 미어진다.

직업의 특성상 무려 스물다섯 번이나 이사를 다녔지만, 아내는 단 한 번도 불평한 적이 없었다. 천성이 착하고 예쁜 아내가 왜 이런 병으로 이렇게 고생하나……. 예전에도 아내는 자궁내막암이라는 큰 병을 이겨낸 적이 있었다. 그러나 이번에는 전혀 예상하지 못한 병이 덮쳤다. 참 힘들고 괴로운 병이다. 아내는 이렇게 스스로를 달랜다.

"내 친구는 지금 뇌졸중으로 8개월째 침대에 누워 꼼짝도 못 하고 있어. 그래도 나는 그보다는 낫지……."

하지만 병이라는 것은 본질적으로 비교의 대상이 될 수 없다. 내가 아프면 그 고통이 세상에서 가장 큰 아픔이 되는 법이다. 그런 아내를 위해 병진 씨는 집안일을 도맡는다. 본인도 양손이 퇴행성관절염으로 고통스럽지만, 청소는 물론이고 설거지와 빨래까지 한다. 아내를 조금이라도 덜 힘들게 하고 싶은 마음 때문이다.

그는 이렇게 말하곤 한다.

"나는 당신을 먼저 보내고, 딱 한 달 있다가 따라갈 거야."

사람들이 그 이유를 묻자, 그는 이렇게 대답했다.

"내가 먼저 세상을 떠나면 아내는 절대 못 버틸 거예요. 하지만 아내가 먼저 간다면, 나는 말끔히 뒷정리를 하고 뒤따라갈 겁니다."

그래서 병진 씨는 오늘도 걷고 뛴다. 비가 오나 눈이 오나 하루 만 보 이상은 꼭 채운다. 단지 건강해지기 위해서가 아니다. 아내보다 딱 한 달 더 살기 위해서이다.

병진 씨는 한참 동안 잠든 아내를 물끄러미 바라보다가 조심스레 이마에 입을 맞췄다. 그러고는 다시 누웠다. 새벽 2시 30분이다.

| 이웃 2 | 김영곤 씨, 50세 _ '인명은 재천'

직원 식당에서 다섯 명의 동료가 늘 지정된 자리에 앉아 점심을 먹곤 했다. 그런데 그중에서도 영곤 씨는 유난히 특별했다. 짜거나 매운 반찬은 아예 손도 대지 않고, 건강에 좋다는 음식만 골라 먹었다. 밥도 늘 반공기만. 그래서인지 배가 나오지 않았고, 늘 정상 체형을 유지했다.

식사 후에는 반드시 30분 동안 주변을 산책했다. 사무실로 돌아오면 몸에 해롭다는 커피 대신 여러 종류의 좋은 차를 번갈아 마셨다. 퇴근길에는 값비싼 전문가용 자전거를 타고 한 시간 동안 페달을 밟았다. 성격도 원만했다. "화를 내면 몸에 좋지 않다"며 늘 웃었고, 누가 뭐라고 해도 대수롭지 않게 넘겼다. 이렇게 그의 철저한 건강관리는 주변에서도 유명했다.

동료들이 농담처럼 물었다.

"아니, 대체 몇 살까지 살려고 그래요?"

그러면 그는 웃으며 말했다.

"허허…… 백세시대인데 백 살까지는 살아야죠."

"더 살지 왜 백 살까지만 살아요? 지금 봐서는 120살까지도 거뜬하겠는데……."

"백 살이면 돼요. 그러면 나를 싫어하던 사람들도 다 먼저 가니까, 굳이 싸우지 않아도 저절로 해결되죠. 허허허……."

그러나 어느 날, 뜻밖의 일이 일어났다. 출근하지 않는 휴일, 혼자 자전거를 타고 산 고개를 넘던 그는 내리막길에서 미끄러져 몇 바퀴를 구른 뒤 그대로 숨을 거두었다. 조문 온 사람들이 안타까워하며 말했다.

"그렇게 오래 살려고 애를 썼는데…… 인명은 재천이라더니……."

그는 꿈꾸던 백 살의 딱 절반, 쉰 살에 세상을 떠났다.

자전거를 탄 것도 건강을 위해서였는데, 아이러니하게도 그것이 오히려 생명을 단축시키는 계기가 되었다. 여기서 우리는 중요한 사실을 깨닫게 된다. 아무리 오래 살려고 건강식을 챙기고 운동을 열심히 한다 해도, 생명의 길이는 결국 인간이 좌우할 수 없는 영역이라는 것이다. 인간의 의지와 노력이 건강을 지킬 수는 있어도, 삶의 최종적인 시간은 우리의 소관이 아니다. 톨스토이는 "언제 죽어도 후회 없을 삶을 살라. 그러면 몇 살까지 살고 싶은지가 중요하지 않게 된다"라고 말했다.

현재 삶이 만족스럽다면 누구나 오래 살고 싶어 하고, 반대로 고통스럽다면 빨리 끝나길 바라기도 한다. 그럼에도 대부분은 장수를 소망한다. 여기서 주목할 개념이 '장수심리학Longevity Psychology'이다. 이는 단순히 수명을 늘리는 법이 아니라, 인간이 왜 오래 살고 싶어 하는지, 그 본능이 삶의 방식과 가치에 어떤 영향을 주는지를 탐구한다.

100세 노인도 '더 살고 싶다'는 마음을 갖는 것은 본능이다. 뇌의 편도체와 시상하부는 생존을 최우선으로 하며, 나이가 들어도 '조금이라도 더'라는 욕구는 작동한다. 그러나 단순히 심장을 오래 뛰게 하려는 것이 아니라, 사랑하는 이와의 대화, 여행, 성취처럼 의미 있는 순간을 더 이어가고 싫어서이다. 즐거운 경험이 뇌에 각인되며 '계속 누리고 싶다'는 동기를 만든다. 결국 오래 살고 싶은 마음은 '시간 연장 욕구'가 아니라 '좋은 순간을 이어가고 싶은 열망'이다.

장수심리학은 행복과 만족도가 장수 욕구와 직결됨을 밝힌다. 그래서 "몇 살까지 살고 싶은가?"라는 질문은 "지금을 얼마나 충실히 사는가?"라는 물음으로 바뀐다. 걸으며, 웃으며, 사랑하며 쌓아가는 순간들이야말로 장수의 만족도를 결정한다. 오래 사는 비밀은 결국 사랑하는 이들과 '의미 있는 시간'을 채워가는 데 있다.

내 주변에는 유독 장수하시는 분들이 많다. 어떤 어르신은 올해로 102세가 되셨다. 그분과 대화를 나누던 중 이런 말씀을 하셨다.

"마누라도 벌써 세상을 떠났고, 내 아들도 먼저 갔지…… 친구들은 다 떠나고 나 혼자 이렇게 덩그러니 살아 있으니 재미가 없어."

충분히 공감이 가는 말이었다. 그런데 이어서 이런 말씀도 하셨다.

"나도 빨리 죽고는 싶은데, 그게 마음대로 되는 것도 아니지."

이 말은 공감이 가는 듯하면서도 어딘가 아릿하게 마음을 흔들어놓는 말이었다.

오늘의 체크 포인트

☐ 나는 얼마나 오래 살고 싶은가?

☐ 그 나이까지 어떤 모습으로 살아가고 싶은가?

☐ 사람의 목숨은 하늘에 달려 있다는 것을 믿는가?

질문 뒤집기

사랑하는 사람들이 다 죽고 혼자 110세까지 살고 싶은가?

오늘의 문장

"단순히 오래 사는 것이 아니라, 어떻게 살아야 오래 살고 싶어지는 가를 아는 것이 더 중요하다."

한 줄 메모

나는 몇 살까지 살고 싶은가? 그리고 그 이유를 써보자.

자녀들에게
어떻게 살아야 한다고 말하겠는가?

천만금보다 귀한 삶의 레시피

| 이웃1 | **박철우 씨, 66세** _ 무한긍정인

철우 씨는 스스로를 '무한긍정'이라고 부른다. 그는 늘 엉뚱한 말과 행동으로 가족을 웃게 만들곤 했다.

"애들아, 살다 보면 고생도 많겠지만 웃으면서 넘기면 반은 성공한 거다. 너희 엄마한테 혼날 때도 내가 늘 웃어서 살아남았잖냐."

그는 진지한 순간에도 농담을 던져 분위기를 바꿔버리는 재주가 있었다. 자녀들은 아버지의 그 모습에서 배웠다. 힘든 상황일수록 얼굴을 찌푸리기보다 유머 한마디가 마음을 살린다는 것을. 철우 씨는 자식들을 모아놓고 말한다. 마치 유언처럼.

"가능한 좋은 생각을 많이 해라. 생각대로 된다. 세상을 볼 때도 좋은 면만 보도록 노력해라. 나쁜 면을 보기 시작하면 온통 나쁜 것만 보인다. 사람을 대할 때도 좋은 점만 봐라. 그래야 사람을 만나도 재미있다.

그리고 가능하면 하루에 열 번은 크게 웃어라. 웃다 죽으면 빛깔도 좋다고 하지 않니? 웃는 얼굴에 침 뱉지 않아. 미소 띤 얼굴을 싫어하는 사람은 없어. 그러니 억지로라도 웃어라. 웃기 시-작! 하하하!"

| 이웃 2 | 석정은 씨, 72세 _ 전직 교사

정은 씨는 젊은 시절부터 늘 남을 위해 사는 삶을 선택했다. 교사로 일하며 자신보다 어려운 아이들을 돌봤고, 은퇴 후에도 봉사를 멈추지 않았다. 김치를 담아 이웃의 홀로 사는 할머니 집을 수시로 방문한다. 그녀가 자녀들에게 남긴 말은 단 하나였다.

"사람은 혼자 잘 사는 게 진짜 성공이 아니란다. 누군가에게 필요한 사람이 되는 게 더 큰 성공이다."

정은 씨의 자녀들은 어릴 때부터 그 말을 행동으로 배웠다. 엄마가 아이들을 품고, 가난한 이웃을 도우며, 늘 "괜찮다, 나는 행복하다"라고 말하는 모습을 지켜봤기 때문이다. 그래서 그들은 지금도 중요한 선택의 순간마다 엄마의 한마디를 떠올린다.

"내가 지금 누군가에게 도움이 되고 있는가?"

한국 청소년정책연구원의 조사에서도 청소년의 72퍼센트가 가치관 형성에 가장 큰 영향을 미친 대상으로 부모를 꼽았다. 옛말에 "아이들은 부모의 입이 아니라 부모의 등을 보고 자란다"는 말이 있다. 자녀에게 남길 가장 큰 가르침은 긴 설교가 아니라 부모가 살아내는 하루하루의 모습이다.

심리학자들 역시 말보다 행동이 훨씬 강하게 각인된다고 말한다. 책을 읽는 모습을 한 번도 보여주지 않는 부모 밑에서 아이가 책을 좋아하기는 어렵다. 내면을 채우려는 노력은 하지 않고 겉만 화려하게 꾸미는 부모를 보며 아이는 무엇을 배우겠는가?

아이들은 생각보다 더 많은 것을 안다. 아버지 명함에 화려한 직함이 몇 개씩 적혀 있어도 그 속에 실체가 없다는 사실, 단 한 번도 남을 위해 기부한 적 없는 부모의 삶을. 겉으로는 그럴듯해 보여도, 자녀는 부모의 속마음을 꿰뚫어본다. 그러니 자녀에게 "이렇게 살아라"라고 말하려면 부모가 먼저 그렇게 살아야 한다. 그것이 어렵기에 부모 노릇이 결코 쉽지 않은 것이다. 결국 자녀 교육은 매일 쓰는 내 삶과 같다. 아이의 기억 속에 남는 '삶의 교과서'가 바로 오늘의 나임을 잊지 말아야 한다.

오늘의 체크 포인트

☐ 자녀들에게 꼭 전해주고 싶은 삶의 가르침이 있는가?

☐ 나는 지금 그 가르침대로 살고 있는가?

☐ 부모로서 후회하는 것이 있는가?

질문 뒤집기

자식들이 나를 존경하고 있을 거라고 착각하지는 않는가?

오늘의 문장

"자녀에게 남길 최고의 유산은 재산이 아니라 부모의 삶이다."

한 줄 메모

자녀들에게 말하고 싶은 제1의 교훈은 무엇인지 적어보자.

나이 들면서
가장 피하고 싶은 것은 무엇인가?

피하고 싶지만 피할 수 없는 질문

| 이웃 1 | 황영식 씨, 79세 _ 전직 은행원

영식 씨는 평생을 은행원으로 일했다. 숫자에는 누구보다 자신 있었고, 은퇴 후에도 가계부를 직접 손으로 꼼꼼히 적어 내려가는 습관을 이어왔다.

그런데 어느 날부터인가 익숙하던 숫자들이 낯설게 다가오기 시작했다. 장을 보고 돌아오는 길에 계산기를 두 번이나 두드려야 했고, 손주 이름을 부르려다 엉뚱한 이름을 부른 적도 있었다. 가족들은 대수롭지 않게 넘겼지만, 본인은 마음이 불편했다. 결국 병원을 찾았고, 의사는 '치매 초기'라는 진단을 내렸다.

그 순간 그는 마치 세상이 갑자기 좁아져오는 듯한 공포를 느꼈다. 진료실 창문 너머로 보이는 사람들의 얼굴이 낯설게 보일 만큼 충격이었다. 집으로 돌아오는 길, 그는 아내에게 조심스레 말했다.

"여보, 나…… 나 자신이 사라질까 봐 무서워."

영식 씨가 가장 두려워하는 건 단순히 기억을 잃는 것이 아니었다. 내 이름을 잊고, 내가 걸어온 삶을 잊고, 사랑하는 가족을 알아보지 못하는 순간이었다. 며칠 전에는 손주가 그려온 그림을 보여주며 "할아버지, 이게 누구예요?"라고 물었는데, 잠시 멍해졌다가 간신히 "아, 이게 나구나" 하고 웃었다. 손주의 해맑은 얼굴을 보며 그는 속으로 울었다.

"몸이 아픈 건 참을 수 있어. 하지만 나를 잃는 건…… 정말 두려워."

그의 목소리는 떨렸지만 단호했다. 영식 씨가 나이 들어 가장 피하고 싶은 것은 죽음이 아니라, 죽음보다 먼저 찾아오는 자기 존재의 소멸이었다.

"나는 끝까지 사람답게, 내 이름과 기억을 붙잡고 싶어."

| 이웃 2 | 박정민 씨, 67세 _ 고독한 시니어

그는 여전히 건강하다. 아침이면 산에 올라 땀을 흘리고, 오후에는 친구들과 장기를 두며 억지로 웃음을 짓는다. 하지만 그 웃음은 집 앞에 이르면 순식간에 사라진다.

문을 열고 안으로 들어서는 순간, 모든 것이 멈춘 듯 고요하다. 세상을 떠난 아내의 빈자리가 벽과 가구와 공기 속에서 생생하게 살아나 그를 짓누른다. 주방에 들어서면 아직도 아내가 국을 끓이고 있는 것 같다. 김이 오르고, 칼질 소리가 들리고, "여보, 다 됐어, 조금만 기다려요" 하던 목소리가 귓가에 맴돈다.

하지만 눈앞에는 차갑게 비어 있는 싱크대만 남아 있다. 운전을 하면 옆자리는 텅 비었는데, 자꾸만 아내가 팔짱을 끼고 앉아 있는 듯 보인다. "담배 좀 끊으라"던 잔소리조차 이제는 들을 수 없다. 그렇게 귀찮던 잔소리가, 지금은 세상에서 가장 듣고 싶은 소리다.

"돈이 없어도 살 수 있고, 몸이 아파도 견딜 수 있어요. 그런데…… 사랑하는 사람을 먼저 떠나보내고 혼자 남는 건, 그건 살아도 사는 게 아니에요. 도대체 어떻게 버티라는 건지 모르겠어요. 그냥, 이렇게 하루하루 버티는 게 무슨 의미가 있는지…… 정말 모르겠어요. 그렇다고 죽을 수도 없고……."

시인 T. S. 엘리엇은 "우리는 나이 들어가는 것이 아니라, 차례로 떠나보내는 법을 배우는 것이다"라고 말했다. 나이 들어 두려운 것은 죽음이

아니다. 죽음 이전의 과정이다. 치매로 기억을 잃고 자기 자신이 무너져 내리는 것, 사랑하는 가족을 먼저 떠나보내고 혼자 남는 것, 관계가 끊어져 외로움 속에 갇히는 것이다. 실제로 보건복지부 조사에 따르면, 65세 이상 노인의 가장 큰 두려움은 '치매'(41퍼센트)와 '배우자·가족의 상실'(33퍼센트)이었다.

돈이나 건강보다 더 깊은 두려움은 결국 관계와 존재의 상실이다. 기억을 잃어도, 몸이 약해져도, 곁에서 함께해주는 누군가가 있다면 그 길은 덜 외롭다. 중요한 건 병을 막는 것이 아니라, 그 길을 함께 걸어주는 동행이 있다는 사실이다.

치매를 예방하기 위해 일상에서 쉽게 실천할 수 있는 방법들이 있다. 먼저 양손을 사용하는 것이다. 평소 오른손을 주로 쓰는 사람이라면 일부러 왼손을 사용해 양손을 번갈아 쓰도록 해보자. 이렇게 하면 신경가소성에 의해 새로운 신경 회로가 형성되어 치매 예방에 도움이 된다. 또 하나는 책을 소리 내어 읽는 것이다. 소리 내어 읽기는 뇌의 여러 부위를 동시에 자극하기 때문에 매우 효과적인 뇌 운동이다. 앞에서 자세히 소개한 것처럼 달리기도 뇌 건강에 큰 도움이 된다. 달리기를 하면 뇌를 활성화시키는 특별한 단백질이 분비되어 뇌 기능이 강화된다.

또한 글자나 숫자를 거꾸로 읽는 훈련도 좋은 방법이다. 예를 들어 '동해물과 백두산'을 거꾸로 읽으면 '산두백과 물해동'이 된다. 이런 식으로 평소 자주 보는 단어나 문장을 틈틈이 거꾸로 읽어보는 것이다. 숫자도 마찬가지다. 2147을 7412로 읽는 연습을 하거나, 길을 걸으며 자동차 번호판을 거꾸로 읽는 습관을 들이는 것도 좋다. 정리하면, 늘 하던 익숙한 방식에서 벗어나 새로운 경험과 자극을 지속적으로 주는 것이 뇌를 활력 있게 만드는 핵심 원리다. 익숙함을 피하고 새로움을 선택할수록 뇌는 더 건강해진다.

오늘의 체크 포인트

☐ 나이 들면서 내가 가장 두려워하는 것은 무엇인가?

☐ 그 두려움을 가까운 이에게 솔직히 이야기한 적이 있는가?

☐ 마지막 날, 누구와 함께 있고 싶은가?

질문 뒤집기

치매보다 무서운 병이 있을까?

오늘의 문장

"나이 듦의 두려움은 질병이 아니라 함께 울어줄 사람이 없다는 데서
시작된다."

한 줄 메모

내가 나이 들어 가장 피하고 싶은 것은 무엇이며, 그것을 덜 두려워지
게 하는 방법은 무엇인지 적어보자.

죽음 이후
나는 어디로 간다고 믿는가?

믿는 것과 믿지 않는 것의 차이

| 이웃 1 | **이민구 씨, 64세 _ 전직 물리 교사**

민구 씨는 평생 과학만을 붙들고 살아왔다.

"나는 눈에 보이지 않는 건 믿지 않아요."

죽음 이후에 대해서도 딱 잘라 말했다.

"몸은 흙으로, 에너지는 열로, 그냥 사라지는 거죠."

하지만 최근 사랑하는 아내를 암으로 떠나보낸 후, 마음이 달라졌다.

"아내가 없는 세상을 도저히 설명할 수가 없어요. 어느 날, 그녀가 꿈에 나와서 웃더라고요. 말도 없이."

그는 조심스럽게 말한다.

"이젠 모르겠어요. 죽음 뒤엔 아무것도 없을 수도, 어쩌면 다시 만남이 기다릴 수도 있을 것 같아요. 나는 지금 그 둘 사이 어딘가에 있어요."

윤하영 씨, 43세 _ 성가대 지휘자

하영 씨는 어릴 때부터 교회를 다녔고, 지금도 죽음은 '하나님께 돌아가는 순간'이라고 말한다.

"삶은 여행이에요. 죽음은 돌아감이죠. 저는 천국을 믿어요."

어릴 때 교통사고로 여동생을 잃었지만, 그 상실이 그녀의 믿음을 무너뜨리지는 않았다.

"슬프지만 무섭진 않아요. 언젠가 그 애를 다시 만날 거라는 믿음이 있으니까요."

그녀는 죽음 이후를 '끝'이 아니라 '시작'이라고 부른다.

"음악처럼요. 마지막 음이 끝나야 다음 곡이 시작되니까요."

신학자 C.S. 루이스는 이렇게 말했다. "죽음은 폐쇄가 아니라 문이다. 이 세계가 아닌 더 크고 진짜인 세계로 가는 문이다." 죽음을 단순한 끝이 아니라 문으로 받아들이는 사람은 삶을 바라보는 눈이 달라진다. 사람은 죽음의 문턱에 서는 바로 그 순간, 가장 깊은 두려움과 마주한다. 그런데 놀랍게도, 그 두려움의 크기는 '죽음 이후를 어떻게 바라보느냐'에 따라 크게 달라진다. 죽음 너머에 또 다른 세계가 있다고 믿는 사람일수록 마지막 순간을 훨씬 편안하게 받아들인다.

내 장인어른의 임종을 지켜보며 나는 이 사실을 또 한 번 확인했다. 임종 1주일 전, 꿈인지 환상인지 모를 어떤 특별한 경험을 하셨다. 잠시 다른 세계를 다녀온 것 같다고 하셨고, 그 이후로는 마음이 한결 가벼워지신 듯했다. 매일 깔끔하게 면도도 하고, 여유 있게 가족들과 시간을 보내며, 임종 순간에도 깊은 숨을 한 번 쉬고 아주 편안하게 떠나셨다. 죽음 이후의 세계를 확신하게 되면 삶이 이렇게 달라진다. 당장의 일에 조급해하지 않고, 하루하루를 더 넉넉하게 받아들이며, 마지막 순간에도 두려움 대신 평온함이 찾아온다. 결국 죽음 이후의 세계를 믿을 것인지 말 것인지는 각자의 선택이다. 그 선택이 평상시 삶의 태도와 마지막 순간의 모습까지 바꾸어놓는다.

오늘의 체크 포인트

☐ 나는 죽음 이후에 대해 진지하게 생각해보았는가?

☐ 죽음 이후에 아무것도 없다면 어떻게 살겠는가?

☐ 죽음 이후에도 뭔가 있다면 어떻게 살겠는가?

질문 뒤집기

숨이 멈추는 그 찰나, 어떤 생각이 들까? 미지에 대한 두려움일까, 아니면 새로운 세상을 향한 설렘일까?

오늘의 문장

"죽음은 사라짐이 아니라, 우리가 아직 이해하지 못한 또 다른 존재 방식일지 모른다."

한 줄 메모

죽은 뒤 나는 어디로 가게 될지, 솔직하게 한번 써보자.

신의 존재를
믿는가?

신을 믿게 될 때 나타나는 현상

| 이웃 1 | 송재형 씨, 50세 _ 신을 찾게 된 무신론자

그는 신앙 없는 가정에서 자랐다. 늘 이성적으로 사고했고, 종교는 '약한 자의 도피처'라고 여겼다. 그러다 40대 중반, 자녀의 중병으로 삶이 송두리째 흔들렸다. 무력감 속에 병원 복도를 걷던 어느 날, 처음 보는 노년의 남자가 말했다.

"제가 매일 기도하고 있어요. 꼭 이겨내실 겁니다."

그는 웃어넘기려 했지만, 그 말이 이상하게 가슴에 맺혔다. 며칠 후 그는 조용히 병원 예배실에 앉았다. 무엇인가에 기도하듯 속삭였다.

"살려주세요, 도와주세요……."

그는 말한다.

"내가 믿고 싶어서가 아니라, 내가 간절해서 신을 찾게 되었어요."

| 이웃 2 | 김진우 씨, 32세 _ 박사과정 학생

그는 뉴스만 보면 가슴이 답답해진다고 했다. 전쟁은 끝날 줄 모르고, 무고한 어린이들이 희생당한다. 기습 폭우와 지진으로 한순간에 삶의 터전을 잃은 사람들이 거리에 넘쳐난다. 열심히 일하며 착하게 사는 사람은 오히려 고생만 하다 병까지 얻어 비참한 삶을 영위하는데, 악하고 나쁜 사람은 잘 먹고 잘 살며, 심지어 쉽게 죽지도 않는다.

진우 씨는 도무지 이해되지 않는 이런 불공평한 세상을 보며 소리쳤다.

"이런 세상에 신이 있다는 게 말이 되나? 있다면 왜 이런 일이 벌어지게 두는 걸까?"

며칠 후, 도서관에서 밤늦게 귀가하던 그는 문득 하늘을 올려다보았다. 어두운 하늘 아래 그는 조용히 혼잣말을 했다.

"신이 있다면…… 정말 있다면 이 세상이 왜 이렇게 불공평한지, 선과 악이 왜 존재하는지, 고통받는 사람들이 왜 이렇게 많은지 좀 말해줘요. 왜 신은 침묵을 하고 있는지도……."

니체는 "신은 죽었다"고 말했다. 이 표현은 1882년 『즐거운 학문』에서 처음 등장했다. 니체가 말한 '죽음'은 실제 신의 소멸이 아니라, 서양 문명을 지탱해온 기독교적 가치와 절대적 도덕규범이 힘을 잃었다는 의미였다. 그래서 니체는 인간이 스스로 새로운 의미와 가치를 창조해야 한다고 강조했다.

신을 이해하려면 '차원'의 개념이 필요하다. 낮은 차원에서는 높은 차원을 절대로 알 수 없다. 3차원에 사는 우리는 4차원도 온전히 파악하지 못한다. 끈이론(M이론)을 중심으로 한 현대 물리학에서는, 10차원의 공간에 1차원의 시간을 더한 '11차원 시공간'을 우주의 근본 구조로 가정한다. 상상조차 하기 어려운 차원이다. 그렇다면 신의 차원은 어떤가? 도무지 인간이 설명할 수 없는 '영적 차원'이며, 이는 오직 '영적 방법'으로만 다가갈 수 있다. 그러나 인간은 눈에 보이는 것만 믿으려 하고, 이해 가능한 범위에서만 인정한다.

하지만 보이지 않는 세계가 보이는 세계를 움직이고 있다는 사실을 아는가? 우리가 가진 지식이 얼마나 보잘것없는 것인지 깨달은 적이 있는가? 이 땅에 왜 악이 존재할까? 햇빛만 있다면 지구는 결국 사막이 된다. 비도 있어야 하는 것이다. 어둠이 있어야 빛이 찬란하고, 악이 있어야 선의 귀함을 깨닫는다. 선과 악, 빛과 어둠, 추위와 더위는 이렇게 서로를 비추며 공존한다. 그 깊은 이치를, 과연 인간이 다 헤아릴 수 있을까?

내가 대학교에서 부총장을 지낼 때, 교수라는 사람들이 자기 분야에서는 권위자였지만 조금만 벗어나면 거의 문외한임을 많이 보았다. 더구나 자기 전공조차 새로운 지식 앞에서는 쉽게 무력해졌다. 나도 교수를 했지만, 내가 가진 지식이 얼마나 얕고 부족한지를 늘 느꼈다. 그래서 지금도 책을 손에서 놓지 않는다. 배우면 배울수록, 알면 알수록 내가 얼마나 모르는지를 새삼 깨닫게 된다.

그렇기에 신의 차원을 인간의 지식만으로 이해한다는 것은 거의 불가능하다. 신의 존재를 깨닫기 위해서는 단순한 지식을 넘어선 공부와 깊은 성찰이 필요하다. 신을 믿느냐, 믿지 않느냐는 결국 각자의 믿음의 선택에 달려 있다. 신이 있다고 믿는 사람에게는 신이 존재하지만, 없다고 믿는 사람에게는 존재하지 않을 수도 있다. 다만 신을 믿는 사람들은 대체로 그렇지 않은 사람들보다 말과 행동을 더욱 삼가며, 시련 속에서도 절망보다는 희망을 품는 경향이 있다. 이는 단순한 종교적 차이를 넘어, 삶을 대하는 태도의 차이로 이어진다.

오늘의 체크 포인트

☐ 나는 신의 존재를 믿고 있는가, 혹은 믿고 싶었던 순간이 있는가?

☐ 신이 있다면, 왜 신은 침묵하고 있다고 생각하는가?

☐ 차원, 특히 영적 차원을 얼마나 이해하고 있는가?

질문 뒤집기

신이 없다는 것을 증명할 수 있는가?

오늘의 문장

"신은 보이지 않지만, 그 흔적은 삶의 가장 조용한 순간에 드러난다."

한 줄 메모

신을 믿는다면 어떤 신인지 적어보자.

_____

이 장에서는 누구도 피할 수 없는 진실, 바로 '끝을 마주하는 용기'에 대해 깊이 다루었다. 삶이 언젠가는 끝난다는 사실은 두렵고 외면하고 싶지만, 그 유한함이 오늘을 더 귀하게 만든다는 걸 우리는 배웠다. 죽음을 생각한다는 건 결국 '어떻게 살아야 할까'를 다시 묻는 일이다. 의사와 호스피스 전문가들은, 사람은 마지막 24~48시간 동안 의식이 흐려지다가도 어느 순간 갑자기 또렷한 정신을 되찾아 남겨둬야 할 말을 전한다고 말한다. 이 짧고도 신비로운 '명료한 순간'에 사람들은 평생 가슴에 담아두었던 단 한 문장을 꺼낸다. "사랑한다", "미안했다", "고마웠다", "꼭 행복해라." 이 몇 마디가 한 사람의 인생 전체를 압축한다. 임종이 가까워지면 단순해지며, 결국 모두가 같은 깨달음에 도달한다. "마지막에 남는 것은 관계뿐이다." 집도, 돈도, 명예도 아니다.

이제 마지막 장으로 향한다. 그 제목은 '지금부터 어떻게 살아야 할까'이다. 지금까지 삶의 목적과 관계, 시간, 실패, 믿음을 돌아본 여정 끝에서 우리는 마침내 한 가지 근본적인 질문과 마주한다.

"그렇다면 지금부터 어떻게 살아야 할까?"

이제, 마지막 장에서 그 질문이 어떻게 삶 전체를 새롭게 비추는지 깊이 만나게 될 것이다. 과거는 바꿀 수 없지만, 지금의 질문은 미래를 다시 설계하게 해준다. 질문은 리셋의 시작이며, 두 번째 인생의 나침반이다.

제10장

지금부터 어떻게 살아야 할까

인생을 리셋하는 결단의 질문

삶의 끝자락에 다다르면, 우리는 결국 하나의 질문 앞에 선다.

"그렇다면 지금부터 어떻게 살아야 할까?"

돈을 위해 달려온 날들, 명예를 좇았던 시간들, 사랑을 갈망했던 순간들이 이 질문 앞에서 조용히 정리된다. 그리고 깨닫게 된다. 가장 소중했던 것은, 가장 화려한 것이 아니었다는 걸. 가장 진심이었던 것, 가장 사랑했던 것, 가장 '나다웠던' 순간들이 끝까지 마음에 남는다. 삶은 질문이고, 인생은 그 질문에 대한 대답이다. 그러니 오늘도 스스로에게 조용히 물어보자.

"나는 지금, 무엇을 위해 숨 쉬고 있는가?"

그 대답을 찾아가는 길 위에 진짜 내 인생이 놓여 있다.

Question 64

"괜찮다"고 말하면서도
왜 눈물이 날까?

멈춰서 묻는 용기, 그로부터 시작된 변화

| 인터뷰 1 | **김은진 씨, 39세 _ 사표 보류자인 외국계 기업 팀장**

노　은진 씨는 커리어상으로는 성공한 삶이셨죠?

김　네, 연봉도 높고, 성과도 잘 내고 있었어요. 남들이 보기에는 부족할 게 없어 보였을 거예요.

노　그런데 어느 날, 눈물이 났다고요?

김　맞아요. 어느 날 퇴근 후 소파에 앉아 TV도 켜지 않고 가만히 있었는데, 갑자기 눈물이 흐르더라고요.

노　특별한 일이 있었던 건가요?

김　아니요, 딱히 나쁜 일이 있었던 것도 아닌데…… 그냥 '나는 지금 괜찮은 걸까?'라는 생각이 문득 들었어요. 그동안 너무 바쁘게 달려오느라, 제 마음은 한 번도 들여다보지 않았던 거죠.

노　그 눈물이 말해준 건 뭐였을까요?

김 '괜찮은 척'하고 있었던 거예요. 사회적으로 성공은 했지만, 정작 저를 돌보지 않았더라고요. 인정받기 위해 애쓰느라 '진짜 나'는 점점 멀어졌던 거죠.

노 그 후 어떤 변화가 있었나요?

김 그날 이후, 아예 사표까지 써놨었어요. 다만 아직 제출은 못 했죠. 지금은 잠시 멈춰서, 진짜 내가 원하는 삶이 뭔지 다시 묻고 있어요. '괜찮지 않은 나'를 인정하는 게 시작이더라고요.

| 인터뷰 2 | 최홍일 씨, 45세 _ 대기업 임원 승진 앞두고 귀향

노 홍일 씨는 임원 승진을 앞두고 계셨다죠?

최 네, 20년 넘게 한 길만 걸어왔어요. 치열하게 일했고, 드디어 상무 직함이 눈앞에 있었죠. 남들이 부러워할 만한 시점이었어요.

노 그런데 그 순간, 오히려 흔들리셨다고요.

최 어느 날이었어요. 회장 주재 회의 준비로 며칠 밤을 새다시피 했어요. 엘리베이터 거울을 보는데 제 표정이…… 정말 텅 비어 있더라고요. 그 순간 묘하게 눈물이 나더군요. 아무도 없는 공간에서요.

노 그 눈물이 당신에게 무슨 신호였을까요?

최 "나는 지금 어디로 가고 있지?"라는 질문이었어요. 평생 이 자리만 바라보며 달려왔는데, 정작 제 안은 텅 비어 있었던 거죠. 집에선 아내와 아이들과 얼굴도 못 마주치고, 부모님은 어느덧 병원에 계시고…….

노 그래서 결국 귀향을 선택하신 거군요.

최 맞습니다. 많은 사람들은 "이제 꽃길인데 왜 내려가느냐"고 했죠. 하지만 저는 처음으로 '성공'보다 '삶'이 더 중요하다고 느꼈어요. 지금은 고향에서 부모님 곁을 지키며 지역 청년들을 위한 작은 사업을 시작했어요.

노 그 선택에 후회는 없으신가요?

최 단 하루도요. 지금은 '괜찮지 않은 나'를 돌보는 시간이기도 해요. 성공은 나를 잊게 했고, 돌아옴은 나를 다시 만나게 했습니다.

에픽테토스는 "마음은 속이지 못한다. '괜찮다'는 말은 할 수 있어도, 눈물은 진실을 말한다"라고 했다. "괜찮다"고 하면서도 눈물이 나는 순간은 약함이 아니라 스스로를 깨우는 용기다.

김은진 씨는 눈물 뒤 상처와 마주하며, 최홍일 씨는 고향에서도 낯선 마음을 끌어안으며 다시 꿈꾸기 시작했다. 그 시작은 거창한 사건이 아니라 "나는 정말 괜찮은가?"라는 정직한 질문이었다. 인지심리학에서는 이를 '정서 인식emotional awareness'이라고 부른다. 감정을 억누르면 편도체가 과민해져 작은 자극에도 눈물이 나지만, 감정을 인식하고 이름을 붙이면 전전두엽이 활성화되어 감정이 잔잔해진다. 눈물은 심리적 항상성을 회복하려는 뇌의 자기 조절 기제로, 울음 후 평온을 느끼는 이유다. 또 눈물을 불러오는 질문은 억눌린 기억을 현재와 연결해 재통합reconsolidation시키고, 자기 이해와 변화를 이끈다.

혹시 당신도 괜찮은 척하며 하루를 버티고 있지는 않은가? 진짜 괜찮아지려면 '왜 눈물이 나는지'부터 물어야 한다. 그 물음 앞에 조용히 앉아 마음을 들여다볼 때, 뇌와 마음이 회복되기 시작하고, 삶은 눈물 위에서 다시 피어난다.

오늘의 체크 포인트

- ☐ 나는 지금 괜찮은가?
- ☐ '괜찮은 척'하고 있지는 않은가?
- ☐ 혼자 있을 때 눈물을 흘린 적이 있는가?

질문 뒤집기

"괜찮다"고 말한다고 해서, 정말로 괜찮아지는 걸까?

오늘의 문장

"'괜찮다고 말하면서 왜 자꾸 눈물이 날까?'라는 질문은 나를 흔들기 위한 것이 아니라, 나를 다시 세우기 위한 것이다."

한 줄 메모

요즘 내가 느끼는 '괜찮지 않음'의 신호는 무엇인지 적어보자.

 _____

이 시간을 살아가는 그대에게

아직도
꿈이 있는가?

나이를 넘어 다시 꾸는 꿈

| 인터뷰 1 | **남영수 씨, 83세 _ 전직 교사**

노 일부러 절 찾아오신 이유가 있으신가요?

남 네. 그동안 마음속에 꾹꾹 눌러 담아왔던 얘기인데…… 이제는 꼭 말해야 할 것 같아서요.

노 그러면 오늘이 최초 공개가 되겠군요. 기대가 됩니다.

남 이 나이에 이런 얘기를 꺼내면 괜히 이상한 사람으로 보일까 해서 숨겨왔습니다.

노 오히려 더 궁금해지는데요. 어떤 모험을 하신 건가요?

남 네. 바로 아마존입니다. 제가 평생 교직 생활하면서 늘 꿈꿔왔던 곳입니다. 저는 밀림 깊숙이, 사람들의 발길조차 닿지 않은 곳으로 들어갔습니다. 습기로 눅눅한 공기 속에서 독사가 기어다니고, 알 수 없는 울음소리가 울려 퍼지는 밤이 이어졌습니다. 원주민들은 오래전부터 전설처럼 전해 내려오는 노래를 들려주었는데, 그 멜로디를 따라간 끝에 저는 무너진 신전을 발견했습니다.

노 네? 신전이라니요?

남 덩굴이 얽히고 나무가 뿌리를 내린 채 반쯤 땅에 묻혀 있었습니다. 바위틈 사이로 석판이 드러나 있고, 그 위에는 알 수 없는 고대 문자들이 새겨져 있었죠. 더 놀라운 건, 바닥에서 반짝이는 황금 장식이 모습을 드러냈을 때였습니다. 손바닥만 한 장식 하나를 들어 올리는 순간, 심장이 터질 듯 뛰더군요. 세상에, 내가 전설 속 보물을 눈앞에서 보고 있다니!

노 정말 영화 같은 이야기입니다. 선생님, 그렇게 보물을 발견하셨을 때 어떤 마음이었습니까?

남 저는 그때 마치 영화 속 인디아나 존스 박사가 된 것 같았습니다. 평생 꿈꾸던 탐험가로서의 나, 새로운 역사를 세상에 알리는 사람으로서의 나…… 저는 그 보물과 기록들을 모아 인류에게 남기겠다고 다짐했습니다. 그것이 제 인생 2막의 마지막 사명이었습니다.

노 선생님, 도무지 믿기지 않습니다. 83세의 연세에 이런 이야기를 들려주시다니, 정말 꿈같은 이야기입니다.

남 (잠시 눈을 감았다 뜨며) 맞습니다. 사실…… 꿈입니다. 이 모든 건 제가 며칠 전에 꾼 꿈이었어요.

노 네? 꿈이라니요!

남 눈을 뜨고 보니, 지도도, 보물도, 아마존도 없었습니다. 오직 꿈속에서만 존재했죠. (미소 지으며) 아마…… 제가 이런 꿈같은 모험을 10년 전에라도 시작할 수 있었다면, 그건 꿈이 아니라 현실이 되었겠지요. 하하하!

| 인터뷰 2 | 박용수, 70세 / 김명자, 68세 _ 30개국 여행 도전 중

노 두 분은 지금 30개 나라를 여행하고 계신다면서요? 어떻게 시작 하게 되셨나요?

박 사실 저희는 평생 식당만 했어요. 여행은커녕 제대로 쉬는 날도 없 었죠. 그런데 아내가 가끔 이렇게 말하곤 했어요. "우리도 외국 한 번 가보면 좋겠다……." 그 말이 제 머릿속에서 떠나질 않더군요.

김 저는 그냥 한 말이었어요. 그런데 어느 날 남편이 작은 다이어 리를 꺼내 보여줬어요. 도쿄 숙박비, 파리 항공권, 박물관 입장 료…… 5년 전부터 혼자 꼼꼼하게 적어두고 있었더라고요.

노 그때 기분이 어떠셨나요?

김 눈물이 났죠. 우리 인생에 '언젠가'는 없을 줄 알았는데, 남편은 그 '언젠가'를 진짜 준비하고 있었던 거예요.

박 그래서 식당을 정리하고, 적금을 깨서 1년짜리 세계여행 계획을 세웠습니다. 처음엔 솔직히 무섭기도 했어요. '이 나이에 무슨 세계여행이야' 싶은 마음이 들었거든요. 젊을 때는 체력과 시간은 되는데 돈이 없었고, 중년 때는 체력과 돈은 되는데 시간이 없었어요. 이제 노년이 되니까 시간과 돈은 되는데 체력이 따라가지 않지요. 여행은 가슴이 떨릴 때 가야지 다리가 떨릴 때 가면 소용없어요. 고생만 하지.

노 하하…… 재미있네요. 그런데도 결국 실행에 옮기셨군요.

김 네. 첫 여행지는 베트남이었어요. 싸구려 게스트하우스에 묵고, 길거리 음식을 먹고, 현지 시장을 돌아다녔죠. 그런데 그렇게 행복할 수가 없더라고요. 매 순간이 영화 같았어요.

박 그래서 멈추지 않았습니다. 베트남을 시작으로 하나씩 나라를 늘려가며 지금은 벌써 절반 이상을 채웠어요. 목표는 30개 나라 완주입니다.

노 두 분에게 '꿈'이란 무엇입니까?

김 '나이 때문에 미루지 않는 것', 그게 우리의 결론이에요. 나이는 꿈을 꺾지 않더라고요.

박 그리고 또 하나, '같이 꾸는 꿈은 늙지 않는다'예요. 저 혼자였다면 절대 못 했을 겁니다. 지금은 그 꿈을 향해 함께 걷고 있습니다.

많은 사람이 힘들어서 꿈을 잃었다고 하지만, 사실은 꿈이 없기에 힘든 경우가 더 많다. 꿈은 삶에 방향과 의미를 주어 무기력과 외로움에서 벗어나게 한다.

"꿈은 나이에 지지 않는다"는 말은 뇌과학적으로도 근거가 있다. 뇌는 나이가 들어도 신경가소성 덕분에 새로운 회로를 만들 수 있다. 목표를 세우고 실행하면 전전두엽이 활성화되고, 도파민 분비로 동기와 집중력이 높아진다. 이는 인지 저하를 늦추고 치매 위험을 낮춘다. 일본 후생노동성 조사에서도 구체적인 버킷리스트가 있는 노인의 행복감이 1.8배 높았다 (2022). 나이와 상관없이 꿈은 뇌와 마음을 젊게 하고 삶의 의미를 되살리는 연료다.

나는 많은 나라를 다니며 강연을 했다. 그 과정에서 꿈이 없어 절망하거나 심지어 삶을 포기하려는 사람들을 만났다. 어떻게 하면 그들에게 다시 꿈을 심어줄 수 있을까 고민하다가, '꿈알Dream Egg'을 만들었다. 작은 달걀 모양의 도구 속에 자신의 꿈을 적어 넣고, 늘 눈으로 보고 손으로 만지며 행동으로 이어가게 하는 방식이었다.

꿈알은 지난 13년 동안 어린아이부터 어른에 이르기까지, 학생·군인·기업가 등 수많은 사람들의 손에 쥐어졌다. 아프리카와 레바논을 비롯해 전 세계 25개국에 뿌려진 꿈알은 단순히 꿈과 용기를 북돋우는 데서 멈추지 않았다. 삶을 내려놓으려던 마지막 순간에 다시 일어설 힘을 준 사례들이 수없이 이어졌다. 사업의 부도, 무너진 가정, 믿었던 이의 배신, 희망이 보이지 않던 건강의 악화 속에서도, 꿈을 다시 붙드는 순간 기적처럼 일어난 사람들을 나는 직접 보아왔다. 그 많은 장면을 지켜보며 깨달았다. 꿈이야말로 인간을 다시 살리는 강력한 생명력이라는 사실을.

세상에 사람의 생명을 살리는 일보다 더 소중한 것이 어디 있겠는가. 절망의 끝에서 한 사람을 다시 일으킨 것은 결국 단 하나의 질문이었다. "꿈이 있어요?" 어쩌면 너무 단순해 보이는 그 한마디가 때로는 한 사람의 인생 전체를 바꿔놓는다. 꿈은 나이를 가리지 않는다. 누구든 꿈을 떠올리는 바로 그 순간, '드림 에이지Dream Age'의 시간이 다시 흐르기 시작한다. 말 그대로 인생의 리셋이다. 그리고 그 지점에서는 지금도 변함없이 기적이 일어난다. 아직 꿈이 없는가? 그렇다면 지금 이 순간, 새로운 꿈을 하나 만들어보는 건 어떨까.

오늘의 체크 포인트

☐ 지금까지 살아오면서 심장이 뛸 만한 꿈이 있었는가?

☐ 나이 때문에 꿈을 포기하고 있지는 않은가?

☐ 인터넷에 '꿈알'을 검색해봤는가?

질문 뒤집기

꿈도 못 꾸나?

오늘의 문장

"꿈은 이루어진다."

한 줄 메모

꿈이 꼭 이루어진다면 어떤 꿈을 꿀 것인지 적어보자.

❝ ❞
_____

내가 바꿀 수 있는 일인가,
바꿀 수 없는 일인가?

쥘 수 있는 것과, 놓아야 하는 것

| 인터뷰 1 | **이팔복 씨, 52세** _프리랜서

노   요즘 가장 화나는 일이 무엇인가요?

이   뉴스에 나오는 정치인들이요.

노   뭐가 그렇게 화납니까?

이   선거 때는 머리를 땅에 닿도록 절하더니, 막상 당선되니 안하무인
     입니다. 말은 국민을 위한다지만 실상은 자기들만 챙기죠. 편 가
     르고 싸우는 꼴은 정말 못 봐주겠습니다.

노   그래서 어떻게 했습니까?

이   오죽하면 병원까지 갔겠어요. 의사가 뭐라고 하는지 아세요? 요
     즘 유행하는 '정치인 알레르기'래요. 참 기가 막히죠!

노   심각하네요. 그래서 요즘은 어떻게 반응하시나요?

이   어느 날 알았죠. 내가 아무리 욕을 해도 들을 리 없고, 절대로 변하

지 않을 사람들이라는 걸요.

노　그래서 어떻게 하셨나요?

이　그냥 바로 채널을 돌립니다. 뉴스 대신 요리 프로그램을 보죠. 적어도 거기에 나오는 사람들은 국민에게 웃음을 주거든요. 정치인은 못 바꿔도 저녁 메뉴는 바꿀 수 있으니까요. 세상을 못 바꾼다면 내가 바뀌면 되죠. 하하…….

| 인터뷰 2 | 박종훈 씨, 35세 _ 마케팅팀 대리

노　직장 생활하면서 가장 힘들었던 경험이 뭔가요?

박　뭐든 트집을 잡는 상사였어요. 보고서를 제출하면 글자 크기부터 색깔까지 꼬투리를 잡았죠. 처음엔 밤새워 수정해서 맞춰주려고 했어요.

노　그렇게 하니 나아졌나요?

박　전혀요. 오히려 더 심해졌어요. 사소한 실수 하나로 한 시간 넘게 혼내기도 했거든요. 미치겠더라고요.

노　힘드셨겠네요. 그런데 그 상황을 어떻게 바꾸셨나요?

박　퇴사까지 심각하게 고민했었습니다. 그런데 상사를 바꿀 수 없다
　　는 걸 깨달았어요. 그 대신 제 업무 방식을 정리했죠. 지적당할 부
　　분을 미리 점검하고, 불필요한 보고는 줄였어요. 감정적으로 반응
　　하지 않고, 나 스스로를 다잡았죠. 이 또한 지나가리라…….

노　결국 바꿀 수 있는 건 자신이었군요.

박　맞아요. 상사의 성격은 못 바꾸지만, 내가 덜 지치고 버틸 방법은
　　만들 수 있더라고요.

　　스티븐 코비는 "성숙한 사람은 통제할 수 있는 것과 없는 것을 구분한
다"고 말했다. 우리는 살아가며 사람·상황·자신과 부딪히고, 바꿔야 한
다는 생각이 든다.

　　세상에는 두 가지 일이 있다. 하나는 내가 바꿀 수 있는 일이다. 나의
태도, 선택, 말, 행동, 습관처럼 결심과 노력으로 변화시킬 수 있는 것들이
다. 다른 하나는 바꿀 수 없는 일이다. 타인의 마음, 지나간 과거, 날씨와
계절, 세상의 큰 흐름처럼 아무리 애써도 손댈 수 없는 것들이다. 문제는
많은 이들이 이 순서를 거꾸로 산다는 점이다. 바꿀 수 없는 것에 매달려
평생을 허비하고, 정작 바꿀 수 있는 자신은 내버려둔다. 그래서 삶은 무
겁고 원망이 깊어진다.

　　"내가 바꿀 수 있는 일인가?"라는 질문으로 냉정히 판단해야 한다. 바꿀
수 있는 일이라면 즉시 바꾸고, 불가능한 일이라면 빨리 내려놓아야 한다.

살다 보면 억울한 오해를 받거나 뜻하지 않은 모함을 당할 때가 있다. 아무리 이성적으로 판단해도 도무지 납득되지 않는 상황이 닥치면 마음이 무너지고 세상이 원망스러워지기 마련이다. 그러나 그럴수록 스스로에게 한 가지 질문을 던져야 한다. "이 일은 내가 바꿀 수 있는 일인가?" 만약 아무리 노력해도 바꿀 수 없는 일이라면, 이렇게 마음을 정리해보자. "나는 이미 죽은 사람이다."

죽었다는 것은 곧 모든 것을 내려놓았다는 뜻이다. 죽은 사람에게는 감정도, 불평도, 억울함도 없다. 세상의 말과 시선에도 흔들리지 않는다. '이미 죽었다'고 생각하는 순간, 이상할 만큼 마음이 가벼워진다. 우리가 괴로운 이유는 '살아 있다'고 생각하며 모든 것을 붙잡으려 하기 때문이다. 반대로 '죽었다'고 생각해버리면 어지간한 일들은 그냥 흘려보낼 수 있다. 바꿀 수 없는 일이라면, 죽었다고 생각하고 스스로를 내려놓아보자. 억지로 매달리지 않고 담담히 받아들이는 바로 그 순간, 비로소 평안이 시작된다.

오늘의 체크 포인트

☐ 내가 바꿀 수 있는 것인지, 바꿀 수 없는 것인지 알아차릴 지혜가
  있는가?

☐ 바꿀 수 있는가? 그렇다면 즉시 바꿀 용기가 있는가?

☐ 바꿀 수 없는가? 그렇다면 즉시 나의 태도를 바꿀 수 있는가?

질문 뒤집기

내가 바꾸고 싶다고 해서 다 바꿀 수 있다면, 세상이 어떻게 돌아갈까?

오늘의 문장

"내가 바꿀 수 있는 것과 없는 것을 제대로 구분하기만 해도 불필요
한 에너지 소모를 줄일 수 있다."

한 줄 메모

지금 내가 붙잡고 있는 문제는 바꿀 수 있는 것인가, 없는 것인가? 한
번 적어보자.

 _____

이 시간을 살아가는 그대에게

지금부터 감사 일기를 쓰며
살아보고 싶지 않은가?

무너진 몸과 마음을 다시 세우는 가장 단순하고 강력한 회복의 기술

| 인터뷰 1 | **김영애 씨, 30세** _ 만성 짜증·무기력 증후군

노　영애 씨는 한동안 매사에 짜증이 심했다고 들었습니다.

김　네. 회사가 문을 닫으면서 갑자기 일상이 무너졌어요. 아침에 눈
　　뜨는 순간부터 짜증이 치밀었고, 작은 일에도 이유 없이 화가 났
　　습니다. 사람을 만나는 것도 귀찮고, 집안일은 손도 대기 싫었죠.
　　그냥 '세상이 전부 짜증 덩어리 같다'는 말이 딱 맞았어요.

노　스스로도 많이 힘드셨겠군요.

김　우울증인가 싶어 병원에도 가봤지만, 약만으로 이 짜증과 무기력
　　이 사라지진 않았어요. 괜히 예민해진 나 자신이 더 미워졌죠. 그
　　러다 어느 날 상담사가 이런 말을 하더군요. "영애 씨, 억지라도
　　좋으니 하루에 감사 한 줄만 적어보세요." 속으로 비웃었어요. '짜
　　증밖에 없는 삶에서 뭐 감사할 일이 있다고…….'

노 그래도 해보셨군요.

김 네. 너무 지쳐서 오히려 시도해보고 싶었어요. 첫날 쓴 건 '오늘 공기가 덜 답답했다.' 이 한 줄이었는데…… 쓰고 나니 마음 한구석에서 아주 미약하게나마 숨구멍이 트이는 느낌이 들었어요.

노 그 작은 시도가 변화를 만든 건가요?

김 그렇습니다. 둘째 날은 '커피 향이 잠깐 좋았다.' 셋째 날은 '창문을 여니 햇볕이 따스했다.' 이렇게 아주 사소한 것들을 적었어요. 그런데 이상한 건, 감사를 찾기 위해 하루를 더 자세히 들여다보면서 짜증이 조금씩 가라앉기 시작했다는 겁니다.

노 구체적으로 어떤 변화가 있었습니까?

김 아침에 화가 치솟는 일이 줄었고, 이유 없는 짜증이 조금 누그러졌어요. 감사 일기가 제 감정의 온도를 1도씩 낮춰준 셈이죠. 완전히 나았다고 말하긴 어렵지만, 적어도 '조금은 살 만하다'는 느낌을 다시 찾았습니다.

노 지금도 감사 일기를 쓰고 있나요?

김 그럼요. 지금은 하루 세 가지씩 씁니다. 감사 일기는 저에게 화를 억누르는 약이 아니라, 마음을 붙잡아주는 끈 같아요. 저를 벼랑 끝으로 몰아간 건 큰 사건이 아니라 매일 쌓인 짜증이었고, 절 다시 끌어올린 것도 크고 멋진 변화가 아니라 아주 작은 감사 하나였다는 사실을 깨달았죠. 정말 신기하게도 이런 변화가 모두 감사 일기 덕분이었습니다. 그래서 앞으로도 계속 쓸 생각입니다.

노　정우 씨는 40대 중반부터 사업이 크게 어려워졌다고 들었습니다.

박　네…… 정확히 말하면 망했습니다. 10년 동안 운영하던 제조업 공장이 한순간에 무너졌어요. 빚은 쌓이고 직원들 월급도 밀리고……. 무엇보다 스스로가 너무 초라해졌습니다. 가족을 볼 면목도 없었어요.

노　마음적으로 가장 힘들었던 순간은 언제였나요?

박　집에 TV 소리만 크게 켜놓고 방 안에서 멍하니 누워 있던 때요. '내 인생은 여기서 끝이구나' 그런 생각이 정말 매일 들었습니다. 도저히 빠져나올 힘이 없었어요.

노　감사 일기는 어떻게 시작하게 되었나요?

박　어느 날 아들이 제 방문을 두드리더니 조용히 일기장을 하나 내밀더라고요. "아빠, 선생님이 말씀하셨는데, 감사한 걸 쓰면 마음이 좀 버틴대." 처음엔 굴욕감이 들었습니다. 내가 아들에게 일기장까지 받아야 하나…… 그런데 아들의 걱정하는 눈빛을 보니까, 거절할 수가 없었어요.

노　첫날 뭐라고 쓰셨나요?

박　'아들이 내 손을 잡아주었다.' 딱 그 한 줄입니다. 그런데 이상하게 손이 떨리더라고요. 눈물이 멈추지 않았습니다.

노　그 뒤로는요?

박　둘째 날은 '아침 햇빛이 따뜻했다.' 셋째 날은 '아내가 말없이 따뜻한 차를 주었다.' 감사 일기를 쓰다 보니 놀라운 걸 깨달았어요. 파산한 건 사업이었지, 내 삶 전체가 무너진 건 아니었다는 사실이요. 나는 망했지만, 가족은 여전히 제 곁에 있었고, 제 삶은 완전히 끝난 게 아니었습니다.

노 감사 일기가 정우 씨의 삶을 어떻게 바꿨나요?

박 감사는 제 시선을 바꿨습니다. '없는 것'만 보던 제가 '남아 있는 것'을 보기 시작했거든요. 그때부터 하나씩 다시 해보기로 했습니다. 새벽 배송 아르바이트부터 시작해서, 지금은 소규모지만 온라인 사업을 하고 있습니다. 감사 일기는 제게 실패의 잿더미 속에서 다시 시작할 용기를 줬습니다.

방송인 오프라 윈프리는 감사 일기와 성공을 연결한 가장 유명한 글로벌 사례다. 그녀는 30년 넘게 감사 일기를 쓰며 이렇게 말했다. "나는 감사 일기로 내 인생 전체를 바꿨습니다." 그녀의 습관은 전 세계적으로 감사 일기 붐Gratitude Journal Movement을 불러일으켰다.

그녀가 쓴 감사 일기는 아주 평범한 내용을 담고 있다. '오늘 커튼 사이로 들어온 햇빛이 내 얼굴을 따스하게 비췄다. 이 작은 감각이 내 마음을 열어주었다', '내 말을 묵묵히 들어준 친구가 있었다. 그 존재만으로 나는 위로받았다.' 오프라는 여러 방송과 인터뷰에서 감사 일기를 쓰는 자신만의 원칙을 다음과 같이 정리했다. "큰 것을 찾지 말고, 작은 것을 적어라", "감사는 발견이 아니라 훈련이다", "감사를 쓰면 행복이 오고, 쓰지 않으면 빠져나간다", "감사를 기록한 날은 절대 불행에 지지 않는다." 또, 하루 다섯 가지 감사를 실천하면서 삶 전체가 '더 보는 눈'을 가지게 되었다고 말했다.

우울증 연구의 세계적 권위자인 스티븐 일러디 박사는 임상 경험 끝에 감사 일기의 효능을 직접 환자들에게 적용했다. 그는 이렇게 말했다. "감사 일기는 약물만큼 강력한 치료 효과를 보인다." 일러디 박사가 치료한 환자들 중 상당수가 감사 일기 세 줄을 꾸준히 쓰는 것만으로 우울·불안이 유의미하게 감소했다. 감사 일기뿐만 아니라 감사를 반복해서 외쳐도 효과가 있다는 것을 여러 사례에서 말하고 있다. 심지어 암까지 호전된 놀라운 사례도 있다.

영화감독 윤영식 씨의 아내는 어느 날 갑자기 유방암 3기 판정을 받았다. 절망 속에서 시간이 흘렀고, 그녀는 뜻밖의 선택을 했다. "하루에 감사 1,000번을 하겠습니다." 병이 온 것도, 숨 쉴 수 있는 것도, 하루를 견딜 힘이 있다는 사실도 모두 감사하겠다고 마음먹었다. 항암 부작용으로 몸이 뒤틀리고 식사조차 힘든 날에도 그녀는 감사의 고백을 멈추지 않았다. 몇 달 후, 의료진은 놀라운 변화를 보게 된다. 종양이 눈에 띄게 줄어든 것이다. 의사들은 '감사'라는 긍정 정서가 스트레스를 낮추고 면역을 활성화해 치료 반응을 높였을 가능성에 대해 설명했다. 결국 그녀의 회복은 "감사가 마음을 살리고, 마음이 몸을 살린" 결과였다. 이 놀라운 이야기는 윤 감독이 여러 곳에서 직접 공개한 것이다.

한편, 일본의 의사 가와다 다케시도 말기 암 환자들을 돌보며 비슷한 사실을 발견했다. 매일 수백 번 감사 기도를 반복하는 환자들의 경우 통증이 줄고, 수면과 식욕이 회복되며, 심지어 종양이 감소하는 사례가 나타난 것이다. 몇몇은 암이 보이지 않는 상태에 이르기까지 했다. 가와다 박사는 "감사가 병을 직접 고친다고 말할 수는 없지만, 몸이 회복되는 방향으로 강력한 힘을 준다"고 말했다. 결국 두 사례는 같은 메시지를 담고 있다. 감사는 몸을 바꾸고, 절망의 방향을 되돌리는 힘을 가지고 있다. 감사는 뇌의 감정 회로를 '위험 탐지 모드'에서 '평온·관찰 모드'로 전환시키는 스위치 역할을 한다. 또한 감사의 감정은 도파민이나 세로토닌 같은 긍정적 신경화학 물질을 증가시킨다. 특히 우울증 환자나 암 환자에게 부족한 물질이 하나같이 감사 활동에서 자연스럽게 증가한다.

건강 문제든 사업 문제든 여러 어려운 상황에서 감사로 회복한 예는 얼마든지 있다. 불평하고 싶은가? 일단 감사해보자. 누군가 미워지는가? 그 사람에게도 감사할 이유를 찾아보자. 누군가 부러운가? 지금 가진 것에 감사해보자. 일이 뜻대로 풀리지 않는가? 그래도 감사해보자. 신기하게도, 감사하는 순간 마음의 톤이 바뀐다. 감사를 시작하면 생각지도 못한 변화가 찾아온다. 이건 직접 경험해본 사람만이 아는 놀라운 현상이다. 세상에 가장 강한 사람은 감사할 상황이 아닌데도 감사하는 사람이다. 그러니 모든 일에 감사하자. 잘될 때도 감사하고, 안 될 때도 감사하자. 매일 감사 일기를 써도 좋고, 틈날 때마다 감사를 외쳐도 좋다. 중요한 것은 어떤 어려움이 닥치더라도 그 속에서 '감사할 한 가지'를 반드시 찾아내는 일이다.

아직 감사 일기를 쓰고 있지 않다면 지금 당장 시작하자. 아무 노트나 사용해도 되고, 요즘은 감사 일기 전용 애플리케이션도 잘 나와 있어 훨씬 간편하다. 어떤 방식이든 상관없다. 중요한 것은 지금 쓰기 시작하는 실천 이다.

오늘의 체크 포인트

☐ 지금 감사 일기를 쓰고 있는가?

☐ 감사 일기나 감사 일기 애플리케이션이 준비되어 있는가?

☐ 오늘 몇 번이나 감사를 외쳤는가?

질문 뒤집기

감사 일기도 쓰고, 감사를 하루에 백 번 외치면 어떤 기적이 일어날까?

오늘의 문장

"감사를 기록한 날은 절대 불행에 지지 않는다."

한 줄 메모

오늘 내가 감사한 세 가지는 무엇인가? 하나만 써보자.

어떻게 해야
존경받는 사람이 될 수 있을까?

죽을 때까지 배우고, 존경받는 사람들의 이야기

│인터뷰1│ 김정우 씨, 74세 _평생교육원 학생이 된 은퇴 교사

노 김 선생님, 은퇴하신 지 벌써 10년이 넘으셨죠. 요즘은 어떻게 지내십니까?

김 네, 벌써 12년이 됐습니다. 사실은 은퇴 직후 동창회에 갔다가 큰 충격을 받았어요. 제 친구 중 한 명이 박사학위를 무려 세 개나 가지고 있는데, 그 나이에도 여전히 새로운 공부를 하고 있더군요. 그 모습을 보며 '나는 이제 다 끝났다고 생각했는데, 이 사람은 여전히 배우고 있구나'라는 자극을 강하게 받았습니다.

노 그래서 다시 공부를 시작하신 건가요?

김 맞습니다. 은퇴 후 시간이 많을 줄 알았는데, 그냥 흘려보내면 금방 사라져버리기에 결심했습니다. "죽을 때까지 배우자." 지금은 일주일에 두 번씩 대학 평생교육원에서 철학을 공부하고 있습니다.

노 지금도 여전히 새로운 걸 배우신다는 게 존경스럽습니다.

김 배움은 젊은 사람들의 특권이 아니라, 살아 있는 사람들의 의무라고 생각해요. 얼마 전엔 손주가 영어로 질문하기에, 제대로 대답해주고 싶어 영어 회화반에도 등록했습니다. 저보다 50년 어린 친구들과 같이 공부하니 오히려 젊어지는 기분이에요.

노 배움이 선생님께 어떤 의미인가요?

김 배우면 배울수록 제 무지가 더 선명하게 보여요. 그럴 때마다 겸손해지고, 더 배우고 싶어집니다. 새로운 걸 알게 되는 순간은 늘 설레고, 어제의 나보다 조금 더 자란 제 모습을 확인할 때 큰 기쁨을 느낍니다. 그래서 저는 배움을 멈추는 순간이 곧 늙는 순간이라고 믿습니다. 죽을 때까지 배우는 게 인생 아니겠습니까?

이 시간을 살아가는 그대에게

노   최 선생님은 은퇴 후에도 지역사회에서 존경받는 분으로 알려져 있습니다. 많은 사람들이 '겸손한 어른'이라고 부르던데, 특별한 비결이 있으신가요?

최   별다른 비결은 없습니다. 저는 늘 제 능력보다 남 덕분에 여기까지 왔다고 생각합니다. 은행에 다닐 때도 제 이름으로 된 성과가 많았지만, 사실은 함께한 직원들과 믿어준 고객들 덕분이었죠. 그래서 은퇴 후에도 감사의 마음을 잊지 않으려고 합니다.

노   겸손을 일상에서 어떻게 실천하고 계신가요?

최   저는 모임이나 자리에 가면 제 이야기를 먼저 하기보다 다른 사람들의 말을 경청하려 합니다. 그리고 누군가를 만나면 그 사람의 장점을 먼저 찾아 칭찬하려고 해요. 사람은 누구나 장점이 있거든요. 나이가 들수록 남을 인정하는 게 내 품격이 된다는 걸 느낍니다.

노   주변에서도 많이 존경하실 것 같습니다.

최   존경이라는 말은 과분합니다. 저는 그저 "나 혼자 잘난 척하지 말자"는 원칙을 지키려고 할 뿐이에요. 솔직히 말씀드리면, 다른 사람에게 존경받는 건 오히려 쉽습니다. 하지만 가족에게 존경받는 건 정말 어렵지요. 늘 함께하다 보니 제 약점과 부족함을 가장 잘 아는 사람들이 바로 가족이거든요. 그래서 저는 가족에게만큼은 더 정직하고, 더 겸손하려 애씁니다. 결국 인품은 멀리 있는 사람들이 아니라 가까운 이들에게 가장 먼저 드러난다고 믿으니까요.

노   그렇군요. 결국 어떻게 기억되고 싶은지가 중요한 것이겠네요.

최   그렇습니다. 재산이나 지위는 결국 사라집니다. 하지만 언젠가 제 아이들과 손주들이 "우리 아버지, 할아버지는 참 따뜻하고 겸손한 분이었지"라고 기억해준다면, 그게 제 인생의 가장 큰 보람일 겁니다.

　존경받는 사람이 된다는 것은 결코 쉽지 않다. 국정감사 장면을 보면 으레 "존경하는 의원님"이라는 말로 시작하지만, 과연 그 말속에 진짜 존경이 담겨 있을까? 우리가 누군가로부터 진심으로 존경받는 삶을 산다는 것은 생각보다 훨씬 어렵다. 특히 가까이 있는 사람이나 가족에게 존경받는 사람으로 산다는 것은 더더욱 어렵다. 늘 곁에서 지켜보며 함께 살아가기 때문에 인간적인 약점과 결함이 자연스레 드러나기 때문이다. 따라서 세상에서 가장 어려운 일이 가족에게 존경받는 일이라는 말이 괜히 나온 게 아니다. 밖에서는 존경받는다는 말을 듣더라도 정작 집 안에서 존경받지 못한다면, 그 삶은 반드시 깊이 돌아봐야 한다.

　존경받는 사람에게는 몇 가지 공통된 특징이 있다. 먼저, 그들은 배움을 멈추지 않는다. 학위가 몇 개든, 사회적 지위가 어떻든, 여전히 배울 것이 있다고 말하며 자신을 낮출 줄 안다. 이 겸손한 배움의 태도는 누구의 말이든 그 속에서 단 하나의 지혜라도 건지려는 마음에서 비롯된다. 작은 지식만으로도 남을 가르치려드는 사람이 많은 세상에서, 묵묵히 배우고 익히며 타인의 말을 경청하는 사람을 보면 절로 고개가 숙여진다. 또한 존경받는 사람은 근본적으로 겸손하다. 교만이 없다. 겸손이란 단순히 자신을 낮추는 데서 그치지 않는다. 더 중요한 본질은 남을 나보다 높여주는 태도다. 사람은 누구나 자기중심적이기에 남을 높이는 일은 생각보다 쉽지 않다. 그래서 그 일을 해내는 사람이 더욱 귀하다. 그리고 존경받는 사람은 남을 기꺼이 칭찬한다. 사람들은 누구나 칭찬받기를 바라지만, 정작 남을 칭찬하는 데는 인색하다. 특히 지위가 높거나 나이가 많은 사람이 아랫사람을 칭찬하는 일은 더욱 쉽지 않다. 마음이 넓고 인품이 깊은 사람만이 진심을 담아 남을 칭찬할 수 있다. 칭찬을 얼마나 잘 하느냐를 보면 그 사람의 인품을 알 수 있다.

칭찬은 고래도 춤추게 하지만, 비난과 비판은 고래를 깊은 바닷속으로 가라앉게 한다. 무엇보다 존경받는 사람은 자신을 희생할 줄 알고, 아낌없이 기부하며, 남몰래 봉사한다. 이들은 선행을 드러내려 하지 않기에 쉽게 눈에 띄지 않는다. 세상이 어둡고 희망이 없어 보이는 순간에도, 어디에선가 세상을 조금이라도 따뜻하게 만들기 위해 묵묵히 애쓰는 이들이 존재한다는 사실은 큰 위안이 된다. 그래서 아직도 세상은 살맛이 나는 것이다.

그리스 철학에서 말하는 아레테arete는 '탁월함' 혹은 '덕'을 의미한다. 아리스토텔레스는 인간이 추구해야 할 최고의 선이 바로 아레테라고 했다. 이는 단순한 능력의 우월성이 아니라 지성과 품성 모두에서 조화를 이룬 탁월함, 즉 인간이 도달할 수 있는 가장 고귀한 상태를 뜻한다. 그렇다면 아레테는 어떻게 완성될까? 끊임없이 배우려는 겸손한 노력, 그리고 매 순간 인품을 가다듬으려는 태도, 이 두 가지가 만날 때 아레테의 문은 비로소 열린다. 우리가 나이가 들어도 배움을 멈추지 않고, 사람을 존중하며, 존경받는 삶의 기준을 스스로 세우고 지켜나간다면, 언젠가 자연스럽게 아레테의 경지, 곧 탁월하고 품격 있는 삶에 다가설 수 있지 않을까.

오늘의 체크 포인트

☐ 나는 더 이상 배울 것이 없다고 생각하고 있지 않은가?

☐ 지금 나는 무엇을 더 배우고 있는가?

☐ 오늘 나는 주변 사람을 칭찬하고 인정했는가?

질문 뒤집기

나를 칭찬하거나, 나를 존경한다는 사람이 주변에 있는가?

오늘의 문장

"끝까지 배우는 사람은 탁월함에 이르고, 자신을 낮추고 다른 사람을
높이는 사람은 존경을 선물로 받는다."

한 줄 메모

존경받기 위해 내가 할 수 있는 행동이 있다면?

 _____

인생 후반전을
어떻게 준비할 것인가?

생각보다 빨리 찾아온 인생 후반전에 당황하는 사람들

| 인터뷰 1 | **임도열 씨, 76세** _ 전직 전기기사

노 　도열 씨는 평생 전기 분야에서 일하셨다고요?

임 　네, 40년 가까이 전기설비 관리만 하면서 살았습니다. 매일 현장
　　을 뛰고, 아파트 단지를 돌고…… 그게 제 전부였죠. 그런데 은퇴
　　하고 나니, 하루가 너무 깁니다.

노 　은퇴 후에는 어떤 계획이 있으셨나요?

임 　계획이요? 그런 건 없었죠. 그냥 쉬면 되는 줄 알았습니다. 그런데
　　막상 집에만 있으니, 아침에 일어나도 갈 곳이 없고, 누군가 불러
　　주는 데도 없어요. 하루 종일 TV만 보다 저녁이 됩니다.

노 　취미나 하고 싶었던 일은 없으셨나요?

임 　젊을 때 노래를 좋아했지만, '나이 들어서 할 수 있겠나' 싶어 시
　　작도 안 했습니다. 여행도, 공부도, 아무것도요. 그냥 '언젠가 하겠

지' 하다가 지금 이렇게 됐습니다. 몸이 무겁고, 마음은 더 무겁습니다.

노　지금 마음은 어떠신가요?

임　솔직히…… 후회뿐입니다. 미리 준비했다면, 무언가라도 해봤다면, 이렇게 텅 빈 하루를 보내진 않았을 겁니다. 나이 들어서는 하고 싶어도 몸이 안 따라줍니다. 이제는 시작할 용기도, 체력도 없습니다. 남은 건 지난날을 생각하며 '그땐 왜 가만히 있었을까' 하는 자책뿐이죠.

노　앞으로의 계획은요?

임　글쎄요…… 그냥 이렇게 살다 가는 거죠. 뭘 새로 시작하기엔 너무 늦었습니다. 젊은 사람들이 제 얘기를 듣고, 제발 저처럼 살지 않았으면 좋겠어요. 준비 없이 나이 들면, 남는 건 텅 빈 하루와 끝없는 후회뿐입니다.

| 인터뷰 2 | 김형준 씨, 64세 _ 자서전 준비 중

노　형준 씨는 은퇴 후 어떻게 지내셨나요?

김　사실 제 오랜 소원이 하나 있었습니다. 제 이름으로 된 책 한 권을 남기는 거였죠. 그런데 막상 쓰려니 엄두가 안 나더라고요. 글을 어떻게 시작해야 할지, 흐름은 어떻게 이어가야 할지 막막했습니다.

노　그런데 지금은 책을 쓰고 계신다고요?

김　네. AI 교육을 받고 나서 가능해졌습니다. 말머리 몇 마디만 던져도 줄줄이 글이 흘러나오니, 그저 놀라울 따름입니다. 이렇게 손쉽게 글을 쓸 수 있다니 신기하기만 합니다. 생각이 책이 되는 거지요. 더 놀라운 건, 완성된 원고를 보면 이게 사람이 쓴 것인지 AI가 쓴 것인지 쉽게 구별하기조차 어렵다는 겁니다.

노 하하…… 프로 작가가 보면 어느 정도 구분할 수 있습니다. AI 글의 특징을 보면, '단단하다', '깊은'이라는 말이 상투적으로 많이 들어가고요, 오탈자나 문법적인 오류 없이 아주 완벽하게 떨어지는 흐름도 특징이지요. 어쨌든 형준 씨의 이름으로 책이 나온다니 기분이 어떻습니까?

김 저는 이제야 제 인생의 숙제를 풀고 있다는 생각이 듭니다. 평생 꿈꾸던 책 한 권을 제 이름으로 남길 수 있다는 것, 그것만으로도 은퇴 이후의 시간이 충만하게 느껴집니다. AI가 제게 준 최고의 선물이라고 말하고 싶습니다. 제가 책을 다 쓰다니, 참으로 세상이 좋아진 것 같습니다.

칼 융은 "인생의 전반은 성취를 위해 달리고, 후반은 의미를 찾아 걷는다. 그 둘의 균형이 삶을 완성시킨다"라고 말했다. 대체로 인생의 후반전은 약 20~30년, 시간으로는 약 10만에서 26만 시간 정도가 주어진다. 분명한 것은 이 후반전의 삶이 전반전과 같을 수 없다는 사실이다. 체력은 예전만 못하고, 정신적 여유는 줄어들며, 걱정은 늘고 자신감은 약해진다. 때로는 소외감이 밀려오기도 한다. 그래서 후반전에 반드시 던져야 할 질문이 있다. "나는 왜 지금 이 시간을 살아가고 있는가?" 삶의 의미를 다시 묻는 일이다. 이 질문이 분명해질 때 비로소 남은 시간이 흔들리지 않고, 흐르는 시간이 방향을 갖는다.

그리고 자연스럽게 이어지는 물음이 있다. "남은 시간을 어떻게 살아야 후회를 줄일 수 있을까?" 후회를 줄이는 가장 확실한 방법은 속도를 낮추는 것이다. 전반전에는 경쟁이 중요했고, 빨라야 살아남았다. 그러나 후반전에 이전의 속도로 달리면 실수가 많아지고, 후회할 일은 늘어난다. 천천히 생각하고 천천히 움직일 때 주변이 보이고 판단이 선명해진다. 또 하나 중요한 것이 있다. 짐을 내려놓는 일이다. 전반전에는 무거운 책임과 관계, 목표를 지고 갈 힘이 있었지만 후반전에는 그 방식이 더 이상 지속되지 않는다. 필요 없는 짐은 과감히 내려놓고, 감당할 만큼만 품고 가볍게 살아갈 때 후회는 크게 줄어든다.

후반전에 들어서면 삶의 의미를 다시 묻고, 느림과 가벼움을 선택해야 한다는 이 통찰이야말로 지금 이 시간을 살아가는 그대에게 건네는 인생의 황금 같은 지혜다.

오늘의 체크 포인트

☐ 후반전에 내 삶의 '의미'를 진지하게 고민한 적이 있는가?

☐ 혹시 내 몸과 마음이 예전과 같다고 착각하지는 않는가?

☐ 아직도 무거운 짐을 지고 100미터 달리기를 하고 있는가?

질문 뒤집기

후반전을 습관처럼 이전과 똑같이 산다면 어떤 결과가 올까?

오늘의 문장

"빠름보다 느림을, 무거움보다 가벼움을 선택하면 후회가 없다."

한 줄 메모

후반전을 준비하며 꼭 해보고 싶은 한 가지는 무엇인지 써보자.

당신의 인생을
어떤 말로 정의할 것인가?

'사는 것'이 아닌 '살아낸다'는 말의 의미를 찾아간 사람들

| 인터뷰 1 | **김연정 씨, 43세** _ 직장인

노   연정 씨는 지금 어떤 삶의 순간을 살아가고 계신가요?

김   회사 다니고, 두 아이 키우고, 남편이랑 살고 있으니 아주 평범한
     중년 여성의 삶이죠.

노   그 안에서 인생이란 무엇이라고 느끼세요?

김   인생이요? 저는 그냥…… '처음 하는 일의 연속' 같아요. 학교 공
     부도 처음이었고, 사회생활도 처음이었고, 결혼도, 아이 낳는 것
     도, 육아도 다 처음이었어요. 그러니 당연히 서툴 수밖에 없더라
     고요.

노   그러네요. 우리는 늘 '처음' 앞에 서 있죠. 두 번 사는 것이 아니니
     까요.

김   맞아요. 큰아이가 사춘기에 접어드니까 이제 또 '청소년 엄마'라

는 걸 처음 해보는 거예요. 회사에서도 팀장이 되니 또 새로운 일이 생기고, 부모님은 나이 들어가시고, 저도 몸이 예전 같지 않고…… 계속해서 낯선 숙제를 받는 기분이에요.

노 그럼에도 계속 살아내고 계신 거잖아요.

김 그렇죠. 저는 '인생은 능숙하게 사는 게 아니라, 서툴게 배우며 살아내는 거'라고 생각해요. 아무도 가보지 않은 내 인생의 초행길을 걸으면서요.

노 초행길이라 서툴고 실수하는 건 당연하지요.

김 인생은 답을 아는 문제가 아니라, 하루하루 배워가는 과정 같아요.

노 연정 씨의 말씀이 많은 사람들에게 위로가 될 것 같습니다.

김 저처럼 서툰 사람에게요? (웃음) 그래도 그런 게 인생 아니겠어요?

| 인터뷰 2 | **하은, 5세** _ 유치원생

노 하은아, 제일 좋아하는 사람이 누구야?

하 (0.1초도 주저하지 않고) 할아버지!

노 왜 할아버지가 제일 좋아?

하 할아버지는 나 기다려줘요. 유치원 끝나는 시간 맞춰서 현관 앞에 앉아 있어요. 내가 문 열고 오면, "하은이 왔구나" 하고 꼭 안아줘요. 친구들은 그냥 집에 들어가는데, 나는 할아버지가 맨날 나 기다려줘서 좋아요.

노 음, 그랬구나. 할아버지는 하은이 오는 발자국 소리도 들려.

하 진짜? 그럼 다음엔 살금살금 와야지…… (웃음) 그리고 할아버지 손, 진짜 따뜻해요. 할아버지 손 잡고 있으면 마음이 조용조용해져요.

노   오늘 아침에 나한테 뭐라고 했는지 기억나?

하   할아버지, 나는 할아버지가 내 할아버지라서 좋아요!

노   맞아. 그 말 듣는 순간, 할아버지 가슴이 꽉 찼단다. 세상에 그 어
    떤 상보다도 큰 선물을 받은 느낌이었어.

하   진짜예요. 나는 할아버지 냄새도 좋고, 손도 좋고, 웃는 얼굴도 좋
    고, 노래도 좋고…… 다 좋아요.

노   고맙다, 하은아. 사랑은 꼭 커다란 일이 아니야. 매일같이 기다려
    주고, 손 잡아주고, 눈 맞추고, 아플 때 옆에 있어 주는 것. 그게 사
    랑이지…… 인생이란 이렇게 사랑받고, 사랑하는 것이란다.

하   하하…… 할아버지…… 그런데 인생이 뭐야?

하은이에게 어떻게 인생을 이해시킬 수 있을까? 인생은 말로 배우는 것이 아니라 살아가며 깨닫는 것이다. 나이에 따라, 걸어온 길에 따라 그 정의는 달라진다. 넉넉하게 산 사람은 '달콤하다'고 하고, 하루 한 끼를 위해 사는 사람은 '쓰고 고달프다'고 말한다. 가족이 행복한 이는 '천국'이라고 하고, 상처가 된 이는 '지옥'이라고 말한다. 이렇게 인생은 각자의 자리에서 다르게 해석된다.

원하는 대로 사는 인생이 있을까? 애쓰고 준비해도 일이 어긋나고, 예상치 못한 길로 흘러가는 것이 인생이다. 꿈꾸던 직업이 아닌 길에서 평생을 보내기도 하고, 사랑이라고 믿었던 인연이 눈물로 끝나기도 한다. 그럼에도 어떤 인생도 하찮지 않다. 소박하지만 충실한 하루, 누군가에게 건넨 말 한마디, 묵묵히 견디는 것만으로도 충분히 귀하다. 겉으로 화려해 보여도 문제 없는 인생은 없다. 각자의 방식으로 삶을 지켜내는 모두가 값진 인생을 살고 있다.

어릴 땐 느리게 가던 시간이 나이 들수록 빨라진다. 10년, 20년, 50년이 훌쩍 지나간다. 우리는 말과 행동, 선택과 후회, 사랑과 상처로 '인생'이라는 책을 쓴다. 어떤 책은 금세 잊히지만, 어떤 책은 오래 남아 누군가의 마음을 두드린다. 지금 쓰고 있는 문장이 나만을 위한 것인지, 누군가를 위로하는 것인지 생각해보아야 한다. 인생은 아직 끝나지 않은 원고다. 지금부터 더 깊고 따뜻한 이야기로 채워가길 바란다.

인생은 비빔밥이다. 누가 어떻게 비비든 똑같은 맛은 없다.

오늘의 체크 포인트

☐ 나름대로 인생을 정의한다면 뭐라고 할 것인가?

☐ 지금의 내 삶은 그 정의에 얼마나 가까운가?

☐ 지금까지 잘 살았다고 말할 수 있는가?

질문 뒤집기

"너희는 삶의 무거움을 견뎌야 하고, 너희는 삶의 깊이를 맛보아야 하며, 너희는 '눈물 젖은 빵'을 먹어야 한다." (괴테, 「밤의 노래Nachtlied」 중에서)
실제로 '눈물 젖은 빵'을 먹어본 적이 있는가? 어떤 맛인가?

오늘의 문장

"인생은 스스로 정의할 때 비로소 의미가 되고, 내가 선택한 말들로 매일 써 내려가는 이야기다."

한 줄 메모

내가 생각하는 인생의 정의를 적어보자.

 _____

이 시간을 살아가는 그대에게

이제 당신이
71번째 질문을 써 넣을 차례다

우리는 함께 70개의 질문을 따라 걸어왔다. 그 질문들은 단순한 호기심이 아니라, 삶을 견디며 살아낸 이들이 어느 밤, 벼랑 끝, 혹은 평범한 하루 끝에서 조용히 꺼낸 진짜 물음이었다. 지금까지의 질문은 대체로 '나'를 향한 것이었다. 이제는 그 질문을 나에게서 타인으로, 그리고 더 넓은 세계로 확장할 때이다.

"저 사람은 왜 그런 선택을 했을까?"

"저 말속에는 어떤 외로움이 숨어 있을까?"

이런 질문은 이해를 낳고, 공감을 키우며, 세상을 조금 더 따뜻하게 만든다. 질문은 더 멀리 갈 수도 있다.

"지구 온난화를 어떻게 극복할 수 있을까?"

"왜 전쟁은 끊이지 않는 걸까?"

이런 질문은 다음 세대와 인류의 미래에 대한 책임감을 일깨운다. 질문의 수준이 그 사람의 수준이다. 어떤 질문을 던지는지를 보면, 그 사람의 관심과 시야를 알 수 있다. 늘 자기만을 중심에 둔 질문을 하는 사람은, 결국 자기만 생각하는 사람일 가능성이 크다. 반면에 타인과 사회, 지구와 미래를 향해 질문하는 사람은, 자기 너머의 세계를 품을 줄 아는 사람이다.

질문은 시대를 바꾼다. "왜 사과는 아래로 떨어질까?"라고 자문한 뉴턴은 만유인력이라는 우주의 질서를 밝혀냈고, "왜 우리는 지구가 움직이지 않는다고 믿을까?"라고 물은 코페르니쿠스는 무려 1,400년간 굳어져 있던 우주관을 뒤흔들었다. 이러한 질문은 단순한 지식을 넘어서, 존재를 깨우는 도끼였다.

사람을 이해하는 방법은 참 많다. 하지만 그중에서도 질문을 통해 이해하는 것만큼 깊고 효과적인 방법은 없다는 걸 나는 오랜 시간 경험을 통해 배워왔다. 그 확신 위에서 나는 새로운 장르를 열었다. '질문인문학Question Humanities'이라는 이름의 학문이다. 질문인문학은 인간의 삶과 학문, 사회를 움직이는 질문의 본질·역할·힘을 탐구하는 학문이다. 이것은 단순히 '질문 기술'이나 '발문법'을 넘어 인간 존재의 근본을 묻는 질문, 사유와 대화의 출발점이 되는 질문, 삶을 변화시키는 질문을 총체적으로 연구한다. 질문인문학은 AI 시대에 꼭 필요한 시대적 요구라고 할 수 있다. 좋은 질문 하나는 인생의 방향을 바꾸고, 굳어 있던 믿음을 흔들며, 새로운 길을 열어준다. 질문인문학은 철학이면서도 동시에 실천이다.

그 철학을 더 많은 사람과 나누고 싶어 나는 8월 8일을 '질문의

날Question Day'로 선언했다. 8이라는 숫자를 옆으로 눕히면 무한대(∞)
가 된다. 질문은 멈추지 않아야 하고, 무한히 이어져야 하기 때문이다.
그리고 8월 8일, 정신과 육체가 '팔팔(88)'한 날에 질문을 더 많이 해야
한다. 질문을 던지는 순간, 우리의 뇌도 '팔팔'하게 깨어난다.

　질문의 날에는 늘 하는 일상적인 질문을 벗어나 AI가 할 수 없는 본
질적인 질문, 창의적인 질문, 영적인 질문을 많이 하자. 가족이나 친구,
동료와 함께 질문을 나누고 깊이 있는 대화를 시도해보는 것도 좋다. 또
의미 있는 질문을 글로 남기거나 SNS를 통해 공유해보자. 아이들과 함
께 질문하며 호기심과 사고력을 키우는 시간도 충분히 만들 수 있다. 이
하루는 정답보다 질문의 가치를 되새기며, 잠시 멈추어 성찰하는 뜻깊
은 날이 될 것이다. 이 책이 질문인문학을 공부할 때나 질문의 날에 당
신의 질문 여정을 동행할 가장 내밀한 친구가 되어주길 바란다.

　인생 70년을 살며 참 많은 굴곡을 지나왔다. 그 시간을 통해 나름대
로 깊이 깨달은 생각들을 질문이라는 형식으로 정리해 이 책에 담았다.
이 책을 쓴 목적은 단 하나, 누군가 이 글을 통해 더 나은 인생을 살아가
는 데 작게나마 도움이 되길 바라는 마음에서이다. 인생을 잘 살아가는
데 가장 좋은 방법 중 하나는 바로 '좋은 질문'을 많이 던지는 것이기 때
문이다.

　내 인생의 경험으로 보아, 좋은 질문을 많이 한 사람이 더 행복한 삶,
더 나은 미래를 만들어갔다. 질문은 단순한 호기심이 아니라 삶을 바꾸
는 힘이었다. 질문은 곧 인생이고, 무뎌진 삶을 깨우는 도끼다. 70개의
질문은 끝난 게 아니다. 어쩌면 지금부터가 진짜 시작일지도 모른다. 이

책에 담긴 물음들은 누군가의 삶에서 길어 올린 도끼들이지만, 당신의 삶에는 당신만의 질문이 필요하다.

세상의 모든 위대한 변화는 '나만의 질문'을 던진 사람들로부터 시작되었다. 어쩌면 그 질문은 아주 사소할 수 있다. 지금 이 순간, 마음 한구석을 건드리는 감정일 수도 있다. 누가 대신 써줄 수 없는, 오직 당신만이 쓸 수 있는 단 하나의 물음. 자, 이제 당신 차례다.

"당신의 71번째 질문을 써보세요."

당신의 71번째 질문은, 벼랑 끝에 서 있는 누군가의 삶을 다시 시작하게 할 수 있을지 모른다.

한 줄 메모

당신의 71번째 질문을 써보자.

❝ ❞
_____

이 시간을 살아가는 그대에게

초판 1쇄 인쇄 2025년 12월 25일
초판 1쇄 발행 2025년 12월 30일

지은이 노병천
펴낸이 오세인 | 펴낸곳 세종서적(주)

국장 주지현 | 편집 최정미
표지 디자인 박은진 | 본문 디자인 김미령
마케팅 조소영 | 경영지원 홍성우

출판등록   1992년 3월 4일 제4-172호
주소   서울시 광진구 천호대로132길 15, 세종 SMS 빌딩 3층
전화   (02)775-7011
팩스   (02)776-4013
홈페이지   www.sejongbooks.co.kr
네이버 포스트   post.naver.com/sejongbooks
페이스북   www.facebook.com/sejongbooks
원고 모집   sejong.edit@gmail.com

ISBN 979-11-995124-7-4   03190